国家社科基金
GUOJIA SHEKE JIJIN HOUQI ZIZHU XIANGMU
后期资助项目

十九世纪英文期刊儒学译介与传播研究

A Research on the Translation and Dissemination of Confucianism in Nineteenth-Century English Periodicals

蔡慧清 著

中華書局
ZHONGHUA BOOK COMPANY

图书在版编目(CIP)数据

十九世纪英文期刊儒学译介与传播研究/蔡慧清著. —北京:中华书局,2023.9
(国家社科基金后期资助项目)
ISBN 978-7-101-16316-2

Ⅰ.十… Ⅱ.蔡… Ⅲ.①儒家-著作-英语-翻译-研究②儒家-传统文化-文化传播-研究 Ⅳ.①B222②H315.9

中国国家版本馆 CIP 数据核字(2023)第 153588 号

书　　名	十九世纪英文期刊儒学译介与传播研究
著　　者	蔡慧清
丛 书 名	国家社科基金后期资助项目
责任编辑	陈　乔
责任印制	陈丽娜
出版发行	中华书局
	(北京市丰台区太平桥西里 38 号　100073)
	http://www.zhbc.com.cn
	E-mail:zhbc@zhbc.com.cn
印　　刷	天津善印科技有限公司
版　　次	2023 年 9 月第 1 版
	2023 年 9 月第 1 次印刷
规　　格	开本/710×1000 毫米　1/16
	印张 16　插页 2　字数 260 千字
国际书号	ISBN 978-7-101-16316-2
定　　价	78.00 元

国家社科基金后期资助项目出版说明

后期资助项目是国家社科基金设立的一类重要项目，旨在鼓励广大社科研究者潜心治学，支持基础研究多出优秀成果。它是经过严格评审，从接近完成的科研成果中遴选立项的。为扩大后期资助项目的影响，更好地推动学术发展，促进成果转化，全国哲学社会科学工作办公室按照“统一设计、统一标识、统一版式、形成系列”的总体要求，组织出版国家社科基金后期资助项目成果。

全国哲学社会科学工作办公室

目　录

绪　论

第一节　本书的写作缘起

本书以19世纪英文期刊中的儒学议题为中心，展开儒学译介与国际传播的研究，源于19世纪英文期刊中儒学议题实际面相的触动，亦得益于既有研究成果及其留白的启发，更离不开笔者在中华文化国际推广一线工作近二十年的思考。

中国儒学早在秦汉时期便向东南亚、东北亚辐射，形成"儒学文化圈"。儒学西传则始于明清之际入华传教士，较早认识到儒学在东亚地区传教活动中重要性的是传教士沙勿略[①]（S. Franciscus Xaverius，1506—1562），最早译介儒学经典的是高母羡（Joan Cobo，1546—1592），高氏于1592年将大众儒学读物《明心宝鉴》译为西班牙文。法国汉学家伯希和（Paul Pelliot，1878—1945）认为《明心宝鉴》是最早被翻译成欧洲语言的中国古代典籍。[②] 从耶稣会士利玛窦（Matteo Ricci，1552—1610）确立"援儒"政策以来，西方传教士来华的首要任务就是研习儒学。入华后，他们穿儒服、行秀才礼，对中国礼仪和儒家经典分别给予世俗伦理和基督化的解释，并宣扬儒耶相合思想。著书译介、研究与阐释儒学既是他们布道的方式，也是向中国朝廷进贡上书与士大夫论道、进呈教皇、与传教同道交流、论争的主要话题。可以说，耶稣会士以译介著书、通信为主要方式西传的中国文化正是以儒学为核心的，这也是当时欧洲构建中国知识体系与形象的基础与核心。中西"礼仪之争"则加强和凸显了利玛窦构建的中国知识体系与形象，为17、18世纪欧洲启蒙运动创造了思想革命的有利条件[③]。19世纪入华的新教传教士也同样对儒学十分重视，卫三畏（Samuel Wells Williams，1812—1884）曾经谈及，孔子的论著与

---

①孙尚扬：《基督教与明末儒学》，东方出版中心，1994年，第8页。

②张西平：《儒学西传欧洲导论》，北京大学出版社，2016年，第9页。

③参见朱谦之：《中国哲学对欧洲的影响》，河北人民出版社，1999年，目录部分。

希腊罗马哲人的哲言相比，总的旨趣良好，并且对于所处社会的实用价值方面优于西方哲人。理雅各(James Legge，1815—1897)也曾说，过去孔子是中国人心中的神圣，现在又以最好的和最崇高的身份代表了人类最美的理想。19世纪传教士、汉学家在书信、讲座、专著、报刊等各种媒介中都给予了儒学持续的关注：或用为传教的媒介，或为探讨中国与近代文明失之交臂的话题，或视为未来人类的出路，或为解析中国精神与社会运作的密码。可以说，中国儒学在西方一直是一个开放性的话题。

这种开放性在19世纪新教传教士、汉学家创办的英文期刊中表现得尤为明显。当时欧洲传教士、汉学家、外交官、在华新闻事业开拓者及运营主事者在期刊中围绕中国儒学人物、派别、谱系、核心观念等展开了跨越世纪的阐释、讨论和争辩。儒学议题因为刊物生产发行的开放性而在传播面相上呈现出前所未有的广覆盖性、高时效性以及作者与读者、专著与报刊、中与西之间的多层互动性，客观上塑造出迥异于16—18世纪以专著为主的传播、接受与影响的面貌，并将儒学西传由单一的汉学家的专业认知演变为与普通大众的社会认知并轨的文化输出，进而成为和合中西文化、构建中国形象的重要依据。在文化交流日益繁荣的今天，此类文献的构成、书志信息的面貌呈现、传播的机制与形态及其在西方的阅读与接受面相无疑具有极高的研究价值和现实意义。

然而，限于种种原因，在16—19世纪西人热议中国儒学的漫长时段里，国人或浑然不知，或无暇顾及，整体呈现出传播主体缺席的状态。改革开放以来，随着中西文化交流和汉学史研究的不断深入，厘清西人眼里中国形象的重要性凸显。与此同时，其与国人认知的冲突亦是在所难免，而这不仅关乎西人如何看待中国这一问题本身，更是我们认识自我和向世界传播中国形象的“异域之眼”。正因如此，相关问题在20世纪90年代便引起了中国学术界的广泛关注。尤其是21世纪我国将发掘和整理中华文明在世界文明中的存在和影响确定为文化战略后，有关此话题的讨论持续升温，展现了其“穿越时空”的强劲生命力。但已见儒学西传研究成果明显呈现重“两端”轻“中段”、详“书”略“刊”、多“译介”少“传播”的局面①。即时

①蔡慧清：《信、证、释：中国上古帝王形象在西方公众传播的历史演进》，《新闻与传播研究》，2022年第6期。

间上聚焦于16—18世纪和20世纪,材料来源上以书籍居多,很少征引期刊,视角上多从具体典籍的译介展开,鲜有在传播学视域下的考察。

有鉴于此,本书拟结合儒学西传的整体历程,对19世纪中国相关英文期刊中儒学人物、学派、核心概念的译介研究与传播展开点、线、面的考察,以钩沉儒学西传主题逐渐突破及由隐而显、由渐到快、由专业认知趋向专业与大众认知并轨的历史轨迹,进而在弥补儒学西传研究之重要缺环的同时,对当今中国文化的国际传播这一宏大话题予以现实关照和回应。为便于后文讨论,兹先统计分析并描述各刊儒学议题设置的具体情况。

一、期刊儒学议题设置情况

19世纪西方汉学家、传教士、商人创办了一系列中外文报刊,数量多达两百多种,这些报刊或偏宗教性或偏商业性,或宗教性与世俗性兼顾,具体情况详见本章第三节"期刊选取"部分内容。这里选择儒学译介与传播关系最为密切的六种展开。

《印中搜闻》(*Indo—Chinese Gleaner*,1817—1822),英国传教士马礼逊(Robert Morrison,1782—1843)和米怜(William Milne,1785—1822)主编,发行于马六甲,是近代来华传教士在南洋创办的第一份英文季刊。其与英华书院、《察世俗每月统计传》同属"恒河外方传道团"的事业,都是马礼逊和米怜共同主持下伦敦会在中国和亚洲传教事业的一部分,同时,也是19世纪前期中西文化交流的重要载体①。该刊内容以中国为主,兼及邻近国家日本、朝鲜、印度及南洋等其他地区,发行主要面向中国、印度、英国等。刊中与中国相关的内容包括马礼逊和米怜在华活动与见闻;对中国社会各方面动态的报道;对中国文史哲的介绍评述和翻译。刊物内容设置上宗教性与世俗性兼具,因为不是纯粹宗教性,伦敦海外传教差会不给予经费支持,马礼逊和米怜合资支撑了5年,发行了3卷,共计20号,1001页正文。因成本高于销售额,在米怜去世的1822年6月停刊。

关于《印中搜闻》译介传播儒学的初衷,1817年米怜所言可见一斑:"我们听过许多关于三万万中国人的事情,……但没有人努力研究中国的

---

①吴义雄:《〈印中搜闻〉前言》,见[英]马礼逊、[英]米怜主编:《印中搜闻》(Indo—Chinese Gleaner,1817—1822),国家图书馆出版社,2009年,第3页。

知识。无论是在政府，国立学院，还是私人机构，都没有学习中文的人。如果有人讲述关于中国的有趣故事，人们会听，但既没有赞助人，也没有学生，会制定什么计划、采取任何行动。而这却恰恰是了解关于人类这个非常庞大部分之情形的先导。”①

《印中搜闻》刊发儒学主题文章14篇，大部分见于“中国书目”“新书介绍”和“译文”三个栏目。从内容来看：关于儒经圣王议题有三篇，其中二篇见于“新书介绍”栏目，介绍美国学者伍德沃德所著《世界科学体系》一书对中国“三才”的解释，他认为中国的“三才”指“天地人”，并将其与柏拉图的神学、物理学、数学三分法，亚里士多德理解、想象与意志三分法，洛克的物理的、实践的、符号的三分法等等②置于平行阐述，伍氏该书因此而谈及《三才图会》；另一篇见于“汉学书目”栏目，是前揭二篇的续篇，它转述《世界科学体系》中指出《三才图会》被誉为中国的百科全书③。该刊关于原始儒学主题方面刊文有7篇，或论儒家信仰、或儒耶对比、或评西方对儒家典籍的翻译、或在介绍儒家经典《论语》《中庸》《大学》《孟子》时介绍儒家人物孔子、孟子、荀子与子思。刊中关于朱子的译介比较多，全刊引用朱子著述片段或援用其观点、注解作为论据之用的地方凡20余处，专门论及朱子及朱子学的文章共有7篇，经笔者考证是朱子学在英语世界的最早译介、研究与传播。关于“理”的译释，马礼逊和米怜二人共有三例。

全刊共介绍中国作品14部，有儒学典籍《明心宝鉴》《三字经》和《三才图会》《论语》《中庸》《大学》《孟子》。刊文提到马礼逊1812年翻译《三字经》给外国人作汉语教材，并于1817年重版等信息，此外还介绍宗教类的《西方公据》《天然和尚同住训格》《功过格》，音韵词典《高厚蒙求》和《佩文韵府》等，皇家文献《圣谕广训》和《御制律历渊源》均与儒学相关。就对后续西方汉学与儒学译介研究的整体影响来看，《印中搜闻》在文献、主题和方法上都均有肇始地位。比如说《中国丛报》中的儒经圣王系列刊文大量取材《三才图会》；《中国丛报》与《中国评论》对于朱子学与“理”概念的系统

---

①吴义雄：《〈印中搜闻〉前言》，见[英]马礼逊、[英]米怜主编：《印中搜闻》(Indo—Chinese Gleaner，1817—1822)，国家图书馆出版社，2009年，第15页。

②Amicus, *Woodward's System of Universal Science*，[英]马礼逊、[英]米怜主编：《印中搜闻(Indo—Chinese Gleaner，1817—1822)》，国家图书馆出版社，2009年，第177—179页。

③[英]马礼逊、[英]米怜主编：《印中搜闻》(Indo—Chinese Gleaner，1817—1822)，国家图书馆出版社，2009年，第405—408页。

译释基本循此而续；刊中为寻找“God”和“Deity”的中文对译词进而展开“译名之争”的议题，更是贯穿《教务杂志》和《皇家亚洲文会北华支会会刊》始终。

《中国丛报》（*Chinese Repository*，1832—1851）（本书注释中简称CR），系英国传教士马礼逊呼吁发起，美国传教士裨治文（E. C. Bridgeman，1801—1861）创办，裨治文兄弟和卫三畏共同编辑，是传教士在广州发行的第一份英文月刊，共发行 20 卷 232 期，各类文章 1378 篇，创刊主旨是为了认识中国、了解中国、研究中国，其中有关中国的文章 514 篇。1851 年，丛报的经济支撑人奥立芬（D. W. C. Olyphant，1789—1851）从中国返美途中去世，年底卫三畏宣布停刊。刊行期间以销售和赠阅结合的方式，主要面向欧美等国政府、商业团体、在华西方人士、南洋等地的布道士发行。从 1835 年 5 月后，该刊的印刷量从 400 册增加到 1000 册，到 1844 年以后订户减少[①]。西方著名的《北美评论》（*North American Review*）和《西敏寺评论》（*Westminster Review*）（印刷量大概 3000 册）常转载和引用丛报中内容，并凭借其印刷量与发行面扩大了丛报的影响。丛报创办前，1829 年裨治文来华前夕美部会要求：“在你的工作和环境允许的情况下，向我们报告这个民族的性格、习俗、礼仪——特别是他们的宗教如何影响了这些方面。”该刊创刊时宣称：“单单世俗的知识不足以思考人类目前的精神状况和永恒命运，知识就是力量。”[②]明显可见是传教士为宣教而创刊，但其宗教性内容却随着时间的推移逐渐减少，重点转向报道中国国情，实际上是以传教士见闻的方式记录了第一次鸦片战争前后 20 年中国政治、经济、宗教、文化和当时社会生活的方方面面。具体对汉学而言，该刊一直保留“书评”、“文艺通告”等栏目，用以介绍中国典籍及西方介绍与评论中国的新旧出版物。

《中国丛报》刊发儒学主题文章 200 多篇，内容涵盖儒家典籍、各阶段儒学体系、儒家人物和核心概念的译介与研究。刊文有对《百家姓》《书经》《易经》《孝经》等书籍及《孔子崇拜》《谏迎佛骨表》等篇章的翻译，也有关于孔子、朱子等生平与作品的介绍。关于儒经圣王主题集中在《三皇纪》、“三

---

①张西平主编，顾钧、杨慧玲整理：《〈中国丛报〉篇名目录及分类索引》，广西师范大学出版社，2008 年，前言。

②CR. Vol. 6，pp. 6—8.

皇五帝”始祖系列画像、上古帝王世系年谱和《书经》中的天文学，主要有12篇。原始儒学主题集中于原始儒家孔子、孟子及其精神与文化特质、中国人的信仰、孔子崇拜、祭孔文化以及《孟子》译本的评介，主要有7篇。儒学概念主题刊文集中在“理”、“仁”与“孝”等核心词汇的译介与讨论。儒学主题文章基本出自该刊撰稿主力，比如关于上古儒学的稿件主要出自该刊主要撰稿人裨治文；关于朱子学和“理”相关译介争论的篇章，除了裨治文以外，还有麦都斯（W. H. Medhurst，1796—1857）、湛约翰（J. Chalmers，1825—1899）、麦丽芝（T. M'Clatchie，1813—1885）等，均为其主要撰稿人，同时还担任刊物相关策划、运营主事者。儒学主题刊文呈现主题集中、观点鲜明、路径丰富多样、译介主体的学术自觉意识明显等特点，整体上具有承接《印中搜闻》到《中国评论》的特点与功用。学者评论为“世界上第一种重要的汉学期刊”[①]。

《中国评论》（*China Review or, Notes and Queries on the Far East*. 1872—1901）（本书简称CRNQ），共出版发行25卷150期。主编先后是丹尼斯（N. B. Dennys，1840—1900）、欧德理（E. J. Eitel，1838—1908）、霍近拿（Alexander Falconer，1847—1888）和波乃耶（James D. Ball，1847—1919）。刊物内容专注于中国研究，旁及日本，还有少量涉及其他东方国家和地区。因为刊物用英文刊行，出版地是当时属于英国殖民地的香港，作者群体以当时“亚洲地中海”地区从事外交、传教和殖民管理等工作的业余汉学家为主，另有一些欧洲本土和美国学院派汉学家积极参与。整体上看，《中国评论》是英国汉学或日英美汉学的代表刊物，是19世纪最后30年欧美国家汉学研究最重要的阵地。其对中国的语言、文学、科学艺术、民族、历史、地理、法律等重要领域均开展了不同程度的研究和探讨，学术上着力建设一种严肃的研究规范，并对汉学研究中的一些方法问题作了较为深入的探讨。因而被学界公认为西方世界第一份真正的汉学期刊。

《中国评论》刊发儒学主题文章约240篇，其中上古儒学主题围绕《书经》之《尧典》与《舜典》作儒家典籍、人物、碑铭以及上古天文学的讨论，撰文主力是艾约瑟（Joseph Edkins，1823—1905），还有欧德理、甲柏连孜（Georg von der Gabelentz，1840—1893）、庄延龄（E. H. Parker，1849—

[①] 王国强：《〈中国评论〉（1872—1901）与西方汉学》，博士论文，复旦大学，2007年，第66页。

1926)等成果丰富的研究个体。刊文内容既接续《中国丛报》围绕“三皇五帝”和《书经》之《尧典》与《舜典》的基调,又有更深广的拓展,比如凸显上古帝王神话,设置了连载系列。原始儒学议题主要有孔孟著述译介、孔孟形象描述,往往上升到论儒家人物与典籍的形象、内在特质等。特点之一是,该刊的议题设置及撰文主体的态度与评价都直接受到当时花之安(Ernst Faber,1839—1899)之《儒学汇纂》《孟子思想》和理雅各之《中国经典》的影响,但并不拘泥而是以之为基点作拓展性评论与阐释。如论儒学之谬误的主题与基调就直接源于花之安《儒学汇纂》,但同时也阐明撰文者自己反对将儒耶经典作简单粗暴对比的观点。刊文中也常见以新书通报这一栏目形式与文体形态展开评论,以 1882 年 7 月新书通告栏目介绍赫真信对花之安《孟子思想》一书英文摘要缩写本的情况为例①,撰文者通过对各个版本的对比,指出德文原版的《孟子思想》比赫氏英译版更能清晰传达孟子的思想,并批评赫氏英译版在未作任何说明的情况下删减德文版或拼凑原本没有的内容,以至于失真,对于花之安备受瞩目与尊重的《孟子思想》遭遇如此英译深表愤慨②。该刊的另外一个特点就是,儒学议题展开中的具体内容在不断丰富并不断贴近中国文化体系中的本义,以“理”相关条目的译介与阐释主题来看,无论是湛约翰、麦丽芝,还是理雅阁,阐释与争论中彼此的观点都越来越鲜明,且在不断丰富的过程中不断贴近其在中国体系中的本义。尤其值得指出的是,《中国评论》中有关儒家及中国哲学的整体评述不少,但少有对宋代及以后的研究。不过,就整体而言,该刊中已经可见中西文化交流史上首次出现在英文世界的精细化儒学译介、研究和传播潮流。如欧德理言:对于汉学研究的自大的、天才式空想的普遍时代正在画上句号,“更好的时代”即将来临,也就是汉学家有明确的分工、专门的研究领域,注重谨慎研究细节、满足公众对准确可靠信息渴望的汉学研究时代③。这是欧德理刊于《中国评论》中《孔子学说》一文的开篇语,借由评论花之安德文版《儒学汇纂》而揭明当时西方汉学界对中国儒学的研究趋势。

---

① E. J. Eitel, *The Mind of Mencius, or Political Economy founded upon Moral Philosophy*, CRNQ, vol. 10:6(1882. Jul), pp. 407—418.

② E. J. Eitel, *The Mind of Mencius, or Political Economy founded upon Moral Philosophy*, CRNQ, vol. 10:6(1882. Jul), p. 407.

③ E. J. Eitel, *Confuciansm*, CRNQ, Vol. 1:4(1873. Feb), pp. 260—265.

《教务杂志》(*The Chinese Recorder*,1867—1941),或译为《中国纪事》《中国纪事报》,共出版发行了72卷,是在华基督教会办刊时间最长的英文期刊。其渊源可上溯到前述《印中搜闻》和《中国丛报》,宗教性与世俗性兼具的风格与趋向也源于二刊。刊物创办之初定名为《传教士纪事》(*The Missionary Recorder: A Repository of Intelligence from Easter Mission, and a Medium of General Information*),明显是作为传教士“机关报”、旨在为沟通差会之间信息而创。此刊刊行期间刊名几度调整,编辑办刊方针几经变化,编辑与作者群体超宗教派性,办刊地点初创于福州,后迁至上海,承印出版机构也从福州美华印书局改为上海美华书局,但办刊整体上保持了连续性,不懈“传递全体教士的消息,发表有关中国的文章,并讨论共通的问题”。整体发行量在1000到3000份之间,影响范围除了中国的口岸城市、邻近国家外,主要还有英美等国。有学者对其在传教士汉学知识传播方面的特征评价为:在全球期刊传播的网络上,由边缘地域向中心地域靠拢的趋向,逐渐让渡于边缘地域的自我中心化①。

关于儒学议题,《教务杂志》约略有95篇刊文②。作者群体主要有花之安、季理裴(D. MacGillivray,1862—1931)、德孝骞(H. H. Dubs,1892—1969)和赫真信(A. B. Hutchinson,1841—1919)。该刊主题明显承《印中搜闻》《中国丛报》和《中国评论》,比如在寻找“God”的汉语对译词的议程设置下,展开对“天”概念的译介阐释与争论;主要以理雅各的中国经典翻译为文本讨论儒家的人性“善”“恶”论;另外,分期刊载花之安《孝经》译本、赫真信《孔子家语》英译本之节选的设置也与《中国评论》大致同步。该刊办刊时间长,儒学议题从1870年到1935年一直有持续,几乎贯穿刊物刊印的全过程,所以,可以之为视点,窥见西方译介传播儒学的视域从儒耶对立到走向融合的过程。

《皇家亚洲文会北华支会会刊》(*Journal of The North China-Branch of The Royal Asiatic Society*,1858—1948),系裨治文、艾约瑟、卫三畏、汉璧礼(Sir Thomas Hanbury,1832—1907)等来华欧美人士商议推动成立

---

①参见薛维华:《边缘风景:〈教务杂志〉与传教士汉学知识传播》,博士论文,北京外国语大学,2015年,第36—37页,第49—50页。

②参见李晶:《新教传教士对中国儒学的译介——基于〈教务杂志〉(1867—1941)的阐释与研究》,硕士论文,西南交通大学,2014年,第15页。

的“皇家亚洲文会北华支会”的(以下简称“亚洲文会”)会刊。关于刊物创办宗旨与内容设置旨趣,与前述米怜在《印中搜闻》中谈及要改变欧洲对于中国了解太少的情况类似。曾任亚洲文会秘书长的艾约瑟在会刊1903—1904年卷的前言中说:“我们学会是基于亚洲文会香港支会创建者的理念建立的,那就是对这个国家进行研究的强烈愿望——欧洲对于亚洲这个大的帝国知之甚少”。刊物践行学会“调查中华帝国及其周围国家”的工作宗旨,出版发行中虽经“两次易名、三度中断”,但内容编纂始终坚持“必须是关于中国及周围国家之知识”、“要涉猎各项课题”、“要有一定的实用性、又大众化可读性强”的方针。比如论及哲学,宗旨在于掌握中国政治运作过程[①]。通览全刊所载儒学主题刊文最明显的特征有二,一是与《印中搜闻》《中国丛报》《中国评论》议题基本相同,如原始儒学方面,艾约瑟刊于1860年的《孔子生平》一文,与卫三畏1842年刊于《中国丛报》的一篇标题完全相同;1868年麦华陀(也译作麦都思)撰写的《大禹碑》一篇则与1874年英国驻上海领事嘉托玛《大禹碑》一文同题;金斯密(T. W. Ksmill,1837—1910)刊于1871—1872年卷的《〈书经〉中关于周朝神秘起源的记载》,与他本人刊于1875年《中国评论》中的《〈禹贡〉或〈大禹碑〉释义》,以及艾约瑟刊于1887年《中国评论》中的《〈尧典〉与〈舜典〉》都出于《书经》主题;金斯密刊于1878年卷中的《舜帝的传说》,则与匿名通讯员1893年刊于《中国评论》中的《舜帝的预感或黎明前的预兆》类似。再参看会刊中阿查理刊于(Chaloner Alabaster,1838—1898)1886年的《孔子是虚构的吗?》也有过类似篇目。二是,注重实用性与大众性,马林刊于1900年的《孟子及其他中国改革者》,任修本刊于1924年的《朱熹是唯物论者吗?》,胡适刊于1929年的《汉代儒家思想统治地位的确立》,Lu,Yen-Ying刊于1931年的《儒家思想、民主政体与民族主义》,薄玉珍的《前孔子时代中国人的战争与和平观》等篇目,从儒学命题出发阐释与引导西方读者理解中国政治运作的实用性,同时又兼顾投合大众的设置倾向很明显。另外,中国学者也刊发署名文章,这是较之前述各刊的新趋向。

前述各刊中儒学议题蕴含或触发的关于中华优秀传统文化译介、阐释

---

① 参见上海图书馆编:《〈皇家亚洲文会北华支会会刊〉(1858—1948)导论·索引·附录》,上海科学技术出版社,2013年,导论部分。

和外推的诸多信息，与本人在中国传统文化国际推广的长期实践中关于这个议题的思考有不少契合。

二、实践中的思考

从事中国文化国际推广的教学、管理和研究近二十年，我们面对的是来自亚非欧美不同年龄段、不同中国文化底蕴和背景、不同学习诉求的群体。他们背景多样，从大中小学生到成人，从系统的本科硕士博士学历学习到速成即用学习，从汉语桥营员观摩团到青年汉学家研习营等。针对群体的这种多样性，我们策划实践过各种学科设置，传授的内容十分丰富，诸如香辣诱人的青椒炒肉、精致华美的绫罗绸缎、美轮美奂的瓷器、典雅辉煌的古建筑、笔墨难摹的书法与绘画、吉祥喜庆的中国结、特殊的风水文化、玄妙的道家、全体大用面相多维的儒学，无不激起域外人士对中国和中国文化的向往、留恋甚至奇思妙想。如果说青椒炒肉、西红柿炒蛋是从舌尖唤起域外对于中国饮食文化的热爱的话，道学、儒学则是从精神深处激发出他们对于中国文化持续的好奇、向往、接受或者排拒。是接受还是排拒？具体程度如何？则往往既取决于学习对象来到中国所见实际，也取决于这些议题在他们成长环境中留有的印记及其所造成的影响，用伽达默尔阐释学中“前见”(prejudice)的原则来看，则包括对他们自身所属文明体系、性质的前见和他已经获得的这些议题的前见。以中国优秀传统文化主题来说，本人深感在较高水平的文化外推实践中儒学是最有生长性的话题之一。比如说，孔子学院以“孔子”命名，即表明了孔子在中国人心中的地位和孔子对世界的影响。纵观中西文化交流的历史，孔子及其儒家学说既是世界了解中国文化的窗口，又是中国文化被世界了解和接受的最重要内容。以《论语》的传播来看，耶稣会士罗明坚(Michele Ruggieri，1543—1607)、利玛窦分别于1579、1582年以拉丁文译《论语》，开启其西译之旅，柏应理(Philippe Couplet，1623—1693)拉丁译本《中国哲学家孔子》于1687出版，出版不久就有其他语种的转译本，英译本就有8个，即翟林奈译本、理雅各译本、林语堂节译本、庞德译本、苏慧廉译本、韦利译本和魏鲁男译本、陈荣捷译本等，对于孔子及其儒家学说在欧洲的广泛传播起到了非常重要的作用。1711年比利时耶稣会士卫方济(Francais N・el，1651—1729)在布拉格出版《中华帝国六经》，该书是当时西方学者撰写的最长的一部孔子传记，后世西方许多学者均征引此书。为了更好地传教，19 世纪新教传教士同样对孔子及《论语》感兴趣，也尝试翻译《论语》。首次直接从汉语翻译为英语的就是新教传教士马士曼（Joshua Marshman，1768—1837），他的英译本于 1809 年出版，被誉为是理雅阁英译《中国经典》的先驱。理雅阁的《论语》翻译始于 1841 年，1861 年完成并出版。作为《中国经典》中的第一卷，理氏之《论语》是西方汉学界和中国经典外译必读的经典，也是中国文化西传的丰碑。德国传教士卫礼贤（Richard Wilhelm，1873—1930），则在继承并超越理雅阁的翻译方法与原则的基础上，于 1904 完成的《论语》德译本，直到 21 世纪依旧是德语世界的标准之作。尽管每个版本都不可避免地存在时代和自身的局限性。但可以见出，在西方世界，《论语》被当作近似基督教伦理箴言的文本为人们阅读。现在，全世界研究孔子及其学说的汉学家队伍阵容依然庞大，既有职业的汉学家，也有普通的中国文化爱好者。现代西方管理学中常常借鉴"中庸"的观念，从复杂变化的情势中寻求合理的解决办法。长期以来，西方关于孔子及儒家思想的观点与方法的争论贯穿在其对中国的观察、思考中。孔子、孟子的名字对于世界各国人民来说，都具有最深切的亲近感和认同感[①]。孔子、孟子、庄子、礼、理、仁、太极等概念和《论语》《易经》等经典既是实现可持续外推的生长点，也是满足、拉动和制造当今世界中国文化爱好者实现深层次可持续发展的切入点。

如果说从报刊文献出发，历史本身要复杂得多也丰富得多，那么结合实践探寻作现实思考则生动得多。这也是写作本书的重要原因之一。具体思考将在余论中展开。

第二节 学术史梳理与内在问题概说

学术史的回顾拟集中在两个方面，一是对儒学西传整体研究的回顾，二是对前述报刊相关研究的回顾。

① 参见蔡慧清：《孔子学院可持续发展动因探析》，《西南民族大学学报》（人文社会科学版），2012 年第 3 期。

(一)整体研究回顾

儒学西传的既有研究,可谓名家领起,群星璀璨,但从研究对象所属的时段和取材的载体来源看,已刊成果聚焦于16—18世纪间,正陆续推出的新成果聚焦于20世纪,处于中间阶段的19世纪则少人关注,资料来源重专著鲜见取材报刊,呈现出明显的“重两端轻中段”,“详书籍略报刊”的特征。

以执牛耳的张西平等的著述而言,他的专著《儒学西传欧洲研究导论　16—18世纪中学西传的轨迹与影响》[①]以开拓儒学早期西传欧洲研究新领域为使命,在中学西传的奠基之作孟德卫(David E. Mungello)《神奇的土地:利玛窦的适应政策与西方汉学的兴起》一书启发之下而著,是书史料丰富,突破了孟氏及以往相关著述以利玛窦作为儒学西传之起点的局面,认为罗明坚才是中国古代文化经典西传的第一位开拓者,在儒学西传中具有独特的贡献,并首次向学界梳理了罗氏的《四书》翻译。该书史料的突破还表现在对柏应理《中国哲学家孔子》的成书、结构、翻译内容以及哲学思想研究等方面的挖掘,梳理杜赫德《中华帝国全志》中的中国典籍翻译并整理成目录;方法上则以全球史的视角,以“世界之中国”的观念,克服中西对立、现代与传统二分模式的弊端,审视16—18世纪儒学西传的历史,及儒家思想的影响;从而填补了多年来国内对古代经典在16—18世纪西传系统研究中的空白。同样在方法和史料上都具有填补空白意义的还有他的《交错的文化史——早期传教士汉学研究史稿》[②],其中附录2:《17世纪中国对西方人文主义文化的儒家回应》,重在整理叙述17世纪耶稣会士与儒学及中国儒家的交往。专文如《儒家思想西传欧洲的奠基性著作——〈中国哲学家孔子〉》[③],均围绕18世纪以前儒学西传的实践或译著展开。张西平正陆续推出的“20世纪中国古代文化经典在域外的传播研究丛书”,则集中于20世纪。刘耘华《诠释的圆环——明末清初传教士对儒家

---

①张西平:《儒学西传欧洲研究导论　16—18世纪中学西传的轨迹与影响》,北京大学出版社,2016年。

②张西平:《交错的文化史——早期传教士汉学研究史稿》,学苑出版社,2017年。

③张西平:《儒家思想西传欧洲的奠基性著作——〈中国哲学家孔子〉》,《中国哲学史》,2016年第4期,第121—128页。

经典的解释及其本土回应》一书，探讨耶稣会士时期传教士以儒补耶的努力。孙尚扬《基督教与明末儒学》[①]上篇以利玛窦为研究对象，研究他的附儒、补儒、超儒的理论与实践，下篇研究明末士大夫对“天学”的反应，都集中于16—18世纪的考察。稍有时限跨越的仅见张成权、詹向红的《1500—1840　儒学在欧洲》，该书认为“儒学在欧洲”是一个历史性兼具现代性的话题，它否定了“欧洲中心论”，也为儒学的现代价值和中西文化对话提供了鲜活的案例。研究对象时段归属于19世纪的，有龚道运《基督教和儒教在19世纪的接触》，该书是以19世纪来华传教的马礼逊等人物为线索的论文集；胡瑞琴《晚清传教士与儒家经典研究》[②]，该书集中于丁韪良《天道溯原》、花之安《经学不厌精》、安保罗《孔子基督为友论》三个主题的讨论，以传教士儒学观的考察为重点，参考文献中有提及《教务杂志》，但未见取材当时期刊。俞华祖、胡瑞琴《近代西方来华传教士的儒学观》[③]，认为近代来华传教士对儒学的看法主要体现在上帝观、自然观、人性论、伦理观四方面，他们从基儒比较、基督教神学背景入手，寻找两者的相似点为基督教传播服务，指出相异处并证明基高于儒。胡卫清《近代来华传教士的儒学观》[④]对传教士儒学观经历了由“孔子或耶稣”到“孔子加耶稣”的战略转变说提出了质疑，并认为传教士无论是对儒家宗教思想还是伦理思想的研究，都是以基督教的“真理”为准则的。特别指出的是，关于19世纪西方传教士与中国儒学之研究的既有成果较多集中于传教士儒学观的探讨，其中取材报刊内容的有，姚兴富《耶儒对话与融合》[⑤]，是书以传教士所办的《教会新报》(1868—1874)作为一个独立的整体来考察，并重点发掘其中所蕴含的耶儒对话思想观念及相关资料，认为利玛窦等耶稣会士在第一次耶儒对话中采取的是“容古儒、斥近儒”的文化适应政策，而《教会新报》中反映的对话则“不仅求助于古儒，而且也尝试与近儒调和”。新教传教士在承认并坚持其上帝崇拜与中国人祖先崇拜之间存有矛盾和对立的同时，进而利用宋儒的资源如周、朱的“太极说”去解释上帝的属性，用陆、王的心学来阐

①孙尚扬：《基督教与明末儒学》，东方出版社，1994年。

②胡瑞琴：《晚清传教士与儒家经典研究》，齐鲁书社，2011年。

③俞祖华、胡瑞琴：《近代西方来华传教士的儒学观》，《齐鲁学刊》，2007年第3期。

④胡卫清：《近代来华传教士的儒学观》，见卓新平主编：《当代中国宗教研究精选丛书·基督教卷》，民族出版社，2008年，第227—275页。

⑤姚兴富：《耶儒对话与融合》，宗教文化出版社，2005年。

释基督的品性，并对沟通耶儒关系的“索隐法”和“考证法”展开系统的比较分析。《教会新报》是新教传教士林乐知在上海创办和主编的中文周刊，虽然不在本书研究的英文期刊之列，但同样具有参考价值。

既有研究成果中，没有标明以儒学西传为研究对象，但实际却对该主题有独到思考，能为儒学西传研究提供历史背景、话语体系、甚至译介传播主体、受众和环体研究之启发的著述中，也同样存在前述时限与载体来源特征，如张国刚《明清传教士与欧洲汉学》[①]，以16—18世纪作为研究的时间段限，探求欧洲著名的汉学研究机构和学人的研究成果；他的《从中西初识到礼仪之争——明清传教士与中西文化交流》[②]涉及儒学西传与接受活动，但也限于19世纪之前；张国刚与吴莉苇合著《启蒙时代欧洲的中国观一个历史的巡礼与反思》[③]，分析16—18世纪欧洲中国观的演变，涉及儒学诸多层面。吴莉苇《当诺亚方舟遭遇伏羲神农——启蒙时代欧洲的中国上古史论争》[④]，张、吴二著较多谈到传教士解释儒家典籍与人物时采用的索隐法，旨在找寻中国上古史在欧洲思想史中扮演的角色与发生的影响。朱谦之《中国哲学对欧洲的影响》[⑤]一书，在叙述欧洲文艺复兴与中国文明的关系、18世纪中欧之文化接触相关问题的前提下，先阐明中国哲学对欧洲思想影响的关键问题，即1645年至1742年天主教徒争论之礼仪问题与耶稣会士对宋儒理学之反响，然后论述中国哲学对启蒙运动、法国革命、德国革命的影响。安田朴著《中国文化西传欧洲史》[⑥]、沈定平著《明清之际中西文化交流史》[⑦]都包含了儒学西传重要人物、事件、史料来源方面丰富的信息，也都集中于对16—18世纪的考察，尚未涉及期刊。

关于国别汉学史研究的著述中，均有不同程度论及西方儒学研究，但大多也限于中西文化交流的早期，且多为片段提及或阐述，代表性的如许明龙《黄嘉略与早期法国汉学》[⑧]，重点探讨早期中国哲学思想西传。熊文

---

①张国刚：《明清传教士与欧洲汉学》，中国社会科学出版社，2001年。

②张国刚：《从中西初识到礼仪之争——明清传教士与中西文化交流》，人民出版社，2003年。

③张国刚、吴莉苇：《启蒙时代欧洲的中国观　一个历史的巡礼与反思》，上海古籍出版社，2006年。

④吴莉苇：《当诺亚方舟遭遇伏羲神农——启蒙时代欧洲的中国上古史论争》，中国人民大学出版社，2005年。

⑤朱谦之：《中国哲学对欧洲的影响》，河北人民出版社，1999年。

⑥［法］安田朴：《中国文化西传欧洲史》，商务印书馆，2000年。

⑦沈定平：《明清之际中西文化交流史》，商务印书馆，2001年。

⑧许明龙：《黄嘉略与早期法国汉学》，中华书局，2004年。

华《英国汉学史》[1],以历史发展的线性脉络梳理出各阶段英国汉学代表人物,论及与本研究相关的艾约瑟、理雅阁等。关于西方中国形象和汉籍外译历史的著作中,也有章节或片段提及西方儒学研究,如周宁著《天朝遥远——西方的中国形象研究》[2],马祖毅著《汉籍外译史》[3],楼宇烈、张西平合著《中外哲学交流史》[4],然其时限均在19世纪之前。兼及19、20世纪的著述鲜见但并非缺失,如姜新艳主编《英语世界中的中国哲学》[5]对当今英语世界中的各家各派之中国哲学研究给予了综合的介绍和引进,但全书主体是对于英语世界哲学研究文章的翻译,只有导论部分属于评述性反研究。汉学史方面的著作对期刊早有注意,如莫东寅《汉学发达史》一书中已经开始注重以《通报》(*Toung Pao*)为代表的汉学期刊研究,他的《东方研究史》也注意到期刊的价值。另外,关于英语文学世界里中国研究的著作中也有系统留意到英文期刊,代表性的如钱锺书《十七十八世纪英国文学中的中国》一书,即专设章节考察期刊。

关于西方对具体儒学典籍、儒家人物或学派观点方面的译介研究之反研究中,已出现超越19世纪的时段且突破以译介研究为中心的专著,如赫伯特·芬格莱特(Herbert Fingarette)1972年出版的《孔子:即凡而圣》(*Confucius: The Secular as Sacred*),该书即对儒经译本中将儒学西化的种种弊端进行了较深刻的批评。杨静《美国20世纪的儒学典籍英译史论》[6]研究发现,美国20世纪的儒学典籍英译活动起步晚、发展快,到20世纪下半叶,分别在60年代和90年代迎来了两次高潮;翻译从部分到整体,从节译到全译、从个人兴趣到群体合作、从宗教到哲学;译本样态和译者的职业身份、翻译目的和方式都呈现出多元化的特征;旅美华人和美国汉学家是中坚力量;美国翻译和研究儒家典籍和儒家文化的内在动力是美国文化中强烈的自我批判意识、功利主义、实用主义,加上美利坚民族追求独立自由、叛逆和创新的文化精神,以及美国在发展中遭遇到的困难和危机,都需要借助中国文化来改造和发展自身文化,这些都是中国儒家典籍英译的

---

①熊文华:《英国汉学史》,学苑出版社,2007年。

②周宁:《天朝遥远——西方的中国形象研究》,北京大学出版社,2006年。

③马祖毅:《汉籍外译史》,湖北教育出版社,1997年。

④楼宇烈、张西平:《中外哲学交流史》,湖南教育出版社,1998年。

⑤[美]姜新艳:《英语世界中的中国哲学》,北京大学出版社,2009年。

⑥杨静:《美国20世纪的儒学典籍英译史论》,博士学位论文,河南大学,2014年。

客观需求。李伟荣《英语世界的〈易经〉研究》①，不仅强调《周易》译介问题，也强调其接受，梳理其在英文世界的接受史，以及对西方文学的影响。姜燕《理雅各〈诗经〉翻译与儒教阐释》附录以理雅各对《诗》《书》宗教意义的认识，来谈基督教视域中的儒家宗教性，都是基于翻译研究所作的拓展，限于篇幅不赘。针对儒学发展某个阶段或学派研究之反研究，虽为数不多，但也出现了一些力作。以目前英语世界范围内朱子学相关研究为例，陈荣捷的《欧美之朱子学》一篇，系统梳理了英语、法语、德语世界中有关朱子学研究的文献，于英语世界朱子学文献的收录尤为详细。台湾吴展良主编《朱子研究书目新编：1900—2002》②，收录了中国台湾、大陆、香港及新加坡、日本、韩国、美国、德国、法国等地102年间朱子研究的相关论述，包括尚未出版的硕博士论文。司马黛兰（Deborah Sommer）《近期西方的朱熹研究》（*Recent Western Studies of Zhu Xi*）介绍了北美和日本对朱熹包括宋代研究的大致情况，主要涵盖陈荣捷以来美国的朱子学研究，如狄百瑞（William Theodore de Bary，1919—2017）、包弼德（Peter Kees Bol，1948—）、加德纳（Daniel K. Gardner，1950—）、潘德荣、彭启福、蔡涵墨、李焯然、余英时等。卢睿蓉《美国朱子学研究发展之管窥》评述自1849年以来朱子学在美国的发展历程及各个阶段的特点。彭国翔《近三十年（1980—2010）英语世界的朱子研究——概况、趋势及意义》（2012），田浩《朱熹研究在美国：以陈荣捷、余英时与田浩的研究为中心》③，黎昕、赵妍妍《当代海外朱子学研究及其方法》（2012），将20世纪以来海外朱子学研究归纳为考证性的、史学的、义理分析的、文化思想比较的和体认式的5种类型。蔡慧清《朱子学在英语世界的最早译介与传播》（上、下，2012、2014），认为朱子学在英语世界的最早研究始于马礼逊和米怜主编的《印中搜闻》，刊中朱子学译介研究超越了此前欧洲汉学独尊上古儒学、排斥理学的局面，且呈现大众性传播的面向特征；《二十世纪理概念英译的实践与争论》（2015）和《十九世纪理概念英译的实践与演进》（2016）两篇认为：纵观《印中搜闻》《中国丛报》《中国评论》三种报刊及理雅各等人的汉学著述中关于“理”的译释，可见理学的西传得益于“理”概念的译介。20世纪英语

① 李伟荣：《英语世界的〈易经〉研究》，中国社会科学出版社，2018年。
② 吴展良主编：《朱子研究书目新编：1900—2002》，台湾大学出版中心社，2005年。
③ 文见复旦大学文史研究院网站。

世界对中国哲学术语的译释日益重视，学者们的互动中可见西方理解与接受中国哲学核心概念不断接近原生义的进路。以上研究成果对英语世界朱子学研究的主要内容、方式方法以及特点做了相当详细的绍述，也为国内开展海外朱子学研究提供了较详实的文献索引基础。

以上成果为本书开展19世纪以后的儒学西传之反研究奠定了史料、方法、视野诸多方面的学术基础，也留出了空白。

（二）报刊研究回顾

这一部分将对已见关于《印中搜闻》《中国丛报》《中国评论》《教务杂志》和《皇家亚洲文会北华支会会刊》的整体研究，尤其近年来出现相关期刊儒学议题的零星成果作一梳理和评述。

对《印中搜闻》的研究，较早的有谭树林《近代来华基督教传教士所创中外文期刊之影响——以"印支搜闻"为中心》[①]一文。该文认为《印支搜闻》是新教传教士在马六甲创办的最早的外文期刊，对中国近代报业的创办、出版机构的建立以及近代印刷技术的传入均产生了重要影响，一定程度上促进了中西文化交流的进程。吴义雄《〈印中搜闻〉与19世纪前期的中西文化交流》[②]一文，在中西文化交流和国际汉学发展的视野下，系统考察了《印中搜闻》的创办过程、编辑发行情况及其内容设置，特别点出该刊所翻译的各类中文文献、对中国典籍所做的较为详细的介绍、所发表的研讨中国传统文化的文章，并分析"这些努力，与当时欧洲兴起的汉学学术和中国研究密切相关"。吴义雄的考察论述，对于引导学界全面系统了解该报，以之切入海外汉学研究之反研究具有启发性意义。

后学从汉学发展视野论述的，有卞浩宇《〈印中搜闻〉对近代西方汉学发展的影响》[③]。是文论述了该刊为西方海外传教士互相沟通的媒介与平台，为近代西方了解、认识中国提供了大量资料。从传教士活动展开研究的，有周彦、张建英《英国传教士马礼逊和米怜在马六甲的汉学

---

①谭树林：《近代来华基督教传教士所创中外文期刊之影响——以"印支搜闻"为中心》，《齐鲁学刊》，2002年第3期。

②吴义雄：《〈印中搜闻〉与19世纪前期的中西文化交流》，《中山大学学报》，2002年第2期，后收录于国家图书馆出版的《印中搜闻》中作为前言。

③卞浩宇：《〈印中搜闻〉对近代西方汉学发展的影响》，《苏州教育学院学报》，2014年第5期。

研究》[①]。该文聚焦马礼逊和米怜创办的《察世俗每月统计传》和《印中搜闻》，介绍《印中搜闻》汉学研究的内容、特点，并论述其研究的地位与价值，认为从刊文篇目数量和栏目调整情况来看，马礼逊和米怜事实上把《印中搜闻》“看成一个有关汉学的重要刊物”。学位论文方面，刘静《新教华文教会学校的编译活动研究——以洋务运动前的教会学校为中心》[②]，涉及《印中搜闻》。

国外人物传记方面，英国汤森著《马礼逊——在华传教士的先驱》[③]，马礼逊夫人著《马礼逊回忆录》[④]，两书都谈及创办与主编《印中搜闻》的工作，书中关于马礼逊在华活动的很多记录在该刊中都有体现，传记的内容有助于理解《印中搜闻》的创办发行活动和刊物内容。

儒学相关主题研究，有笔者拙文《论朱子学在英语世界的最早传播与研究》（上、下）[⑤]两篇。张涛《〈印支搜闻〉孔子思想传入美国的重要原始渠道》[⑥]一文，主旨如标题。刘美华《〈印中搜闻〉视域中的中国社会信仰与习俗》[⑦]一文论及儒学较多，其以《印中搜闻》中所刊关于中国的作品为对象，勾勒该刊视域中的中国信仰和习俗。她认为马礼逊和米怜的《印中搜闻》在重新构建西方关于中国的知识体系与形象方面发挥了重要作用，原因在于当时欧洲关于中国的知识体系与形象正遭到冲击、质疑甚至否定。根据刘美华的考察，马礼逊和米怜二人对儒学的兴趣都颇高，但马礼逊否定儒学的宗教性，米怜则对于儒学有更复杂的功利态度，一方面视为迎合中国学者的工具加以附会，一方面又认为儒学更倾向于偶像崇拜和迷信。米怜常常以儒学的意识形态代表儒学思想，从而贬低儒学思想的价值。其在介绍“四书”和《圣谕广训》中多处对儒学进行肆无忌惮的抨击、扭曲和讽刺。比如，有谈及孔子对于上帝本质与来世的无知，将曾子的哲学视为异端等等。

---

①周彦、张建英：《英国传教士马礼逊和米怜在马六甲的汉学研究》，《语言与文化研究》，2015 年第 1 期。

②刘静：《新教华文教会学校的编译活动研究——以洋务运动前的教会学校为中心》，硕士学位论文，北京印刷学院，2011 年。

③[英]汤森：《马礼逊——在华传教士的先驱》，吴相译，大象出版社，2002 年。

④[英]马礼逊夫人：《马礼逊回忆录》，顾长声译，广西师范大学出版社，2004 年。

⑤蔡慧清：《论朱子学在英语世界的最早传播与研究》（上、下），《湖南大学学报》，2012 年第 6 期，2014 年第 1 期。

⑥张涛：《〈印支搜闻〉孔子思想传入美国的重要原始渠道》，《贵州社会科学》，2015 年第 6 期。

⑦刘美华：《〈印中搜闻〉视域中的中国社会信仰与习俗》，《北京行政学院学报》，2014 年第 2 期。

对《中国丛报》的整理、研究情况约略如下。

刊文的索引与分类整理方面，张西平主编，顾钧、杨慧玲整理的《〈中国丛报〉篇名目录及分类索引》①，在篇目、内容、分类等方面为后续研究提供了诸多便利。平保兴《西方传教士在华编撰第一部英文期刊索引之特点与价值》②一文，谈该刊所附的《二十卷中国丛报主题总索引》的学术价值与史学意义，客观上提请研究者关注该刊所附总索引。

研究综述方面，侯建峰《〈中国丛报〉近五年研究综述》③一文，从中西文化交流的互动、报人研究、考释与业务三个方面对《中国丛报》研究作了简单综述，提到期间吴义雄、戴丽华、叶农、李秀清、艾萍、张施娟、仇华飞、陆亨、谭树林等人的研究文章。侯文基本上对相关文献都进行了简单介绍。在此基础上，笔者检索发现该时期还有王化文、商颖、张振明、王燕、顾钧、陈浩、周密、陈君静等人发表过有关《中国丛报》的研究成果。研究综述方面，曹飞霞《鸦片战争前后美国对华认识——以1832—1851的〈中国丛报〉为研究中心》④一文，也展开了对已有研究成果的梳理。还有杨玉秋《基督教新教传教士与鸦片战争——以 *Chinese Repository* 资料为中心》⑤一篇，其文献综述与前两篇相比，增收了台湾学者王树槐的《卫三畏与〈中华丛刊〉》⑥和孙若怡的《卫三畏与〈中国丛报〉》⑦两篇。谭静《国内〈中国丛报〉研究综述 2000—2015》⑧基本上也是按照报人、考释与业务的分类，简单介绍题中时间段限期间的研究文章。

从中外文化交流角度展开的研究成果，较早的有梁碧莹《美国传教士

①张西平主编，顾钧、杨慧玲整理：《〈中国丛报〉篇名目录及分类索引》，广西师范大学出版社，2008年。

②平保兴：《西方传教士在华编撰第一部英文期刊索引之特点与价值》，《中国索引》，2012年第1期。

③侯建峰：《〈中国丛报〉近五年研究综述》，《教师》，2011年第6期。

④曹飞霞：《鸦片战争前后美国对华认识——以1832—1851的〈中国丛报〉为研究中心》，硕士学位论文，四川师范大学，2013年。

⑤杨玉秋：《基督教新教传教士与鸦片战争——以 *Chinese Repository* 资料为中心》，硕士学位论文，暨南大学，2013年。

⑥王树槐：《卫三畏与〈中华丛刊〉》，见林治平主编《近代中国与基督教论文集》，台北：财团法人基督教宇宙光传播中心出版社，1981年。

⑦孙若怡：《卫三畏与〈中国丛报〉》，载李金强、吴梓明、邢福增主编：《自西徂东——基督教来华二百年论集》，香港：基督教文艺出版社，2009年。

⑧谭静：《国内〈中国丛报〉研究综述 2000—2015》，《淮北职业技术学院学报》，2016年第3期。

与中西文化交流》[①]。从报刊创办与内容考察角度展开研究的，除了谭树林《中国丛报考释》一文，还有沈毅《19 世纪初新教传教士在华的经济新闻传播活动》[②]及《晚清传教士报刊的经济报道》[③]，两篇都论及《中国丛报》。国内专著中邓绍根《美国早期在华新闻史》分别从中西关系和新闻史的角度介绍《中国丛报》。专著中提及的有顾长声《传教士与近代中国》(1981)，《从马礼逊到司徒雷登——来华新教传教士评传》(1985)。国外的研究成果中，美国学者雷孜智(Machael. C. Lazich)著《千禧年的感召——美国第一位来华传教士裨治文传》[④]，该书涵盖《中国丛报》的创办过程、目的、文章、经费来源、遭遇等问题；澳大利亚学者伊丽莎白·马尔科姆(Elizabeth L. Malcolm)论文《〈中国丛报〉与中国文学 1800—1850》[⑤]，美国学者白瑞华(Roswell Sessoms Britton，1897—1951)专著《中国报刊：1800—1912》[⑥]论及《中国丛报》与《印中搜闻》；美国史学家赖德烈专著《早期中美关系史 1784—1844》[⑦]论及《中国丛报》；赖德烈的《基督教在华传教史》[⑧]则将该刊作为传教活动的一部分；更早作为基督教传教活动论及该刊的还有美国学者苏珊娜·巴尼特(Suzanne Barnett)与弗兰克·金(Fairbank John King) 合著的《基督教在中国》[⑨]，裨治文夫人伊莉莎·J·裨治文(Eliza. J. Gillete Bridgeman)的《裨治文的生平与事业》[⑩]；美国卫斐

①梁碧莹：《美国传教士与中西文化交流》，《中山大学学报》(哲学社会科学版)，1989 年第 3 期。

②沈毅：《19 世纪初新教传教士在华的经济新闻传播活动》，《中国社会科学院研究生院学报》，2009 年第 6 期。

③沈毅：《晚清传教士报刊的经济报道》，《编辑之友》，2011 年第 9 期。

④[美]雷孜智(Machael. C. Lazich)：《千禧年的感召——美国第一位来华传教士裨治文传》，尹文涓译，广西师大出版社，2008 年。

⑤Elizabeth L. Malcolm. *The Chinese Repository and Western Literature on China* 1800—1850 [J], Mordern Asian Studies，1973(7.2)，p. 176.

⑥Roswell Sessoms Britton. *The Chinese Periodical Press* (1800—1912)，New York Columbia University，1933.

⑦Kenneth Scott Latourette. *The History of Early Relations between the United States and China*：1784—1844 . New Haven . Yale University Press，1917.

⑧[美]赖德烈：《基督教在华传教史》，雷立柏等译，道风书社，2009 年。

⑨Suzanne Barnett. Fairbank John King，*Christianity in China*：*early Protestant missionary writings*. Cambridge：Cambridge University Press，1885.

⑩Eliz. Bridgeman，*The Life and Labors of Elijah Coleman Bridgeman*. New York：ADF Randolph. 1864.

列(Williams,Frederick Wells,1857—1928)著《卫三畏生平与书信》①,谈到卫三畏与该刊的很多活动信息。

对于《中国丛报》研究最系统、全面又主题突出的当推吴义雄,吴撰《〈中国丛报〉与中国历史研究》②、《〈中国丛报〉与中国语言文字研究》③、《〈中国丛报〉关于中国社会信仰与风习的研究》④、《十九世纪前期西人对中国上古史的研讨与认识》⑤标题即显示出鲜明的主题,他的《"福摩萨情节"与台湾形象建构——〈中国丛报〉台湾论述解析》一篇,根据刊中关于台湾的系列文章和报道,论证西方在荷兰失去台岛后依然存在的"福摩萨情节"⑥。这一系列论文从《中国丛报》与中西文化交流的视角,选取刊中关于中国的具体文化部门或地域为研究对象,形成比较完整的研究体系。吴著《传教士视野下的清朝政治——〈中国丛报〉与中国政治研究》⑦,则是从传教士活动的视野下展开,聚焦于鸦片战争前后在华西士刊于《中国丛报》上的关于中国政治的系列评述,从四个主题入手梳理,解构和分析西士群体对于晚清中国政治现状的认识取向,从传播视角勾勒出晚清政治社会的粗线条。吴著提示西方视野下的新闻传播对中西交互和文化交流也有重要的价值参考。《在华英文报刊与近代早期的中西关系》⑧着重探讨这些报刊及其所塑造的舆论在 19 世纪 20 年代到 40 年代中西关系演变过程中的作用;同时,也试图通过这些报刊来考察 19 世纪前期的在华西人对中国社会与文化的认识与评价,并以此为基础,观察政治性的舆论与学术性的文化著述之间的关联。

关于丛报儒学主题方面的研究,有从典籍和儒家形象角度展开的,如赖文斌《从〈中国丛报〉看晚清传教士对中国典籍的译介》(2015),提及《中国丛报》从 1836 年开始,之后分 4 次刊载了对于朱熹编撰的《小学》相关内

①[美]卫斐列:《卫三畏生平与书信》,顾钧、江莉译,广西师范大学出版社,2004 年,原名 *The Life and Labor of Samuel Wells Williams*, by Frederick W. Williams, New York, 1889.

②吴义雄:《〈中国丛报〉与中国历史研究》,《中山大学学报》(哲学社会科学版),2008 年第 1 期。

③吴义雄:《〈中国丛报〉与中国语言文字研究》,《社会科学研究》,2008 年第 1 期。

④吴义雄:《〈中国丛报〉关于中国社会信仰与风习的研究》,《学术研究》,2009 年第 9 期。

⑤吴义雄:《十九世纪前期西人对中国上古史的研讨与认识》,《历史研究》,2018 年第 4 期。

⑥吴义雄:《"福摩萨情节"与台湾形象建构——〈中国丛报〉台湾论述解析》,《近代史研究》,2014 年第 4 期。

⑦吴义雄:《传教士视野下的清朝政治——〈中国丛报〉与中国政治研究》,上海人民出版社,2013 年。

⑧吴义雄:《在华英文报刊与近代早期的中西关系》,中国社会科学文献出版社,2012 年版。

容的翻译；刊物还登载了《三字经》的翻译；对孔子、朱熹等儒家人物与相关作品的介绍。张涛《〈中国丛报〉的孔子观及其向美国的传播》[①]分析了该报传达的孔子观及该报不待见孔子的原因。相对于《中国丛报》儒学主题200多篇刊文而言，现有研究显然还有进一步拓展和深入的空间。

关于《皇家亚洲文会北华支会会刊》，已见学术研究成果较少，主要有三项：王毅《皇家亚洲文会北华支会研究》[②]，是最早对会刊进行专门研究的著作，该书从西方汉学组织机构的角度，介绍皇家亚洲文会北华支会与西方汉学的关系，也涉及对刊物具体内容的研究，全书涵括会刊产生背景、发行情况、发展变化、研究内容和影响等方方面面，对会刊内容进行了以时间、议题为根据的分类统计，认为会刊内容的变迁和扩展反映了外国人对中国的认识和研究逐渐深入的进程。刘绵绵《皇家亚洲文会北中国支会的音乐活动研究》[③]，从中国音乐理论切入，对会刊上音乐主题相关文章、讲话及所介绍的研究著作进行了评析，论述了近代中西对话中外国人对中国音乐的认识。王蓝《英国在近代华西考察初探——以〈皇家亚洲文会北华支会会刊〉中的四川研究为例》[④]，着眼于会刊的四川研究，以具体的历史个案为线索，尝试构建呈现了来华传教士在川考察的研究网络，挖掘出这类刊文的作者群体中传教士之外的商人、外交官、博物学家所体现出的超脱自身目的身份的文化叙述。同时，也初步勾勒出了《会刊》从民族、民俗、考古、动植物等多元的区域观察角度考察、传播四川的历史情形。

另外，西人创设于中国内外的刊物都有不少关于《会刊》所登具体文章的评价，比如《教务杂志》和《北华捷报》均设专栏评价《会刊》刊出的一些具体文章。

关于《中国评论》的既有研究，最全面系统的专著当属王国强《〈中国评论〉(1872—1901)与西方汉学》[⑤]，王著对该刊创立时代背景、创办地、刊物内容、主要作者信息等基本情况做了专门的介绍、研究与考证，也论证了该刊在西方汉学发展史上的重要地位。值得特别注意的是，在该书学术史的

---

①张涛：《〈中国丛报〉的孔子观及其向美国的传播》，《安徽史学》，2016年第1期。

②王毅：《皇家亚洲文会北华支会研究》，上海书店出版社，2005年。

③刘绵绵：《皇家亚洲文会北中国支会的音乐活动研究》，《人民音乐》，2012第8期。

④王蓝：《英国在近代华西考察初探——以〈皇家亚洲文会北华支会会刊〉中的四川研究为例》，硕士学位论文，北京外国语大学，2017年。

⑤王国强：《〈中国评论〉(1872—1901)与西方汉学》，上海书店出版社，2010年。

回顾部分，作者详细梳理呈现了从1878年到2006年关注和研究《中国评论》的相关文献，具体介绍并评述了号称“文献通”的法国汉学家亨利·高第（Henri Cordier）在其《西人论中国书目》中大量收入《中国评论》所刊相关中国的研究成果，而在1904—1908年该书的第二版中则可以说是详尽地收录了评论所载相关中国的研究成果，连几十个单词篇幅的“释疑”条目都尽量收入。1918年，别发洋行出版发行了福开森（John C. Ferguson）编撰的《中国评论》主题索引，评价其非常有用但是没有编制作者索引，所以还远不够完备。1934年美国人贝德士在其《西方东方学报论文举要》中有对之的介绍，评价为“资格虽老，性质普通，其中亦有为西方学者赞许之论著”。1939年美国汉学家马森（Mary Gertrude Mason）评价其文献信息非常有用，很有文采。使人想到“英国人对中国文化正在做严肃而苛刻的研究，他们的兴趣不再停留在中国社会的外在问题上，而是集中到了中国人的思想领域”。30年代，日本汉学者石田幹之助在其《欧人之汉学研究》中提及该刊的创刊、发行等信息。学位论文方面有采用《中国评论》材料的，如，2002年亚利桑那州立大学 Kathryn Rose Lynass 的博士学位论文《关于东亚的重要英国期刊》（*Leading British Periodicals on East Asia*：1870—1911）。国内有王绍祥博士学位论文《西方汉学家的“公敌”翟理思（1845—1935）》[①]等。

第一篇专论《中国评论》相关问题的论文是《论香港与中西文化交流——欧德理与“中国评论”》[②]。该文介绍了欧德理围绕该刊的活动，也是所见论欧德理的唯一刊出成果。葛桂录《中英文学关系编年史》[③]，段怀清、周俐玲编著《“中国评论”与晚清中英文学交流》[④]两书采用该刊材料较多，但重在围绕其中的文学主题刊文展开。

在王国强《〈中国评论〉（1872—1901）与西方汉学》一书学术史回顾的基础上，笔者略补充有代表性的新作。江莉著《十九世纪来华西方人的汉

①王绍祥：《西方汉学家的“公敌”翟理思（1845—1935）》，福建师范大学，博士学位论文，2004年。

②Wong Man Kong，*Hong Kong and Sino-Western Cultural interaction*：*Ernest John Eitel and the China Review*，《港澳与近代中国学术研讨会论文集》，台北：“国使馆”，2000年，第120—121页。

③葛桂录：《中英文学关系编年史》，上海三联书店，2004年。

④段怀清、周俐玲：《“中国评论”与晚清中英文学交流》，广东人民出版社，2006年。

语研究——以〈中国评论〉为中心》[①]聚焦全部25卷《中国评论》汉语语言研究类刊文，同时结合《中国丛报》和《教务杂志》的相关内容，对19世纪下半叶西方人汉语研究进行考察，认为其呈现两方面的特色：一是在欧洲语言学影响下注重历时性研究的思路。二是在实用性需求的推动下重视口语研究、重视语言教学研究。

目前尚未见围绕《中国评论》儒学议题展开专门研究的成果。而该刊本身在中国相关英文刊物中的地位以及刊中200多篇儒学主题刊文，都已揭明以其中儒学议题为中心展开研究还存在很大空间。

整体来看，对于前述四种英文期刊的研究大致可以分为三类。一，在中西文化交流和国际汉学发展史的视野中展开，此种角度大多集中于论述各刊在中西文化交流中的地位与作用，少量在此视野下对刊物所载中国语言、历史、民俗等主题展开专门研究。二，援据前述期刊中的相关材料，围绕传教士的社会文化活动展开专门研究，包括办报、翻译儒家经典、编写汉语学习教材、评价中国社会方方面面的言论。三，纯粹从报业史、新闻史的角度展开的介绍、评述与研究。第三类成果数量较多但多数只是简单介绍或评述，基本是为后续深入研究提供引线。著作方面，如戈公振《中国报刊史》，该书第3章"外报创刊时期"扼要介绍了早期西人在华办报的基本情况及其影响。胡太春《中国近代新闻思想史》第1章第2节介绍马礼逊和他的传教伙伴所办《印中搜闻》和《中国丛报》，方汉奇《中国近代报刊史参考资料》《报史与报人》等著述，对在中国（包括香港）地区出版发行的报刊介绍收集较多，但只对《字林西报》与《北华捷报》的介绍比较详细，没有提及发行于境外而与中国相关的英文报纸。其他如方汉奇《中国近代报刊史》《中国新闻事业通史》《近代中国新闻事业史事编年（一）》，黄瑚《中国新闻事业发展史》，卓南生《中国近代报刊发展史（1815—1874）》，熊月之《西学东渐与晚清社会》，钟紫《香港报业春秋》等，对上述报刊也都有介绍和评述，至少是提及，但也都谈不上深入研究。论文方面，乐正的《近代广州报刊业的发展（1827—1911年）》（1995）、刘蜀永《19世纪香港主要英文报刊》（1989）两篇，对《香港公报》《中国之友与香港公报》《香港纪录报》《德臣西

① 江莉：《十九世纪来华西方人的汉语研究——以〈中国评论〉为中心》，博士学位论文，北京外国语大学，2015年。

报》《孖剌报》《士蔑新闻》《香港政府公报》以及各种广告报作了简要介绍。宁树藩《19 世纪香港报业概述》(1997)对 19 世纪香港地区发行的英文、葡文以及中文报纸做了概括性的介绍评述。田雷《19 世纪外报来华现象评析》(2008)等,主要谈外报对中国的影响,没有涉及作为本文研究对象的儒学主题。报刊史研究的主要著作除了前面提及的白瑞华(Britton Roswell)《中国期刊出版》(*The Chinese Periodical Press* 1800—1912),还有金·弗兰克(King Frank)《中国口岸报刊研究指南》(*Research Guide to China-Coast Nespaper*,1822—1911)。它们都提供了大量关于期刊研究的资料。何凯立《基督教在华出版事业》、赵晓兰《传教士中文报刊史》虽偏重传教士在华中文刊物研究,但也不乏对本书英文期刊的背景介绍。

另外值得特别提出的是,近年来根据西人创办的英文报刊探讨传教士对儒学的译介与儒耶融合的研究,或传教士汉学知识传播网络的研究时常令人耳目一新。兹以《教务杂志》为中心的硕博士论文为例,如,许俊琳《十字架下的中国圣人:新教传教士眼中的儒道学说——以〈教务杂志〉为中心》(1867—1911)[①],尝试采用过往研究中较少利用的《教务杂志》中的材料,突破以往中西文化交流史研究多侧重传教士给中国政治、社会、文化等方面带来了什么影响,而忽略了中国社会赋予传教士的"反作用"的局面,具体论述了传教士对孔子、老子和《道德经》的态度,并在此基础上指出中国文化的不足,希望用基督教弥补或取代之,以实现变儒学为基督教的"侍女",最后达到传教的目的。李晶《新教传教士对中国儒学的译介——基于〈教务杂志〉(1867—1941)的阐释与研究》[②],对全刊儒学主题文章进行了统计和分时段分析,统计出全刊共 95 篇儒学主题刊文,并以伽达默尔阐释学中的"前见""视域融合"和"效果历史"原则,重点对新教传教士对儒家思想体系中的"天"和"性善论"这两个被讨论得最多的概念体系展开研究,认为受基督教前见以及当时中国社会历史环境的影响,他们译介的立场和结果呈现出比较明显的阶段性特征变化:由儒耶对立到儒耶汇通,再到摆脱基督教前见的较为客观的研究。薛维华《边缘风景:〈教务杂志〉与传教士

---

①许俊琳:《十字架下的中国圣人:新教传教士眼中的儒道学说——以〈教务杂志〉为中心》(1867—1911),硕士学位论文,上海大学,2009 年。

②李晶:《新教传教士对中国儒学的译介——基于〈教务杂志〉(1867—1941)的阐释与研究》,硕士学位论文,西南交通大学,2014 年。

汉学知识传播》[①],从该刊的汉学知识传播背景、办刊出版网络分析其传播网络,从栏目设置与汉学知识,目录索引与汉学主题考察传播主题,从刊物创办与作者群体分析传播主体,从关于“风水”的文案分析、话语谱系变迁中引出传教士汉学的游历话语、启蒙话语和宗教话语传统。从而认为该刊的汉学内容是在大众传播、宗教传播和学术传播中杂糅、生长。可见《教务杂志》是近年来学术研究的一个热点。这些研究成果基本都谈及和利用到罗恺玲(Kathleen L. Lodwick)于 1986 年完成的《〈教务杂志〉索引》(*The Chinese Recorder Index*:*A Guide to Christian Missions in Asia*, 1867—1941),以及陶飞亚有关《教务杂志》的系列研究。

同样值得提出的是,关于西人在华创办中文报刊中儒学主题的研究,也为本书的写作提供了很多助益。以学界取材于传教士在中文报刊《万国公报》和《教会新报》上所刊大量论述儒家学说与基督教的区别、联系等问题撰文展开的研究为例。如,姚兴富《耶儒对话与融合》[②],该书将传教士所办的《教会新报》(1868—1874)(即《万国公报》的前身)作为一个独立的整体来考察,并重点发掘其中所蕴含的耶儒对话思想观念及相关资料,认为利玛窦等耶稣会士在第一次耶儒对话中采取的是“容古儒、斥近儒”的文化适应政策,而在《教会新报》中反映的耶儒对话则“不仅求助于古儒,而且也尝试与近儒调和”,新教传教士在承认并坚持其上帝崇拜与中国人祖先崇拜之间存有矛盾和对立的同时,又利用宋儒的资源如周、朱的“太极说”去解释上帝的属性,用陆、王的心学来阐释基督的品性。书中还对沟通耶儒关系的“索隐法”和“考证法”展开了系统的比较与分析。如,杨代春《〈万国公报〉对儒学的评析》[③],该文通过考察《万国公报》的相关栏目设置与刊文情况分析传教士儒学观的整体变化,认为传教士对儒学的态度在 1883 年前多为耶儒相通言论,1889 复刊后变成“救世教成全儒学”,甲午战争尤其义和团运动后更提出耶取代儒。再如,孙邦华《晚清寓华传教士的儒学观——以林乐知在上海所办〈万国公报〉为中心》[④],是文将传教士的儒学

①薛维华:《边缘风景:〈教务杂志〉与传教士汉学知识传播》,博士学位论文,北京外国语大学,2015 年。

②姚兴富:《耶儒对话与融合》,宗教文化出版社,2005 年。

③杨代春:《〈万国公报〉对儒学的评析》,《湘潭大学社会科学学报》,2003 年第 1 期。

④孙邦华:《晚清寓华传教士的儒学观——以林乐知在上海所办〈万国公报〉为中心》,《孔子研究》,2005 年第 2 期。

概括为“合儒、补儒、批儒、代儒”，认为“合儒”是文化策略，“代儒”是最终目的，“补儒、批儒”则是必要手段和桥梁。《教会新报》和《万国公报》都是新教传教士林乐知在上海创办和主编的中文周刊，上述以之为对象的研究成果，对于本书的写作同样具有重要的参考价值。

简言之，对于儒学西传的整体情况和相关报刊的研究，都已经积累了丰富的基础。笔者十分感念学术前辈和新星们为本书写作提供了史料、方法、视野等诸多学术帮助和启发的同时，也十分抱憾，限于篇幅，本章未能一一尽举各项专著、系列或单篇论文和书评。正是因为既有研究的指引，本书的展开才有学术轨迹可循，有空白可填。

第三节 本书的期刊视野、研究内容与论述结构

在对19世纪相关英文期刊及其所载儒学议题刊文展开整体考量的基础上，根据文献的实际情况安排本书内容。

一、期刊选取

作为19世纪西方汉学研究与传播主力，传教士们除写作、出版了一系列与中国相关的书籍之外，还创办了一系列中外文报刊，数量多达200多种，以英文刊影响最大。这些英文报刊有的偏宗教性，有的偏商业性，有的宗教性与世俗性兼具，还有的偏向汉学研究。这些由西人创办、中西协力编辑发行的期刊保存了国际汉学研究与传播的重要文献资料。粗略统计，与中国相关的有14种，兹按创办时间先后简要胪列：《亚洲杂志》(*Asiatic Journal*，1816—1845)，[英]艾伦(Parbury，Allen)创办；《印中搜闻》(*Indo—Chinese Gleaner*，1817—1822)，[英]马礼逊、[英]米怜主编；《布莱克伍德杂志》(*Blackwood's Magazine*，1817—1980)，[英]布莱克伍德(William Blackwood)创办；《广东纪录报》(*Canton Register*，1827—1858)，[英]马地臣(James Mathson)创办，[美]伍德、[英]马地臣、[英]马礼逊等编辑；《中国丛报》(*Chinese Repository*，1832—1851)，[美]裨治文、[美]卫三畏主编；《中国之友》(*The Friend of China*，1842—1869)，[英]马地臣(James Mathson)创办，[美]伍德、[英]马地臣、[英]马礼逊等编辑；《德臣报》(*China Mail*，1845—1974)，[英]德臣(Andrew Dixson)创办；《北华捷

报》(*North China Herald*,1850—1941),[英]亨利·奚安门(Henry Shearman)创办;《孖剌报》(*Daily Press*,1857—1941),[美]赖登(George M. Ryden)、莫罗(Yorick J. Murrow)主编;《皇家亚洲文会北华支会会刊》(*Journal of The North China-Branch of The Royal Asiatic Society*,1858—1948);《字林西报》(*North China Daily News*,1864—1951),[英]亨利·奚安门(Henry Shearman)创办;《教务杂志》(*The Chinese Recorder*,1864—1951);《中国评论》(*China Review or,Notes and Queries on the Far East*,1872—1901),主编先后是英国的丹尼斯、霍近拿、波乃耶和德国的欧德理。

如前所述,上述刊物中,以《印中搜闻》《中国丛报》《皇家亚洲文会北华支会会刊》《教务杂志》和《中国评论》五种聚焦中国、关注中国历史文化风土人情为多,其对于儒学议题设置的基本情况已如前述。其他则较少涉及。比如说,《亚洲杂志》和《布莱克伍德杂志》创办时间略早,大致与《印中搜闻》同时段,创办地点是在英国本土,关注并非聚焦中国。《北华捷报》《字林西报》《德臣报》《孖剌报》《布莱克伍德杂志》五种创办于19世纪,刊行时间延续至20世纪中叶以后。这些刊物对中国文化的关注程度不一,整体不如前述五种关注度高,但并非毫不相干,与本文研究的儒学主题也有不同程度的关联。即使以市场信息、商业资讯为主的报刊也有关于中国文化方面的话题,比如《广东纪录报》,创办于1827年11月8日,初名《广州纪录与行情报》,1843年搬到香港后改名《香港纪录报》,1858年停刊。该刊主要是关于市场信息、商业资讯,中国传统文化极少涉及,但也有刊出马礼逊撰写的关于中国文学以及语言文字方面的通讯。又比如,马礼逊署名在《亚洲杂志》1823年1月第15卷中所刊一文,就传达了当时欧洲关于中国语言文化的诸多信息。文中谈及1822年4月刊登了一份Dr. Montucci“攻击”《印中搜闻》主编米怜的信,信的内容是读者反映米怜没有及时回复其来信(信的主要问题是关于汉字学习,说到一些汉字在《康熙字典》和《英华字典》中都查找不到的情况),马礼逊刊文解释说是因为杂志到达之前米怜去世了。作者进而谈到在欧洲学习中文很难,欧洲的中国语言学家很少,而且彼此之间争论很多,很少有人坐下来仔细思考和研究争论各方中谁更有理等现状。这也从一个侧面反映出一个特点,就是以商业信息、传教信息为主的刊物中常转载或回应以中国历史文化为主的刊物中的相关议题。所以本书选材内容主要基于前述五种刊物,偶有涉及其他。

上述刊物发行面向给予支持的教会组织、基金会、财团以及相关的政府管理机构,所以不仅针对在华外籍商人、传教士、外交官等层面发行,还呈送英国本土主管传教的机构,分送世界各地传教组织。相比于专门的汉学著述,以及当时用中文、日文、葡文、法文、德文与俄文刊行的其他报刊,上述英文刊物在国际传播上具有更宽的受众面。再加上报刊作为大众传播媒介,因其传播主体与接受客体间交流信息的途径、互动的方式有别于书籍译著者与读者的传统模式,对文化经典的传播往往比同主题的学术专著具有更强的时效性、普及性和即时或历时的互动性,从而呈现为一种大众化面相。可以说,正是传播载体的大众化特征将汉学西传由单一的汉学家的专业认知演变为与普通大众的社会认知并轨。

基于此,本书在期刊选取上,以学界公认为19世纪聚焦中国且代表西方汉学萌芽、发展、成熟的《印中搜闻》《中国丛报》和《中国评论》为中心,兼及同时期的《教务杂志》《皇家亚洲文会北华支会会刊》《北华捷报》和《布莱克伍德杂志》等;在内容安排上,既整体梳理各刊所载关于儒学的译介、研究、阐释的刊文,又重点选取各刊中最丰富最具有特色的议题,将其置于儒学西传的整体框架下,大致参照上古儒学、原始儒学、两汉经学、宋明理学以及现代新儒学的分类,具体分为儒经圣王、原始儒学、朱子、理四个专项,对儒学人物、学派、核心概念的译介研究与传播展开点、面、线的考察,以钩沉儒学西传主题与面向突破及由隐而显、由渐到快的历史轨迹。

二、内容安排

绪论部分,交代选题缘起、展开学术史的回顾,选题缘起部分重点呈现作为选材对象的期刊中所载儒学刊文的基本情况;学术史的回顾中概括出既有研究的特征,即在时间上重"两端"轻"中段"、在资料上详细"书籍"略"报刊"、在视角上多"译介"少"传播",在此基础上点明本书的写作重点。然后结合16—18世纪儒学西传的特征、自身在中国文化国际推广一线近二十年的思考,展开"向前看"和"向后看",表明本书的写作宗旨既在于弥补现有研究之缺环,也在于从公众更为关注的期刊文献出发回应中国文化国际传播的宏大现实话题。

正文部分第一个版块是对儒经圣王议题的研究,讨论在19世纪英文期刊公共空间所建构和传播的儒经圣王形象及其对16—18世纪的承续与改变,并着重从传播主体、载体方面探讨形象发生转变的原因,具体分为五节展开。“信古”:西班牙修士“出使报告”中的先声;“证古”:耶稣会士护教“书”中的雏形;“疑古”与“释古”:新教传教士“刊”中的转型;传播转型的主体动力与文体基础。

主要问题与观点:儒经圣王在西方一直是一个开放性的话题,从16世纪西班牙修士的“出使报告”到16—18世纪耶稣会士的“护教之作,”如卫匡国《中国上古史》、柏应理《中华帝国纪年表》、杜赫德《中华帝国全志》中一以贯之的热议,这个话题在19世纪英文期刊中的情况如何?译介、研究和传播这个话题的具体成果有哪些?其开拓者、主力军是谁?传达的上古帝王形象、内涵具有哪些特质?与16到18世纪西班牙修士、耶稣会士描述和传达的有何区别?与中国学者笔下又有何异致与同调?译介阐释和传播的具体进路如何?有没有比较集中的个体研究?这些研究说明当时英语世界关于儒学的专业研究水平如何?普遍知识背景与一般认识水平又是什么情况?

通过译介梳理并系统考察《印中搜闻》《中国丛报》《中国评论》和《皇家亚洲文会北华支会会刊》中马礼逊、米怜,裨治文,艾约瑟、金斯密、欧德理、嘉托玛,毕安等关于儒经圣王的译介、阐释与研究,并结合儒经圣王西传的整个历史,笔者发现,16世纪末西班牙修士拉达的“出使报告”和门多萨的《中华大帝国史》传达了中国上古史可信、儒经圣王事迹可信的“信古”之先声,使中国儒经圣王话题成为冲击经编年的重大议题;17—18世纪,耶稣会士的“证古”“护教之书”儒经圣王话题得进一步阐发,遂使亚当夏娃“遭遇”伏羲神农,并在教廷内外引发轩然大波,儒经圣王及中国相关典籍可信又留疑的雏型由此生成;19世纪,新教传教士在报刊的公共舆论空间就中国上古史议题展开讨论,儒经圣王形象及其建构方式表现为信疑兼具、描述与考证相结合的释古面相。从“信古”“证古”到“疑古”“释古”这种转型,从载体上看,原因在于19世纪英文期刊中该主题的传播主体实现了传教士、汉学家、报刊经营人等多种身份叠加,为转型提供了主体动力,报刊催生的释疑、书评、读者来信、新书通告、专文等新的文体形式为转型提供了文体基础,而面向公众的发行与阅读机制又拓展了受众范围。

第二个版块是对原始儒学议题的研究,内容是结合具体文献呈现并分析原始儒学议题在该时期期刊中大众化与精细化并轨面相的发生、发展。具体分为：儒学译介早期议程设置的导向与动因；大众化与精细化朝向在《印中搜闻》中的发生；大众与精细化朝向在《中国丛报》中的发展；大众化与精细化在《中国评论》中的深化；欧德理：儒学西传专业化与精细化的"异域之眼"五节。

主要内容与观点：尽管议程设置理论正式形成于20世纪中期以后，但无论是与19世纪英文刊物儒学主题刊文内容设置，还是16—18世纪儒学西传早期的实际情况均有诸多契合。一是从传播早期开始，即在重大事件属性这一本质特征上相通；二是19世纪英文期刊中的儒学主题一直存在议程设置的事实，原始儒学议题设置既迎合大众的宗教心理，又基本依相关新出的汉学译介或研究的专著而动，引领或者标志着汉学研究告别空泛，朝向精细，整体上朝向大众化与精细化并轨的面向演进。

第三个版块是对朱子学在英语世界公众传播的构型研究，将围绕以下五个方面展开：朱子学最早西传英语世界诸说辨析与探讨；朱子学西传滞后及《印中搜闻》译介的动因；《印中搜闻》译介传播朱子学的汉学语境；《印中搜闻》朱子学译介与传播的形态；西人朱子观的超越与传播的大众化面相。

主要内容与观点：朱子学说自15世纪起即开始支配东亚思想。但在西方，对朱子学的介绍和研究始于1711年。是年，卫方济翻译《四书》时兼采朱熹和张居正的注疏，时间上晚于孔孟研究120年之久，态度上明显少了对孔孟及其儒学的尊崇而表现出非常复杂的心态，争议颇多。整理19世纪前后相关文献，再结合理学与西方神学的本质差异看传播内核的精神追求，从缺乏文化趋同性、从文化传播的时空条件分析其西传滞后的原因。具体以《印中搜闻》所刊关于朱子学的译介、研究的各类文章为中心，论证并呈现刊中最早将朱子学面向英语大众传播的历史语境、早期文本形态、主要内容及其方式方法，分析马礼逊、米怜等传教士译介朱子学的基本动因，并与耶稣会士以来对待朱子学、理学的态度相比照，揭明该刊朱子观的超越及具体传播的大众化面相，并阐明《印中搜闻》译介、研究和传播朱子学的动因所在，分析刊物何以能够实现面向大众的传播。简言之，因为期刊本就具有传播者与受传者之间交流互动的途径和方式设置，再加上该刊既非专业学术期刊，也非纯粹宗教性刊物，而是世俗性与宗教性兼具。这就使得刊物对于朱子学的译介与研究客观上具有面向大众传播的特点和效果。得此机缘，朱子哲学西传的途径逐渐变得宽广，受众面得以扩大。

第四个版块是对“理”概念译释及理学西传议题的研究。“理”从“治玉”的本义演变为表达宇宙本体的抽象概念并形成独立的学术形态——理学，经历了漫长的过程。域外关于“理”的翻译与诠释，涉及中学西传的诸多基本问题。19 世纪英文期刊所载与“理”相关的刊文中，可见利玛窦以来所形成的重古儒轻近儒传统的逐渐突破。

基于这种认识，这一版块将以前述期刊的相关刊文为中心，同时大量结合相关汉学译著，考察马礼逊、米怜、麦都思、麦丽芝、湛约翰、理雅各、卜道成、卜德、陈荣捷、吴怡、成中英、葛瑞汉等英语汉学家对于“理”的翻译、阐释实践及学术争论。根据文献具体分布情况，该版块的内容可集中概括为七个方面：“理”之对译 God 或 Deity：米怜与麦都思的斟酌；“理精于神”：湛约翰的译释拓展；始于“译名之争”，归于儒典译释：湛约翰与麦丽芝的争辩；译释变通：理雅各“理”英译的面相；汇通与就简：卜道成与卜德“理”译释的共相；卜德与卜弼德等对“理”译释的争议及开新；从神学趋向哲学：“理”译释的演进。

围绕以上七个子目，这一版块的研究具体分为上、下两章，从系统翻检中学西传史上“理”概念英译、争论与阐释这一传播与接受“入口”出发，考察西方世界对中国思想核心概念的理解接受或排拒及其进路，认为西方对儒学译介阐释研究特别是对中国传统思想文化研究整体上经历了从神学中心到学术自觉转变的过程。梳理“理”概念英译与理学西传的演进，既展现中西文化互动的历史画卷，也可为当今中华文化系统推广寻求参照和借鉴。

前述学术史回顾中提到 19 世纪新教传教士突破了耶稣会士以来厚古儒薄近儒、重原始儒学轻宋明理学的局面，选题缘起中对各刊儒学议题设置的统计与描述则大致可见出前述期刊所设儒学议题对厚古儒、重原始儒学传统的承续以及对漠视宋明理学轻近儒局面的突破，这些议题还因为传播主体身份叠加、载体的大众化世俗化特征而呈现出书刊并轨、专业与大众认知并轨的面相。本书将主要采用历史与逻辑相统一的方法、文本研究与比较研究的视角，选取期刊中最丰富、最富特色的儒学主题刊文为中心资料，遵循儒学西传主题承续与突破的历史轨迹，参照儒学的分类，主体部分按以上四个版块具体分为五章展开。

余论部分,以"中国文化国际传播的历史启示与新世纪实践"为题,分为:客体在场与主体缺席:19 世纪儒学西传的历史遗憾;以孔子学院为中心的 21 世纪中国文化新型国际传播实践;孔子学院建设与中国文化国际传播的主体在场路径三节。

先简单回顾 16—19 世纪中国文化在西方作为客体"因何""在场",分析其时国人作为传播主体"为何""缺席"。认为,从传播与接受视域下看,中华文明在世界文明中的存在与影响从未中断,即使在 19 世纪中西格局大变动时期也依然在场,只是中国作为传播主体或因为浑然不知或无暇顾及而整体缺席,西人传达的形象与我们的认知冲突在所难免,儒学主题犹然。具体以儒经圣王主题而言,16—18 世纪西方构建传播儒经圣王可信、可证并与西方汇通的形象,是在证明中国文明非常古老、且被视为欧洲新的思想和历史资源的视域下展开,面向公众的传播拥有从高向低发散的优势。19 世纪以来呈现信疑兼具的面相,则是在审视中国近代文明为什么落后的视域下,在中国作为传播主体缺席的语境中,在宗教、商业与大众混杂的地带生成的,呈现出大众与专业并轨的面相。这种面相沙泥并存,在当今作为主体在场的时代需要给予重新审视。

然后,结合当今最受争议的中国文化海外传播平台孔子学院的传播实践,思考在当今世界格局发生重大变化,中国逐步走向世界舞台中心的时代,我们该"如何""在场"。

参考与引用文献部分:整理出本书所引《印中搜闻》《中国丛报》《中国评论》和《教务杂志》四种期刊中的儒学主题刊文信息。

第一章　儒经圣王形象的西方世界公众传播

儒经圣王一般是指“上古时代”(即文字记载出现之前时代)的“三皇五帝”,“三皇五帝”虽不是正式的“皇”或“帝”,但却是率领民众开创中华文明的领袖,亦是儒家圣贤的渊薮和中华民族的精神符号,迄今仍对我们的精神生活发挥着重要作用。

作为帝国政典与儒家经典的结合,《白虎通义》即对“皇”“帝”在儒家学说中的地位作出了明确的规定与阐释。如卷一《爵》章载:天子者,爵称也。……天覆地载谓之天子,上法斗极。……何以知帝亦称天子也?以法天下也。……何以言皇亦称天子也?以其言天覆地载,俱王天下也。故《易》曰:“伏羲氏之王天下也。”又如卷二《号》章载:帝王者何?号也。德合天地称帝,仁义合者称王,……帝者天号,王者五行之称也。皇者,何谓也?亦号也。皇,君也,美也,大也。天人之总,美大之称也。时质,故总称之也。号言为帝者何?帝者,谛也。象可承也。王者,往也。天下所归往。《钩命决》曰:“三皇步,五帝趋。三王驰,五伯骛。”号之为皇者,煌煌人莫违也①。“三皇五帝”的世系、科学艺术创制、神话传说与历史遗迹等构成了上古史的主体内容,是上古史研究的核心主题。

受到中世纪以来,以希腊罗马为对象的史学著作重视研究罗马大帝这一传统的影响,西方汉学家热衷于研究中国的皇帝②,对儒经圣王也格外垂青。只是,因为西方译介、研究中国历史主要采用“帝国史”范式而非“文明史”范式的话语风格,所以在概念称号的使用上一般将其列为“帝王”系列。这与我们以“帝王”指后世中央集权制下的皇帝,存在一定的异致。限于主旨兹不赘述,但因为本章的写作拟在西方关于中国上古历史的叙述中挖掘阐述其信古儒、塑造与传播中国儒经圣王可信的历史渊源,进而呈现

---

①陈立:《白虎通疏证》卷一,《爵》,上册,中华书局,1994 年,第 1—5 页;卷二,《号》,上册,中华书局,1994 年,第 43—45 页。

②胡志宏:《西方中国古代史研究导论》,大象出版社,2002 年,第 60 页。

和探讨其在19世纪英文期刊中的承续和演进，所以有必要略作说明。而之所以从西方关于中国上古史的叙述着手，一是因为对于自利玛窦以来的耶稣会士所形成的厚古儒轻近儒论断颇丰且已经成为公认，一般认为是因为古儒形象与言论记载模糊，给西方传教士留有穿凿附会的空间。所以本章如果能追溯利氏之前西方关于中国上古历史可信，或由此探寻儒经圣王可信，甚至由此推导中国儒家典籍可信的叙述，则无疑是对儒学西传的一个上溯性补充。二是，梳理19世纪英文期刊中关于儒经圣王议题的刊文，挖掘其与其之前传教士在上古史视域下的建构与传播形态的承续与转型，有必要将这个历程梳理清楚。

西方译介中国儒经圣王，始于1575年西班牙传教士拉达（Mardin de Rada，1533—1578）的"出使报告"[①]。此后直至19世纪末，西人对儒经圣王的关注持续不减。尤其是耶稣会士卫匡国（Martino Martini，1614—1661）"护教之书"《中国上古史》于1658年出版后，导致亚当夏娃直接"遭遇"伏羲神农，有关儒经圣王的话题在西方教廷内外引发了轩然大波。19世纪来华新教传教士除译注出版相关书籍之外，还以"刊"为载体，从公共舆论空间开放式关注中国上古史议题，开创了"书刊并轨，以刊为主"的公众传播的新局面。19世纪末，关注中国古代文明的老一代传教士汉学家纷纷辞世，而20世纪以来汉学刊物与汉学家转向关注现实中国，中国上古史议题在西方趋于冷寂。由于中国上古史问题被西方热议的时代与世界近代史时段大致重叠[②]，所以，中国的儒经圣王在近代西方始终是开放性的话题。

饶有趣味的是，16—18世纪西人热议中国上古帝王之时，国人浑然不知，19世纪热议之时则无暇顾及。改革开放以来，随着中西文化交流和汉学史研究的不断深入，厘清西人眼里中国形象的重要性凸显。与此同时，其与国人认知的冲突亦是在所难免，近代西方中国上古史形象、儒经圣王形象犹然，而这不仅关乎西人如何看待中国这一问题本身，更是我们认识自我和向世界传播中国形象的"异域之眼"。正因如此，相关问题在20世

---

①拉达相关游记兼出使报告名为《记大明的中国事情》。见[英]C. R. 博克舍编注：《十六世纪中国南部行纪》，何高济译，中华书局，2002年，第171—222页。

②周一良、吴于廑主编：《世界通史·近代部分》（上），人民出版社，1962年，"导言"第1页。世界近代史开始于1640年的英国资产阶级革命，结束于1917年的十月社会主义革命。

纪 90 年代便引起了中国学术界的广泛关注。尤其是 21 世纪我国将发掘和整理中华文明在世界文明中的存在和影响确定为文化战略后，有关此话题的讨论持续升温，展现了其“穿越时空”的强劲生命力。然就现状而言，我们关于西人在此方面的认识仍存在混沌区，主要表现为如下两个方面：

其一，就对西方中国上古史研究的整体回应而言，国内学者或从欧洲中国上古史、或从中西文化交流史、或从国外汉学史等角度展开，并取得了比较丰富的成果，但在时间上聚焦于 16—18 世纪和 20 世纪，材料来源上以书籍居多，很少征引报刊①。不难发现，既往研究明显存在时间上重“两端”而轻“中段”，资料上详书籍而略报刊的缺憾。

其二，就对相关英文期刊文献整理与研究而言，目前仅有 4 部简单索引②而无系统分类。对相关报刊的研究，多是从报业史、新闻史以及文学专门类别的绍述，对中国历史主题的关注只是初见端倪③。各刊中国上古史刊文分布零散、随意，形式上缺乏连续性和系统性，加之 19 世纪中西交流的复杂外围环境，使得基于该时期西语书刊的西方中国上古史形象建构与传播研究近乎空白。

有鉴于此，本章将围绕儒经圣王因中国上古史议题而在近代西方成为

---

①代表性成果，除前注外，有计翔翔《十七世纪中期汉学著作研究——以曾德昭〈大中国志〉和安文思〈中国新志〉为中心》、陈垣《康熙与罗马使节关系文书》、张西平《儒学西传欧洲研究导论——16—18 世纪中学西传的轨迹与影响》、张国刚《明清传教士与欧洲汉学》、《从中西初识到礼仪之争——明清传教士与中西文化交流》、刘耘华《诠释的圆环——明末清初传教士对儒家经典的解释及其本土回应》都集中于 16—18 世纪的考察。稍有时限跨越仅见张成权、詹向红《1500—1840 儒学在欧洲》。而胡志宏《西方中国古代史研究导论》、陈君静《大洋彼岸的回声——美国中国史研究考察》、张西平主持的“20 世纪中国古代文化经典在域外的传播与影响研究”系列，都聚焦于 20 世纪。学术论文方面，有吴义雄《十九世纪前期西人对中国上古史的研讨和认识》、陈喆《释古与疑古——19 世纪西方汉学界的“古史辨”》，但均聚焦于西书而非刊。

②基础性索引 4 部，一是张西平主编的《〈中国丛报〉篇名目录及分类索引》，整理了全刊总目录，并按栏目或篇名作了大致分类，但限于原刊栏目本无儒学专题的名目，故未列出儒学专类。二是王国强《〈中国评论〉(1872—1901)与西方汉学》，罗列该刊总共 150 期所刊发的主要评论文章目录，但未分类。三是《皇家亚洲文会北华支会会刊(1858—1948：导论索引附录)》，也只有全刊篇目与作者索引。关于《教务杂志》有罗恺玲(Kathleen L. Lodwick)于 1986 年完成的《〈教务杂志〉索引》(*The Chinese Recorder Index：A Guide to Christian Missions in Asia*，1867—1941)。

③代表性成果，如方汉奇《中国近代报刊史》、刘蜀永《19 世纪香港主要英文报刊》、吴义雄《在华英文报刊与近代早期的中西关系》等专著及吴义雄《〈中国丛报〉与中国历史研究》论文。葛桂录《中英文学关系史》，段怀清、周俐玲《“中国评论”与晚清中英文学交流》等。博士学位论文有王绍祥《西方汉学家的“公敌”翟理思(1845—1935)》、薛维华《边缘风景：〈教务杂志〉与传教士汉学知识传播》、崔华杰《传教士与中国历史研究——以〈教务杂志〉为中心的考察》。

公众关注重大议题的事实，紧扣西方各个阶段的思想基础，首先呈现19世纪以前“出使报告”与“护教之书”中上古帝王议题公众传播的发生与发展，然后考察其在19世纪英文“刊”中的承续与转型，并结合具体报刊的创办、生产和发行流通探讨推动转型的文体基础与主体动力，以期从传播学的角度去展现中国文化与西方公众互动的历史画卷，呼应当代中国文化国际传播的宏大话题。谬误之处，敬祈方家指正。

第一节　“信古”：西班牙修士“出使报告”中的先声

“信古、疑古、释古”之说，涉及中西学术史上的一大公案，“信古”一名之生是由于疑古思潮的兴起，“释古”的提出是为了与“疑古”有所区别。中国学者代表性的观点主要有，冯友兰先生认为“释古一派的人所做的工作，是将史料融汇贯通”；王国维先生主张采用“二重证据法，即把地下的与地上的相互印证”；郭沫若先生主张“把古书的记载与考古的成果结合起来，再上升到理论的高度”等等。李学勤先生在对此作简短学术史回顾的基础上，将“释古”作为“走出疑古”重构古史的方法设定和当下可能范式提出，得到学界广泛认同[①]。在西方关于中国历史、典籍成书、记录方式、记载内容的著述中，16世纪到18世纪是相信并证明中国历史非常古老、儒经圣王等人物可信、中国典籍可信，在19世纪英文报刊中是“释古和疑古”并存，且主体逐渐朝向采用“释古”的方法和范式，表现为诉诸欧洲东方学研究的方法重释中国经典，其中不乏承认中国历史悠久和文献记载可靠，认为应当结合中国文献来考察中国上古史问题的观点[②]。可以说，“释古”是中西共同的学术旨趣。而“信古、证古、疑古”是16—18世纪西方译介阐释中国上古史的不同态度和不同阶段。故本章前三节分别以“信古”、“证古”、“疑古”“释古”指称16—19世纪西方在关于中国上古史议题框架中对儒经圣王形象建构和公众传播的面相，并以此简描其演进朝向。

目前公认欧洲最早详细叙述中国神话传说和历史的文献，出自西班牙

①李学勤：《谈“信古、疑古和释古”》，《孔学堂》，2014年第1期；李学勤：《疑古思潮与重构古史》，《中国文化研究》，1999年春之卷，总第23期。

②陈喆：《释古与疑古——19世纪西方汉学界的“古史辨”》，《史林》，2015年第4期。

圣奥古斯丁会修士拉达《记大明的中国事情》,系拉达1575年出访福建的出使报告。报告中"大明国的古史及其演变"部分说:"在记他们国家人民起源的编年史(我们已经得到)中,他们讲了许多神话。他们说天、地和水自太初就结合在一起,有一个叫太乙(Tayhu)的,把天地分开,后又诞生一个叫盘古(Pancou)的人……之后又诞生了天皇(Tiomho)及他的十三兄弟,这一支占据了一万八千多年大地。接着是地皇(Teyoncon)……,人皇(Sinhon)……因此,从盘古开天辟地,经三皇直到现在的人类部族,一共生存了9万多年,……此后,一个叫伏羲(Qchisalan)的男人和一个女人,……这两人传下来世上所有的人类,……到黄帝(Vitey),他是中国的第一个皇帝,统治了一百多年,至此一切都是传说。但我认为以后就要涉及到真实信史了。……我们不能确实知道现在的皇朝统治了多久,因为我们得不到它的编年史,但他们说现在统治的皇帝是万历(Bandic)。"从太乙一直说到当时的中国皇帝万历帝。结论是"若这个历史是真实的,那他们在洪水后不久就有了皇帝,而且他们从此后始终没有被异族掺杂"①。

紧随其后的是西班牙圣奥古斯丁会修士胡安·冈萨雷斯·德·门多萨(F. L. G de Mendoza,1545—1618)的《中华大帝国史》。门氏没有游访过中国,该书主要利用拉达的出使报告,加上当时西人译介研究中国的资料写成,于1585年出版。门氏申明本书内容源自"中国人自己史书的明确记载",与拉达同持对中国古籍深信不疑的态度,且都认为中国信史始于黄帝。书中有关天地相分、天地人皇子孙后裔延续九万年的说法及各位圣王的年代叙述也与拉达相同,但增加了不少科学艺术创制的神奇故事和中西相通的比附,也更详细地列数了帝王的位数、年限。神奇故事如,"太乙分开天地,生盘古,盘古创天皇与十三兄弟,天皇及其兄弟们子女众多,延续了9万年,之后天塌地陷,……伏羲(Ocheutey)系其母履足印受孕而生,他发明了很多东西,还制定了世人要婚丧嫁娶的规矩,人们认为他是为了给这个世界弹奏乐器,奇迹般自天而降。伏羲有一子叫神农,是医学、占星学和星相学的发明者,……人们说他做了很多奇事,比如,尝了7种不同的、能置人于死地的毒草却安然无恙等等。神农之子是黄帝,中国的第一个皇帝,他将万物都纳入帝国并世袭不断"。中西比附如,"他们谈到世界起源

①[英]C. R. 博克舍编注:《十六世纪中国南部行记》,何高济译,中华书局,1990年,第198—200页。

及其他很多异闻趣说,……如果没有上帝的恩惠和天主教的光辉,人类是什么也干不了的。”[①]在《这个大国的各朝皇帝及他们的名字》一章里,则说“黄帝有25个儿子。他在位100年,自他开始到那位修长城的皇帝,共有116人在位。根据中国人的记载,共统治2257年。勇敢的黄帝一脉,最后一个皇帝叫秦始皇。”[②]由此一直列数到明朝的万历皇帝。书中不厌其烦地列数帝王的位数与年限,清晰地呈现了帝王谱系,并时见中西比附,如“有详实的证据表明,这个帝国的第一批移民是诺亚的孙辈,他们乘上帝为拯救诺亚而下令制造的方舟从亚美尼亚一路航行到达中国”。再如,“这是一个古老的帝国。有人认为,首批来此居住的是诺亚的孙辈。中国人自己的史书明确记载,从第一个名叫黄帝的皇帝开始,他们把国家变成了帝国,一直延续至今。根据可靠的历法计算,从始而今已有243个合法而又独裁的君主”[③]。

门氏该书“1585年一问世,立刻在欧洲引起轰动,仅在16世纪余下的区区10多年间,就先后被译成拉、意、英、德、法等多种文字,共发行46版”,“被在17世纪初大多数受过良好教育的欧洲人读过”[④],但却并未引发关于中国上古史是否可信、三皇五帝是否真实等论争。究其原因,或有认为,在于书中没有具体说明秦始皇生活于公元前多久,这样,就在不知中国历史的欧洲人那里巧妙地掩饰过去了[⑤]。笔者结合中国上古帝王在西方译介传播的整体历程,从公众传播的角度来看,当时没有引发争议是因为时人视之为新奇故事,年代越早越有趣。至于作为一种新的历史资源来分析而引发争议,尚需时日。从思想基础方面看,1650年以前,欧洲人普遍相信:《创世纪》关于现代人类都是诺亚和他的三个儿子在世界性大洪水之后繁衍而来的记载是人类起源唯一可靠的叙述;在创世时间上普遍奉行武加大的希伯来语《圣经》的拉丁文译本中的观点,认为世界创始于公元前

①[西班牙]胡安·冈萨雷斯·德·门多萨编撰:《中华大帝国史》,孙家堃译,译林出版社,2014年,第29—30页。

②同上第4、8、41页。

③同上第4、8页。

④[西班牙]胡安·冈萨雷斯·德·门多萨编撰:《中华大帝国史》,孙家堃译,译林出版社,2014年,第3页。

⑤计翔翔:《十七世纪中期汉学著作研究——以曾德昭〈大中国志〉和安文思〈中国新志〉为中心》,上海古籍出版社,2002年。

4004年，大洪水发生于公元前2348年。圣奥古斯丁会非常在乎所谓“护教”，引入中国古老悠久的历史与文明，只是在潜意识里默认《创世纪》的地位固若金汤的情况下讲述一个古老新奇的域外故事。至于这个新奇的域外故事逐渐成为冲击《圣经》编年学的历史资料，则是他们始料未及的。诚如1817年米怜曾在《印中搜闻》中所言：“我们听过许多关于三万万中国人的事情，但我们也知道，在英国，……没有人努力研究中国的知识。无论是政府，国立学院，还是私立机构，都没有学习中文的人。如果有人讲述关于中国的有趣故事，人们会听，但既没有赞助人，也没有学生，会制定什么计划、采取任何行动。而这却恰恰是了解关于人类这个非常庞大部分之情形的先导。”①

拉达以神话和历史混合的方式，从“记他们国家人民起源的编年史”中引述了盘古开天地以来的记录，“表现出一种对中国悠久历史在深入研究前宁可信其是、不可信其非的尊重态度。不顾《圣经》年代学的限制，大胆介绍了基督教上帝创世以前9万年的中国史。传达的是中国上古史、上古人物可信的形象。为后来的研究者开了一个好头”②。这个好的开头，面向西方公众发出了“信古”的先声。

出使报告本是向教皇汇报与同道交流之用，有明确的传播受众，属于小范围的人际传播。但是拉达不管《圣经》年代学限制③的“信古”，使得儒经圣王——他们笔下作为中国上古帝王的形象传入欧洲伊始就注定成为冲击《圣经》及其编年史观的重大议题，并持续引发公众关注。门氏书主要参考了拉达的“出使报告”，延续了拉达“中国的编年史这么说”的叙述方式、“信古”的态度和中国信史始于黄帝的观念，又增加了新奇故事和中西人物谱系对照，更详细地列数了帝王的位数与年限，还时常作中西相通的比附，将圣王的创造与天主的光辉相联系，提升了公众阅读内容的趣味性和工具参照的便利性、也迎合了教廷内外认识的“前见”。该书风行却没有直接引发争议的情况既说明了儒经圣王作为中国上古史议题的核心在当

①[英]马礼逊、[英]米怜主编：《印中搜闻(Indo—Chinese Gleaner，1817—1822)》，国家图书馆出版社，2009年，第15页。

②计翔翔：《十七世纪中期汉学著作研究——以曾德昭〈大中国志〉和安文思〈中国新志〉为中心》，上海古籍出版社，2002年，第282页。

③根据教会人士制定的《圣经》编年学，17世纪的欧洲人普遍认为世界创始于公元前4004年，大洪水大约发生在公元前2349年。

时是作为域外新奇故事而成为西方公众传播话题的，也验证了这种远古故事加清晰的帝王世系加中西人物谱系对照、中西相通的内容设置与表述方式的可行性。此后耶稣会士的相关描述及争议则证明了基于这种设置与表述方式作公众传播的可持续发展性。

第二节 “证古”：耶稣会士护教“书”中的雏形

利玛窦的“调和适应”政策，是天主教耶稣会得以走进中国的关键。利氏对待儒学的具体态度是“援儒入耶”，体现在对待中国上古史的态度上，则是说明中西文明同样古老且相通，以唤起西方对中国的同情和对在华传教事业的支持。所以证明中国历史悠久、中国文明很古老，就成了践行利玛窦政策的基本方式。关于中国上古史的开端，利氏未谈及具体时间，只谈及从中华帝国编年史中发现早在基督诞生前 2636 年就提到织绸工艺，只推算中国历史比大洪水早 500 年都不为过①。于含糊其辞中掩饰了中西编年差异。利氏致力于从中国古籍中寻找中西相通，喜欢引用《尚书》《孟子》《周易》《礼记》中的材料，证明“天主”就是“上帝”，而“上帝”在中国古籍中早已存在并大量使用。如其《天主实义今注》云“吾国天主，即华言上帝，与道家所塑玄帝、玉皇之像不同。彼不过一人，修居于武当山，俱亦人类耳，人恶得为天帝皇耶?”“吾天主，乃古经书所称上帝也”②。如果说调和政策掩盖了中西文化、中西历史编年的差异，那么 1610 年利氏去世后爆发的“中国礼仪”之争则彻底地暴露其间的差异。就中国历史的开端而言，传教士内部在伏羲之前、伏羲与尧之间争论不休。如龙华民(Niccolo Longobardi，1559—1654)无视中国典籍的明确记载，称：“据中国史书，伏羲生活在世界大洪水之前很久的年代。但根据《圣经》，这个年代的推算肯定有误。我们可以肯定的是，那位帝王的统治年代大约是在语言混乱时期前后。”③其判断的标准既非文献记载更非考古发现，而是生硬的削足适履。曾德昭(Semedo Alvarus de，1585—1658)1642 年出版的《大中国志》则认为尧帝时期是中国可信时代的开始，但中国人在编年史的时间上犯了一个

①[意]利玛窦、金尼阁：《利玛窦中国札记》，何高济等译，中华书局，1983 年，第 4 页。
②[意]利玛窦：《天主实义今注》，商务印书馆，2014 年，第 99—100 页。
③[法]安田朴：《中国之欧洲》(上)，河南人民出版社，1992 年，第 412—413 页。

明显错误，不该让尧的出场最少早于诺亚洪水 12 年。安文思（Gabriel de Magalhães，1609—1677）却认为，尧帝说是中国历史起源的下限，传教士如果对此有稍许怀疑将会被驱逐出境甚至杀头[①]。所以关于中国上古史具体开端于伏羲、尧帝还是黄帝的判定必须在中国历史记载、圣经记载、教皇与公众之间取得平衡才能相安无事。此后因护教之需产生的三部具有完整帝王世系的中国历史书在试图取得这种平衡时，却客观上主要以儒经圣王议题为表现形式，将对中国上古史的争辩进一步推向了公众。

第一部是卫匡国的《中国上古史》。礼仪之争中，传教士内部关于中国人祭孔、祭祖是向神灵祈求还是表达缅怀先师和先祖？汉语中最适合对译"Deity""Dues""God"的词是什么？中国信史到底开端于什么时候等问题争论不休，耶稣会派卫氏调解。为了说明中国礼仪的性质和中国历史开端等问题，卫氏于 1658 年出版了该书，第一次向欧洲人完整地介绍了从盘古到西汉末年的中国古代历史，且提供了中国干支纪年与公元纪年之间的系统换算，并赫然标明中国上古帝王对应的西历纪年。如："第一个皇帝伏羲，在位 115 年。统治时间始于基督降生前 2952 年。伏羲是中国皇帝中第一位被称为天子的，统治时间始于公元前 2952 年。被称为皇帝的人，并不是大家认为的那样从天而降。而应该是那些奉天而生比其他凡人先去世者的亲人。这个中国神话发生在母系氏族社会时期。故事可能发生在湖边，在陕西省蓝田，（华胥氏）洗衣服或散步的时候，偶然踩上了一个巨人在沙滩上留下的脚印，受孕而生伏羲。伏羲降生时，被彩虹包裹，伏羲就出生在陕西省。公元前 2952 年，他在出生的省份建立了第一个帝国。可见，第一个中国人，来自西方偏远的国家。"[②]卫氏描述其他上古帝王时也是一边讲述神奇故事，一边赫然标明上古帝王即位的中西年谱对照。具体的年谱对照如下：神农即位于公元前 2837 年，黄帝即位于公元前 2697 年，少昊即位于公元前 2597 年，颛顼即位于公元前 2513 年，高辛即位于公元前 2435 年，尧即位于公元前 2357 年，舜即位于公元前 2258 年，禹即位于公元前 2207 年[③]。书中清晰的年谱标示出，中国编年、文明起源远远早于基督

① Magalhaes, *A new History of the Empire of China*, pp. 59—60.

② Martini Martinii, *Sinica Historie decas Prima*, Amsterdam: Joannes Blaev, 1659, pp. 23—24.

③ Martini Martinii, *Sinica Historie decas Prima*, Amsterdam: Joannes Blaev, 1659, pp. 24—47.

编年、早于大洪水 500 多年[①]。另外，他还对曾德昭于 1642 年出版的《大中国志》中指出的中西两部编年史[②]间不相符的问题展开讨论，认为这不是中国记载的错误，而是欧洲通行的关于世界年限和诺亚洪水发生时间的计算不可取[③]。当时的学术纪律只能证明中国历史悠久。此间作为护教使者的卫匡国更是坚守这条纪律。但该书出版的结果背离了调解的初衷，在教廷内外引发了轩然大波。学者统计，仅 1658 年到 1799 年在欧洲出现的涉及中国编年史的书籍与论文就多达 147 份[④]。接受和参与群体的公众性由此可见一斑。

第二部是柏应理的《中华帝国历史纪年表》(公元前 2952—公元 1683)。柏氏是比利时籍耶稣会士，受卫氏感召于 1659 年入华传教。1687 年出版该书，明确推算出了"三皇五帝"在西元纪年的坐标，同时认为，伏羲应从公元前 2952 年开始的看法是中国人的一己之见，中国历史真实的记载应该是从黄帝时期开始；中国人的远古史非但在时间上不与《圣经》记载相左，反而是证明《圣经》真实性的旁证[⑤]。对此，有学者认为，卫匡国等前辈耶稣会士提出了中国历史与圣经史的相似之处，却认为两个历史保持并列关系。然而柏应理有根据地证明了两个历史之间的连续性，并大胆地推理出只有把握完整的历史才能理解中国历史[⑥]。继柏氏之后，把不同文明放在同一个人类史框架中的表述亦不鲜见。如被誉为"17 世纪末 18 世纪初最富天才的传教士之一"[⑦]的法国籍耶稣会士白晋(Joachim Bouvet, 1656—1730)，认为"伏羲不是中国人，而是所有古代文明提到的宇宙的立

①1650 年之前，欧洲人普遍接受的观点是，世界创始于公元前 4004 年，大洪水发生在公元前 2438 年。

②Nicolas Standaert, *Jesuit Accounts of Chinese History and Chronology and their Chinese Source*, EASTM 35(2012)，西方的编年按推断应该是 James Ussher 的 Annales Veteris Testamenti 因为这是欧洲 17 世纪最著名的编年。中文文献是指司马光的《资治通鉴》和朱熹的《资治通鉴纲目》等。

③Martini Martinii, *Sinica Historie decas Prima*, Amsterdam: Joannes Blaev, 1659, pp. 12、20、21、39、40.

④吴莉苇：《当诺亚方舟遭遇伏羲神农——启蒙时代欧洲的中国上古史论争》，中国人民大学出版社，2005 年，第 262—273 页。

⑤[法]维吉尔·毕诺：《中国对法国哲学思想形成的影响》，耿昇译，商务印书馆，2000 年，第 243—244 页。

⑥梅谦立：《如何解读中国上古史：柏应理〈中华帝制历史年表〉》，《澳门理工学报》，2017 年第 4 期。

⑦[美]孟德卫：《1500—1800 中西方的伟大相遇》，新星出版社，2007 年，第 129 页。

法者”[①]。

就卫氏与柏氏书对于《圣经》编年学的冲击来说，“在欧洲引起了该采用武加大还是七十士《圣经》译本的辩论。前者是希伯来语《圣经》的拉丁文译本，将创世纪的时间定于公元前4004年，大洪水则是公元前2348年；后者是《圣经》的希腊语译本，它将创世纪定于公元前5622年，大洪水是公元前3366年”。卫氏在序言中解释要把尧及其以前的帝王的时代比圣经大洪水还早的问题交给编年史家去解决，因为他们随时可以运用七十士译本和其他著作[②]。

第三部是杜赫德(Jean-Baptiste du Halde，1674—1743)1735年编撰出版的《中华帝国全志》。杜氏未曾走出巴黎，更不识汉字，该书取材于卫氏和柏氏两书及教会其他同僚的报道，讲述从远古到1732年的中国朝代史。杜氏介绍伏羲、神农、皇帝、少昊到颛顼诸人科学创制与艺术成就方面的故事占据了14页，介绍尧作为第一个立法者用了将近4页，介绍舜时则不足1页，高度概括含糊。该书改变了卫氏与柏氏从伏羲开始纪年的作法，推后到从帝尧开始纪年[③]，与安文思提出的下限相合。该书出版于“中国礼仪”之争行将结束之际，被认为是耶稣会士关于中国上古史观点的汇总与折中，“对于中国编年史以及上古文明史及相关历史记载的争议，经过100多年争论之后，最终判定中国历史记载和编年长度可信，圣经历史并非反映全人类的历史”[④]。伏尔泰在其《有助于了解路易十四时代文学史的该时代大部分作家的著作目录》中，把杜赫德列为他所认定的369位作家之一，《中华帝国全志》的美誉因此而长盛不衰[⑤]，并被视为18世纪欧洲精神生活中的一个显著标志物。其接受群体的公众性无需赘言。

从载体特征来看，杜氏编撰的《中华帝国全志》属于中国文学作品的法文译著。巴斯蒂夫人从史学的要求出发提出批评：“这种用文学方法观察长时期的中国历史的作品脱离了欧洲公众对世界历史的一般知识。”[⑥]而

---

①陈欣雨：《白晋易学研究中的伏羲考》，《国学学刊》，2016年第1期。

②钟鸣旦：《耶稣会士的中国史与纪年著作及其所参考的中国文献》，《世界汉学》第11卷，第63页。

③Du Halade, *The General History of China*,(London,1741), pp. 269—282.

④吴莉苇：《当诺亚方舟遭遇伏羲神农——启蒙时代欧洲的中国上古史论争》，中国人民大学出版社，2005年，第393页。

⑤[法]蓝莉：《请中国作证：杜赫德的〈中华帝国全志〉》，许明龙译，商务印书馆，2015年，第11页。

⑥胡志宏：《西方中国古代史研究导论》，大象出版社，2002年，第6页。

从诸如"一个时代的文化传播的性质和水平,不在于传播什么,而在于怎样传播,用什么媒介手段进行传播"[1],"作为对话者的读者的存在甚至是文学创作的源泉"[2]等与传播主体、客体、受众和载体的同一律的相关表达来看,恰恰是这种文学方法的观察与描述既投合了人类爱听异域故事的本性和传统,也与当时西人普遍缺乏中国历史知识的状况相契合,从而使得儒经圣王话题能与当时西人的思维相衔接,该书亦因此而得以风行。

从利氏到上述三书,耶稣会士"证古"经历了如下变化:对中国上古史具体年代的表述上,从含糊其辞到清晰标明中西纪年对照;对于中西差异,从掩盖到暴露到调和、再到进一步暴露;对于中国信史开端不断后移,并将中国历史年谱作为大众阅读工具而不断凸显。从耶稣会的学术纪律来说,既要"证古",又要说明中西文明源头相符,因此就不断根据需要调整甚至粗暴砍削中国历史的长度,如法国籍耶稣会士李明(Louis Le Comte,1655—1728)直言"将中国历史缩短五六百年并无损它的古老性"[3]。关于中国纪年的开端,从卫匡国的伏羲说(即公元前2952)到柏应理的黄帝说(即公元前2697),最后经李明和杜赫德的宣传,尧帝说(即公元前2357)被设定为耶稣会士的基本态度。耶稣会士一方面将中国信史的开端不断后移,一方面又对中国儒经圣王的科学艺术创制故事中越是古老的描述得越详尽,并不厌其烦地标明中西纪年对照,写作中既建构情节,也为读者寻找伏羲、尧等在《圣经》人物谱系中的定位提供年谱工具,达到"证古"护教、调和中西差异与投合便利公众阅读的平衡。

护教之作原本有明确的传播对象,主要是教皇、教友与教众,但是三本护教之作却以不尽相同的角度引发社会公众的关注:卫氏以清晰的年谱呈现出中国的历史早于圣经关于人类起源500年,及其指弊欧洲通行的关于世界年限和诺亚洪水发生时间的计算方式,已属石破天惊之举;柏氏将中国远古史诠释成证明《圣经》真实性的旁证;杜氏加入诸多文学手法描述,凡此种种,既不断增强也持续验证中国上古史形象话题作为西方公众传播议题的可能性,并逐步生成了可信可证又待疑的雏形。这种形象的生成是

---

①庄晓东主编:《文化传播:历史、理论与现实》,人民出版社,2003年,第19页。

②[法]罗贝尔·埃斯卡皮:《文学社会学》,浙江人民出版社,1987年版,第119页。转引自张天星《报刊与晚清文学现代化的发生》,凤凰出版社,2011年,第194页。

③Le Comte, Louis-Daniel. *A Complete History of The Empire of China*, London, 1739, p. 117.

耶稣会士传教纪律、神学观念与传教政策结合的产物。简言之，1541 年成立的耶稣会，在名义上直属于教皇，教规很严格，成为耶稣会士要接受长达 11—14 年的教育与训练，除了神学、哲学与语言之外，在科学方面也接受严格的培训。耶稣会士介绍与传播域外历史必须严格恪守上帝创世的出发点，但对于近代科学却相对宽容，所以不断缩短中国信史的长度以符合《圣经》编年学，而对于中国上古帝王的科学艺术创制故事的叙述却不厌其详。这与文艺复兴以来欧洲对于科学与艺术极为敏感的整体趋势也相契合。此后，随着对《圣经》的历史与宗教批评的兴起，尤其是 18 世纪末以来地质学、古生物学等近代科学的兴起，创世纪的神学权威逐渐削弱——“在地质学奠基以前，人们对地球历史的解释充满着《圣经》的神秘色彩。《圣经》上的洪水成了一切疑难的最终答案。十八世纪末詹姆士哈顿的地质学是在观察事实的基础上建立起来的，他的均变论强调物理规律的不变性宣布了与以《圣经》为最后依据的传统观念的决裂。”[①]《创世纪》的神学权威逐渐削弱，使得对于中国上古史议题的争论核心从生硬地砍削开端时间讨论以哪位圣王为开端转向基于文献记载的编年史证据、编撰成书过程的信、疑与释。基于这种主题的转换与丰富，多元化取向的相关报刊相继出现。随着传播主体和受众开放性的扩大、互动性的增强以及文体形态新变，中国圣王形象在西方的公众传播面相渐次丰富转变。

第三节 “疑古”与“释古”：新教传教士“刊”中的转型

19 世纪以来海洋交通线发展、邮政系统建立，使得书刊的发行传播呈现出前所未有的高时效和广覆盖性。19 世纪汉学研究与传播主力是来华基督教新教传教士，他们除译著、出版一系列与中国相关的书籍之外，还创办了两百多种中外文报刊，其中英文刊《印中搜闻》《中国丛报》《教务杂志》《中国评论》以及《皇家亚洲文会北华支会会刊》中以中国上古帝王的视域关注儒经圣王议题的内容丰富、文体多样、主体与受众多元。相比于专门著述，它们具有更宽的受众面、更强的时效性、普及性和互动性，是 19 世纪西方建构与传播中国儒经圣王形象的重要媒介和场域，也是转型发生的媒

①薛原：《关于许靖华和他的两本书》，《读书》，1995 年 7 月，第 16—24 页。

介和场域。如果说“书籍是一种个人表白的方式，它给人以观点。报纸是一种群体的自白形式，它提供群体参与的机会”[①]。这一观点是从整体上道出“刊”作为公众传播载体相比于“书”的异致。而诸如“圣经上的洪水是否是主要地质变化的营力这一问题，是19世纪早期关于自然界中的神意论的中心问题”，“19世纪70年代巴克兰的洞穴研究工作及《洪水遗迹》被看作当时‘浪漫主义大力鼓励对自然环境的探索’这种时尚的一个组成部分，而不是作为为圣经辩解的一个例子”[②]之类论断，则表明了近代科学发展对于传统圣经研究的冲击，“中国礼仪之争”和中国信史开端问题都不再是孤立地讨论调和中西编年的矛盾，而是转向以地质学考察来探讨人类起源的时间以及大洪水究竟是普遍性的还是地方性的等问题。上述各刊在宗教性、世俗性、大众性与学术性之间的不同偏重在一定程度上决定了各刊中国儒经圣王议题公众传播实践的差异化面相。

(一)《印中搜闻》:应刊物设置之需而“疑古”

绪论中写作缘起部分关于期刊儒学议题设置的实际面相的内容中，曾提及《印中搜闻》是马礼逊和米怜共同主持下伦敦会在中国和亚洲传教事业的一部分，同时，也是19世纪前期中西文化交流的重要载体。因为刊物内容不是纯粹宗教性，伦敦海外传教差会不给予经费支持，马礼逊和米怜从1817年合资创办支撑到1822年停刊。创刊伊始，米怜就针对欧洲人爱听故事却对中国注意太少的情况逐步系统介绍中国典籍。后来栏目有调整，但是“书评”和“汉学书目”基本固定。刊物“承担了驳斥对中国某些方面进行肯定的西方作品之使命”。“即使她始终只能勉强维持，只要对传教士和普通知识进步有帮助，就会一直办下去”。“对那些愿意且有资格提出责难和批评的人，也会发现足够的空间。”[③]全刊共3篇中国上古帝王议题刊文，都是在开放互动、宗教与普通知识兼顾的生产与流通语境下展开的。兹依时间刊发顺序展开：

①[加]马歇尔·麦克卢汉:《理解媒介:论人的延伸》，何道宽译，商务印书馆，2000年，第256页。

②[美]C.C吉利思俾著,《〈创世纪〉与地质学》，杨静一译，江西教育出版社，1999年，第11页、第13页。

③[英]马礼逊、[英]米怜主编:《印中搜闻(Indo—Chinese Gleaner,1817—1822)》，国家图书馆出版社，2009年，第15页、第17页。

文1,《伍德沃德著〈世界科学体系〉第1卷》,署名为Amicus(吴义雄论证实即马礼逊),刊于第1卷第4号(1818年5月)“新书介绍”栏目。马礼逊于开篇即介绍该书于1816年在宾夕法尼亚出版,然后以给《印中搜闻》编辑来信的方式认为书整体上很有趣,但是对于书中的某些观点和基于情感出发的表达持有异议,进而提请读者注意书中关于中国的些许评论不当,并对他们提出了一些友好的、坦率的批评。马礼逊也驳斥书中关于希望中国“继续保持她的自由和幸福”等肯定性言论,并质问伍德沃德及其他尊贵的作者们凭什么对中国政府心生崇敬而言及她的“自由与幸福”①。这种基调也贯穿关于他书中所描述的儒经圣王作为上古历史人物的肯定性评价。

文2,《伍德沃德著〈世界科学体系〉》(续),马礼逊撰,刊于第1卷第5号(1818年8月)“新书介绍”栏目,是文1的续篇。马礼逊评价伍德沃德书中对于人类知识的安排框架是清晰文雅的,但也是草率的,尤其是关于“三分法”安排介绍该书解释中国的“三才”指“天地人”,认为作者对此给予了过度赞许的评价。表示自己随后将就此议题单独给作者去信。马礼逊在文中转述该书平行介绍的三分法有:柏拉图的神学、物理学、数学三分法;亚里士多德的理解、想象与意志三分法;洛克的物理的、实践的、符号的三分法等等。马氏认为中国的“三才”不配与上述三分法并列而言②。

文3,《三才图会》,米怜撰,刊于第2卷第9号(1819年7月)“汉学书目”,开篇谈及前述伍德沃德书提到《三才图会》在欧洲被誉为中国的百科全书,然后介绍《三才图会》作者、成书、书的尺寸规格、内容构成等,最后特别提到“《三才图会》成书时间是万历朝,欧洲人正是在此间第一次来到中国,而这本书中,有一些关于欧洲步枪的说明。表明此书绝非如伍德沃德所言是古代的作品”③。

该刊三篇相关儒经圣王议题的撰文主体是马礼逊与米怜,版面与文体形态见于“新书介绍”和“汉学书目”,内容均指向明代王圻、王思义父子编

---

①Amicus,New Publications. *Woodward's System of Universal Science*. 见[英]马礼逊、[英]米怜主编:《印中搜闻(Indo—Chinese Gleaner,1817—1822)》,国家图书馆出版社,2009年,第115—122页。

②同上第177—179页。

③同上第408页。

纂的《三才图会》。马氏和米氏撰文的宗旨，是通过驳斥伍德沃德所著《世界科学体系》一书对于中国文明的肯定，来表达怀疑中国古贤王、低视中国古文明、怀疑中国古文献的“疑古”取向。因此该刊中包括中国上古历史和文明可“疑”的形象是基于既定的“疑古”取向设置的。无怪乎该刊被视为“众多教旨的牺牲品”①。伍德沃德是一位早期宇宙论者，他对于中国历史与制度的肯定更多的是在世界科学体系而非神学体系中。

（二）《中国丛报》：“疑古”又“信古”

《印中搜闻》停刊后，马礼逊一直积极推动创办新刊，并因此促成美国新教传教士裨治文来华，发起《中国丛报》创刊的计划由此得以落实。关于刊物创办之初的定位，绪论中缘起部分关于期刊儒学议题设置的实际面相这一内容中已有所交代。如果说从“单单世俗的知识不足以思考人类目前的精神状况和永恒命运，知识就是力量。”之类宣言中可见其为宣教而创刊的话，那么从美部会对裨治文的指示“在你的工作和环境允许的情况下，向我们报告这个民族的性格、习俗、礼仪——特别是他们的宗教如何影响了这些方面。”则可见刊中关于儒经圣王等中国历史文化议题设置的话语场域。为宣教而创刊，但在办刊实践中宗教消息逐渐减少，书评和其他与中国社会文化相关的内容不断增加。“该报的作者群体对中国传统史学给予了相当的关注。”②其中关于中国上古史议题涉及儒经圣王的刊文共 12 篇，兹分类择要列举评述，以见其公众传播面相之概。

书评 3 篇，其中 2 篇围绕《书经》展开。《书经》被西方誉为中国的《圣经》，传教士一方面表达该书系孔子所造的“疑古”观，一方面又经由该书的天文学记载讨论上古帝王的真实性和中国文明的起源，藉此向西方社会表明“上帝”难以入华的原因：尧舜禹本人及其智识阶层已然形成自然崇拜、经验崇拜的传统。较之前述出使报告、护教之书，《中国丛报》中这类刊文将天文学记载作为证据来考察的特征很明显。

如第 1 篇，《〈书经〉简介》，系匿名通讯员以“书评”的形式刊于第 8 卷第 8 号（1839 年 12 月），开篇介绍《书经》的特点、古老性及其内容梗概。其

①［美］白瑞华：《中国近代报刊史》，苏世军译，中央编译出版社，2013 年，第 42 页。

②吴义雄：《〈中国丛报〉与中国历史研究》，《中山大学学报》（社科版），2008 年第 1 期。

写作重点有二：一是提请关注“这本在中国最为出名的古书”。二是“尝试着对此谈论点崭新的东西，以避免乏味”。通览全文，匿名通讯员作者要谈的崭新东西，首当其冲的是“这本书是如何被创造出来的呢？答案总是会提到一点——据古文献记载是由文学大家孔子所著”，尧舜皆为孔子所造。继而又在文中基于《尧典》中所载尧对于天文学贡献的记录去挖掘孔子信仰的特质。相关内容如下：

“膨胀的虚荣心导致首批中国作家把古籍视为他们自身观点的产物，……第一个典型就是孔子，从他的书作看，所有中国既有的古代历史都是推导衍生出来的。他在《书经》中详细地过滤了他的英雄——第一代统治者尧和舜。而对于夏朝所有君王甚至连名字都没有提及，就直接转到赞美武王和文王。”又针对《尧典》关于尧对于天文学贡献的记录挖掘其信仰：“曰若稽古帝尧，曰放勋，钦、明、文、思、安安。允恭克让，光被四表，格于上下。克明俊德，以亲九族。九族既睦，平章百姓。百姓昭明，协和万邦。黎民于变时雍，乃命羲和，钦若昊天，历象日月星辰，敬授民时。”认为“尧是一位和路易十四一样有涵养的绅士，而且是改革家，……明智的尧，赋予了天文学怎样的荣耀？……在有口皆碑的尧时代，他的第一个举措就是祭祀至高无上的皇帝、山川、丘陵与河流，自然崇拜随着帝王此类举措出现，……即使是最有智识的中国阶层也无可幸免于经验崇拜的污名”。①

第2篇，《〈书经〉中的天文学》，署名“文”，刊于第9卷(1840年12月)，是对第一篇观点的回应，表示同意上文作者的观点，并选译注解第3—8章，重点是对《尧典》中的天文学做出疏解②。

第3篇，《三皇纪》，裨治文撰，以书评的形式刊于第10卷第4号(1841年4月)，同样经由评价中国典籍表达“疑古”观，相关内容如：

盘古开天，人们参照人类业已出现的众多法则创造了“太极”，或者说另一个完全相同的词“理”或“理性”。……三皇只存在于神话故事中……《纲鉴易知录》所引用宋、汉代史学作者及孔子关于“三皇”的

① A Correspondent, *The Shoo King, or Books of Recorder, its character, antiquity, and summary of its contents*. CR, vol. 8:8(1839.12), pp. 385、386、388、389.

② Wen, *Astronomy of the ShooKing*, CR. vol. 9(1840), pp. 231—233.

> 记载虽然明确“三皇”指的是天上的君王、地上的君王与人类的君王，即天皇、地皇和人皇。但根据以上的观点，这位学者并不能确定他们的起源、他们分别是谁，所以迄今为止这些问题仅止于人们的猜想。……人类是根据太极生两仪，两仪生四象的法则，源源不断地繁衍。①

裨氏该篇认为三皇为神话人物，表达对其真实存在性的质疑，同时也质疑《纲鉴易知录》的史料来源。可以说，既疑儒经圣王的真实存在性，又疑典籍内容来源的真实性，是裨氏撰写该篇的目的之一。

远祖“画像”系列7篇专文，均出自裨氏，整体上是质疑中国史书记录圣王的方式与态度，对形象的描述则或涉及形态与外貌或只谈政治与文明形象，或作中西对比或寻找儒耶关联。

《始祖盘古画像》，刊于第11卷第1号(1842年1月)，强调“根据文献记载，中国人的特性之一，是喜欢给大人物和新奇事物作描述，而且可能在描述中加入夸大和不准确理解的成分。……去拥有一个上帝之子的画像或者对他作有形的描述是人类极不敬的最大犯罪行为”②。

《盘古继承者三皇的画像》，刊于第11卷第2号(1842年2月)，既质疑三皇的起源，又详述其世系年代。相关内容如：

> 天皇、地皇、人皇三位远古始祖的画像，形象地传达了他们各自的特点——清晰地表明他们是传说中的始祖。中国历史学家坚称这就是他们的起源，所以不容评论其家谱、行为和外貌。他们代表着经常被中国人谈及的天、地、人三种至高无上的权力。……天皇氏，大多数的历史学家认为他或者是他的家族在18000年里延续了13代，……地皇氏延续了11代，是另一个18000年，……中国骨相学家努力挖掘这个最高主权形象的心灵品质，并继之试图去推断他的生平，但是我们不会尝试去遵从他们的这种推测。……人皇氏，大约延续了9代，有45600年，在其长期统治下，凡人的种族呈现几分理性和文明的状态，政府也开始招收一些平民学生。……基德教授在他一部关于中国

① E. C. B. *San Hwang Ke, or Records of three august Sovereigns, Subject of the early mythological history of the Chinese*. CR. vol. 10 (1841), pp. 231—233.

② E. C. B. *Portrait of Pwanku, the First Man*. CR. vol. 11. (1842. 1), pp. 46—47.

的著作中，将这三个时期视为天皇朝、地皇朝、人皇朝；这是皇室家族的上天、大地和人类。①

《伏羲氏画像》，原标题为《对五帝之首伏羲氏的描述——其政权早于基督2852年》，刊于第11卷第3号（1842年3月），该篇既描述伏羲的形象，将伏羲政权展开中西时空大事件的对比，也对中国传统史书奉伏羲为文明独创者表示异议：

> 伟大的伏羲，出生于陕西。……假如他政权始于公元前2852年，那么他一定生活于诺亚洪水之前。因此，在该时期可能黄河已经不再泛成灾了，民众不再遭遇贫困而过上了安宁的生活。……这幅画像呈现了他几分粗鲁野蛮的状态，然而神情专注，拿着笔，正冥思中国人说写得多，但知之甚少的八卦，……中国人试图让我们相信伏羲造字，现代作家对这个系统有所改进，保留六书，进一步细分并据之编排全部语言符号系统。家庭和社会生活的时代和季节、礼仪和惯例调控，政府管理，音乐教化，凡此都吸引着这个杰出开创者——天子的注意力。……伏羲在位115年，他的直接继承人有15位，共计在位17787年。②

对伏羲的描述，外形是“几分粗鲁野蛮的状态，然而神情专注，拿着笔，正冥思中国人说写得多，但知之甚少的八卦”。历史与文化贡献上是建国者，带领民众告别茹毛饮血，开创织网捕鱼狩猎，设祭祀礼节，创八卦，创文字代替结绳记事，成六书。特别之处在于：有中西时空大事件的对比。同时也对于伏羲被中国传统观点奉为文明独创者的形象表示不完全认同，实为“疑古”。

《五帝之第二位神农氏画像》一篇，刊于第11卷第6号（1842年6月），其撰写目的同样是追问史料来源，但对神农外貌的描述比伏羲更细致，于中西比较中突出文明形象的特点也更鲜明。如：

> 各学派各阶层的相师、骨相学家、哲学家可能会从我们取自《三才

① E. C. B. *Portrait of the three Sovereigns, the immediate successors of Pan Ku, amony the Chinese the reputed progenitor of human family*. CR. vol. 11(1842. 2), pp. 110—113.

② E. C. B. *Portrait of Fuhi, The first of the Five Sovereigns, whose reign commenced two thousand eight hundred and fifty—two years before Christ*. CR. vol. 11(1842. 3), pp. 174—175.

> 图会》的画像中产生某种推测，……炎帝的面容比他的先人更具智慧，高耸的额头、高挺的鼻子和宽大的下巴，……他手里的百草表明他所思。雕刻师是从哪里、如何获得神农和其他几位塑像的原型？我们与读者一样留待揣测。毫无疑问，他们和我们所见上古时代的荷马、希腊和罗马历史上的著名人物一样真实，……炎帝逝世于公元前 2737 年，一共在位 140 年。①

明显既怀疑史料的来源，又在中西类比中相信神农其人的真实存在。

《黄帝轩辕氏画像》，又名《五帝中的第三位，黄帝以及他的生平与性格》，刊于第 11 卷第 8 号（1842 年 8 月）同样既凸显形象也明显附会神圣知识：

> 大家都可以看出，他的表情和装扮不仅显示出他的文明，还让人感受到一种庄严肃穆令人生敬的圣人气象，……当时有几个人觊觎王位。但是"知识就是力量"，英雄（轩辕氏）得到了六派神兽的战法，征服了对手。继位后，他将国家治理得一派祥和。由于国土是黄色，他自称"黄帝"。创罗盘、建舟车、定历法、算数、制度量衡、制音律、创医学等。制造了中国的一个黄金时代。②

就"知识就是力量"一句，培根的原意是知识来源于自然与实践。结合前述"单单世俗的知识不足以思考人类目前的精神状况和永恒命运，知识就是力量"的语境，文中明显将黄帝获胜附会为神圣知识的力量。

综上，裨氏所撰始祖系列除了在公共舆论空间讲述故事外，追问中西沟通具体路径，附会中西相通也越趋直接，如《少昊氏肖像》③文末说："中国本土著者是如何获得'三皇五帝'与同时期的亚当诺亚之间的具体联系，我们无从得知。"再如《五帝之帝喾高辛氏肖像》中："中国人认为，帝喾以木德为帝，喜黑色，……在位 70 年，100 岁时离世。在位期间，帝喾和他的子民都很敬仰上帝。""看来，我们没有理由怀疑黑头发人的祖先敬仰上帝耶

---

①E. C. B. *Portrait of Shinnung, or the Blazing emperor, the second of the five sovereigns, with brief notices of his life*. CR. vol. 11 (1842. 6), pp. 322—324.

②E. C. B. *Portrait of WangTi, the third of the five emperors with notices of his life and character*. CR. vol. 7:11 (1842), pp. 386—388.

③E. C. B. *Portrait of Shauhau*. CR. vol. 11:8(1842. 8), pp. 452—453.

和华。从他们父辈那里，他们可能已经获得了关于真正的上帝的诸多正确认识。提供纯粹的祭拜叫做禋，祀是供奉上帝或亡灵。这是和无形世界生灵沟通的仪式。因此，就像我们相信历史和中国传统一样，这个古代的帝王和他的子民敬仰耶和华，敬仰真正的上帝。在他们的领土，帝和后是子民和孩子的榜样，教会他们供奉神，启悟他们谁最值得尊敬。”①采用比附手法却几乎到穿凿附会的程度。我们知道，“比附”一词译自英文 principle of attachment，是指把不熟悉的事物按照其特点，翻译并归类到自己熟悉的事物的做法，这里指传教士以西方知识为标准和透镜来看待和评价中文著述。

另外，包林博士撰写的《历史与神话人物》②一篇，刊于第 20 卷(1851 年 5 月)，是对伊韦尔(Goncalvez)《中国艺术》一书的摘译。该书描述了中国文学作品中经常涉及的历史和神话人物，包林博士将书中介绍的伏羲、神农、唐尧置于开篇介绍。

纵观丛报中 12 篇关于中国远古圣王的刊文，撰写主体有实名、笔名和匿名通讯员，编读互动与传播主体公众化趋向明显。话语上质疑中国史书的史料来源与记录方式，认为中国史书是孔子等史家所造，“三皇”非真实人物，但没有质疑“五帝”的真实性，反而在中西类比中论证、类比其真实性。文本形态特征之一是“书”“刊”互动，前述书评、选译与注解类篇目如此，裨氏始祖系列专文也不例外。如将《三皇纪》的相关内容搬到报刊中作专题连载，又兼采《鉴略妥注》《史记》，以及理雅各译《书经》内容，文献来源兼采中西，写作或者说传播内容生产中有译有编，皆是从“书”出发在“刊”中形成公众交流。特征之二是注意趣味性与阅读便利性，匿名通讯员“尝试着对《书经》谈论点崭新的东西，以避免乏味”。裨氏画像系列以有趣的故事配上《三才图会》中各位始祖的木版雕像，且标题形式相对固定，集中于 1841 年 4 月到 1843 年 2 月，即第 10、11 卷中刊发。结合“读者在阅读理解之前对作品显现方式的定向性期待”的接受心理来看，以相对固定的

---

①E. C. B. *Portrait of the Emperor Ku Kausin, classed amony the five emperors of China*. CR. vol. 12(1843. 2), pp. 75—77.

②见 *Extracts from histories and fables to which allusions are commonly made in Chinese literary works*. Translated *from the Art of China* of P. Goncalvez by Dr. Bowring, CR. vol. 20: 2, (1851. 5), pp. 94—105, 194—204.

形式作定期的集中的传播显然有助于提升读者的阅读认知。有统计表明，从1835年5月后，丛报印刷量从400册增加到1000册，到1844年以后订户减少①。前述篇目刊行时也是印刷量峰值时段。从提供阅读便利来看，将上古历史当作神话故事讲述，又将上古史纪年位列正史作为阅读工具呈现，这种路径始于耶稣会士，丛报对此有明显承续。如裨氏专文《中国人的年代学》说："'三皇纪'即使在中国也完全被视为神话传说性质，……五帝生活时代及发生事件无从得知。在中国历史中，很少有参与者被记录。'五帝纪'对应的西历是公元前2852—2204。"②1842年以后《中国丛报》每期都有中西编年对照，为读者提供中西历史年谱工具性知识的目的更趋明显。这种工具性设置，在随后的《教务杂志》(*The Chinese Recorder*，1867—1941)中更加明显，如该刊1870年8月号登出一张《中国朝代列表》，将"三皇五帝"纳入正史呈现，列出三皇时代对应公元前3314—公元前2570，五帝时代对应公元前2569—公元前2179，夏朝对应公元前2178—公元前1767，以此类推直到清朝。匿名作者在表后特别说明，"设此年代表旨在向对中国感兴趣的读者提供便利，表中信息源于可信的一手资料，与莫里森所著《中国观》一书信息不尽相同，但更值得信赖"③，强调源于中国史书的历史年表作为阅读参照是可信的。

"报馆为营业计，必须迎合社会心理。"④中国圣王形象在该刊中被"疑"，被比附中西相通而"信"以及其世系年谱被作为方便公众阅读工具的可信面相而设置，亦是迎合当时布道、学术传播与大众传播之需。

(三)《中国评论》：亦信亦疑的考证性"释古"

通览《中国评论》全刊关于中国上古帝王议题的考证性文章12篇、波乃耶的中国神话系列连载7篇，整体面相是在公共开放舆论空间中，构建和传播亦信亦疑、神话与历史性兼具的儒经圣王形象。兹对考证性文章按刊发时间顺序、主题和作者归属概述其要，并从传播学视野略作整体分析。先看有关大禹碑的2篇：

---

①张西平、杨慧玲主编：《〈中国丛报〉篇名目录及分类说明》，《前言》，广西师大出版社，2008年。

②E. C. B. *Chronology of the Chinese*. CR. vol. 10：3(1841. 3)，p. 124.

③SYNOPTICAL，*Table of Chinese Dynasties*，China Recorder，(Aug. 1870)，pp. 78—79.

④雷瑨：《申报馆过去之状况》，《最近之五十年》，申报馆，1922年。

《大禹碑》，系英国驻上海领事嘉托玛 C. T. Garden 所撰专文，以专文的形式刊于第 2 卷第 5 号（1874 年 4 月），内容是描述历代各地关于大禹碑的记载、注释及实地文物。作者尽量客观地论证禹碑的真实性，解释其消失的可能原因及关于碑文已有研究的种种结论。认定，“种种迹象都表明大禹碑是真实存在的”①。

《〈禹贡〉或〈大禹碑〉释义》，金斯密撰写，以专文形式刊于第 4 卷第 1 号（1875 年 7 月），相关内容如：

> 公开承认的中国古著中，最受争议的要属《禹贡》。一方面，对于已经接受尧舜禹三帝故事为历史事实的人来说，《禹贡》被视为公元前 20 世纪之前帝国疆土行政划分的真实描述。然而，迫于这些所谓历史记录缺乏证据或互相冲突，其他人毫不犹豫地把《禹贡》视为后期伪书。……“大禹治水工程”的文学价值不能代表它的真实性，人们找不到足够的证据来证明那是历史事实。……“大禹治水”与一些古印度、古伊朗的传说类似，属于神话传说故事，具有极强的传奇色彩。……实际上，我们对尧舜禹三帝的故事研究得越深，就会越得其属于神话故事范畴。当我们立足自身的这种观点时，往往会忽略历史根据。另一方面，对其他神话故事进行严谨的逻辑分析是没有必要的，因为这更会凸显中国传说的孤立和生硬，它们的起源一定早于分散在中亚大陆的雅利安人。②

该篇从尧舜是历史还是神话人物出发推断典籍的真伪，认为《禹贡》是介于“真”与“伪”之间的古著。与前篇观点相异。

再看“尧舜是历史人物吗?”系列释疑 3 篇：

第 1 篇，是“永恒读者”的来信，刊于第 6 卷第 2 号（1877 年 7 月），开篇说：

> “周代之前是神话时期，这个论断近来已经从不同的角度论证过，而且似乎理由很充分。然而，这些神话里，肯定有历史遗迹有待发掘。比如尧舜类重要人物虽然被夸张、传奇、神话笼罩，但也许可以通过批

---

①C. T. Garden, *The table of Yu*. CRNQ. vol. 2:5(1874.4), pp. 293—309.

②W. Kingsmill, *Some Notes on the Yu-kung, or Tribute of Yu*. CRNQ. vol. 4:1(1875), pp. 13—17.

判性的学术研究使其形象不再在历史与神话之间摇摆。事实证明，从某种程度上说，在赤裸裸的真理面前，它们是历史人物。”

这大体说明，中国上古帝王是备受西方关注的话题，“永恒读者”是一位既了解西方对之关注的历程，又对近期定论有异议，密切接触信息源的汉学家。作者接下来的倡议，“《中国评论》能不能在从事这项研究，提供尧舜是或者非历史人物的证据方面作出贡献而吸引到读者呢？①”进一步表明“永恒读者”的身份叠加，即是热衷于将这个话题设置到刊物中，以期在公共空间展开不同考据性论证，并以此为刊物“吸粉”的汉学家兼报刊经营人。以“永恒读者”的身份写作，隐含着以读者为中心的商业趋向以及读者与报刊的互动意识。

第 2 篇，系艾约瑟撰写，刊于第 6 卷第 6 号（1878 年 6 月），既结合实证也采用类比回应第 1 篇的倡议，论证尧舜是历史人物：

> 尧舜是历史人物吗？——是的。首先，有墓为证。尧的墓在山西平阳府以东 23 英里。舜的墓在现在湖南省永州。其次，与在威廉臣著《中国北方漫游》第一卷第 234、341 页和理雅阁译《书经》第 51 页都谈到的，反对荷马世界真实性的批判热潮因沙立曼的发现而遭到强烈的抑制的情况类似，现在人们认为对特洛伊战争中像普里阿摩斯、阿卡门农及其他人物的历史存在性的否认是不成熟的。荷马是虚构的、神话的、如诗一般，《书经》是对编年史、事实和平凡事件的一种呈现，如果有关荷马的描述是有历史根据的，那在《书经》中也应该有很大比例的事实是可信的。……孔子和孟子相信尧和舜的历史存在。
>
> ……理雅各整编的尧和舜的古典文献中，约略提到了《书经》中关于皋陶是舜的刑部大臣的一篇，这就等同于直接说到了舜的政权。②

第 3 篇，全标题是《伏羲是历史人物吗？历史证据尚未发现？》，作者署名为皮克，刊于第 9 卷第 2 号（1880 年 9 月），转述一本中国历史摘要中关于伏羲是历史人物的证据：

> 1. 伏羲都于陈。今河南省开封的陈州有他的陵墓。2. 颛顼将都

① A Constant Reader, *Were Yao and Shun Historical Persons*? CRNQ. vol. 6:2 (1877), p. 144.

② Joseph Edkins, *Were Yao and Shun Historical Persons*? CRNQ. vol. 6:6(1878), pp. 416—418.

城定在帝邱，今山东濮州有他的墓碑。这两说都有趣地道出了历史证据在真实地区的存在。它们是否被权威专家看见或记录描述过呢？①

显然，末句重在提请重视这两项证据。

三篇都表达"信古"，第 1 篇提出话题，表达冀此为刊物"吸粉"的设想。第 2 篇引证中西相关文献资料，力证尧舜是历史人物，并以荷马其人及其史诗的历史真实性类推尧舜与《书经》的历史真实性。第 3 篇是补充新的文献发现，提请权威专家关注。

五年后，1885 年欧德理借由评价艾约瑟的新书撰写《中国人的〈易经〉》一篇，刊于第 13 卷第 6 号(1885 年)，表达疑古、中国文明西来的观点：

按照儒家正统观点，伏羲(公元前 3020)和所有被正统儒家文化承认的早期帝王一样真实存在过而且是中国本土的。……我们同意艾约瑟上述观点，但不认同他：口传的伏羲是历史人物，早期中国文明源于古巴比伦文明，……我们愿意承认早期中国文明只是一个分散的遗迹或者是某种更早文明的废墟。但是，在我们看来中国文明来自于巴比伦文明的观点并没有比巴比伦文明来自于中国更有说服力。如果艾约瑟开始假设两种文明都来自原始文明中相同的父母中心，可能会有良好的基础作深入研究。因为据我们所知，迄今为止，该话题的任何一个假设都完全没有历史根据。②

欧德理坚称伏羲只是口述的形象，不谈及证据而只从既定的基督文明中心观出发说明中国文明西来而非源自巴比伦。为此艾约瑟又撰写了三篇"释疑"：

第 1 篇《可靠的基础》，刊于第 14 卷第 2 号(1885 年)，坚决反对怀疑中国古文献，并掷地有声地提出有力证据：

时下有一些怀疑中国古代文献的言论。但一些可靠的基础让我们能坚定地信古。

在反对金斯密认为汉字始于公元前 300 年的观点上，我们有着商

① Peak, *Undiscovered? Historical Proofs*. CRNQ. vol. 9:2(1880.9), p. 126.

② E. J. E, *The Yi King of the Chinese, As a book of divination and philosophy*. By the Rev. Dr. Edkins, M. R. A. S. Reprinted from the Journal of the Royal Asiatic Society of Great Britain and Ireland, Vol. XVI, Part 3. Kelly and Walsh, Shanghai, CRNQ. vol. 13:6(1885), pp. 420—421.

周的钟和瓶饰，而且古代文献中方方面面都有提及书写艺术。在反对尧舜是神话人物的观点上，我们的天文学岁差理论获得了各子午线星体在设定年代的位置。……在反对中国历史仅始于春秋时期的观点上，我们有道家创始人老子的记载。①

第2篇《〈尧典〉与〈舜典〉》，刊于第15卷第6号(1887年6月)，通过考察《尧典》与《舜典》两篇中天文学的记录，并结合对“稽古”一词以及汉语阳平调在各个历史时期的使用情况，推断认定两篇的真实性：

……舜时代的史学家记载了尧的作为，禹时代的史学家记载了舜的作为，他们不应该用“稽古”一词。从可能性来说，关于尧的事迹应该是舜的史学家记载的，但是，它应该是被夏朝的史学家完成和整理的。“稽古”一词，应该是夏朝史学家加上去的。如康熙所言，是孔子把《尧典》和《舜典》分开，并把他们编入《虞书》。……可以说，“稽古”一词是对文档上古性的一个支持②。

第3篇《关于舜的古老传说》，刊于第16卷第5号(1887年)，既举实证也展开中西早期交流的联想：

孟子保存了舜属于山东的传说。……而诗歌《楚辞》则说明了禹和舜有生之年在广西和湖南负有盛名。……湖南九嶷山有舜的墓，广西桂林有舜二妃的寺庙，另有为禹舜所建的一座，为尧而建的一座。这些寺庙建于3世纪比基督早。这些关乎尧和舜的历史存在。设想在4000年前，中西通过海路往来，如果没有途经四川的话，那么这里应该有一条航线，其时由此往返中国与印度。③

艾约瑟一直致力于反对“疑古”，全方位举证“信古”，除上述数篇释疑之外，他的专文《早期道教中的黄帝》④一篇，既转述老子思想中黄帝的作为、发明，及其对于医学和五行的贡献，也谈《世本》关于黄帝的记录，并以文献记录证明中国上古帝王的真实存在。

《中国评论》中上古帝王议题撰文主体是艾约瑟、金斯密、欧德理、波乃

①Joseph Edkins, *Solid Foundations* , CRNQ . vol. 14:2 (1885), p. 107.

②J. EDKINS, *Yao-tien and Shun-tien*, CRNQ. vol. 15(1887), pp. 369—370.

③J. EDKINS, *Old Legends of Shun*, CRNQ. vol. 16:5(1887), pp. 306.

④J. EDKINS, *Place of Hwang Ti in Early Tauism*, CRNQvol. 15:4(1887), pp. 233—239.

耶和嘉托玛，另有匿名通讯员和永恒读者。实名、通讯员和读者身份并行既扩大了主体的圈层，也增强了主体与受众的互动。文体形式主要是释疑，另有专文、书评和文艺通告，篇幅长的多以专文呈现，短小新奇甚至是为了持续激发读者兴趣的多采用“释疑”，文艺通告则兼有新书推介的商业气息和书评性质。文体形态明显比之前丰富，互动性与公众开放性也更强。该刊大量采用“释疑”的作法，就改变了耶稣会士书中生硬砍削中文文献以适应西方话语的疑古基调，将考证性的“释古”在公共舆论空间展开，则使主体和受众均出现群体化效果。以前述经由伏羲与尧、舜、禹是否历史人物讨论中国文明本土自生还是西来的系列篇目为例：嘉托玛通过文献记载与文物例证认定大禹碑真实存在；金斯密凭借对《禹贡》片段的分析，认为尧、舜、禹是神话形象还是历史人物各有所据[①]，《禹贡》介“真”“伪”之间，中国文明东来西来难说清楚，但又隐隐认为中国文明源于西方；艾约瑟全方位论证伏羲是历史人物，中国文明来源于巴比伦文明；欧德理反对艾约瑟的观点；艾约瑟则援据中外文献进一步力证上古帝王与中国典籍真实可信，坚决反对怀疑中国古文献。如此，个人观点得以在公共舆论空间不断被激发，并于不断汲取新资源中被整合为公众观点，主体与受众的群体化效果凸显。

第四节　传播转型的主体动力与文体基础

19 世纪前期，基督教新教传教士和英美其他人士，对明清之际耶稣会士研究中国历史及相关学术工作在总体上提出严重的质疑，甚至全盘否定[②]。之所以发生这种转变，从西方对中国话语设置来看，主要是因为 16—18 世纪是在相信中国文明非常古老的前提下论证中国文明非常古老，而 19 世纪则是审视中国近代为什么落后进而否定中国的统治思想、社会运行制度等各个方面。19 世纪西方中国儒经圣王形象建构转型的内在逻辑似可于此得到诠释。但从传播学的角度，结合载体变化看，“新媒体之

---

①金斯密在 1878 年《皇家亚洲文会北华支会会刊》中刊出 *The Story of Empire Shun*, Journal of the North-China Branch of the Royal Asiatic Society，1878，pp. 169—182，上海科学技术文献出版社，2013 年影印出版。

②吴义雄：《〈中国丛报〉与中国历史研究》，《中山大学学报》(社会科学版)，2008 年第 1 期，第 79 页。

所以会产生影响是因为它与旧媒介不同，它改变了依赖于早期传播的那些方面。”[①]儒经圣王形象的建构与传播在前述刊物中发生转型，更有其自身的主体推力和文体基础。

传教士的中国著述在各个阶段各有纪律约束，《十六世纪中国南部纪行》中曾谈到，盖略特在报告中赞美中国司法制度的部分，罗马耶稣会检察官把这一部分删掉了许多[②]。利玛窦来华三十多年，耶稣会们的论著往往就是进呈的书籍或者是论道的记录。前述期刊，除《皇家亚洲文会北华支会会刊》致力于实用性学术之外，其他都是为各个差会之间互通信息而创办，只是在实践中宗教性趋弱，逐渐偏重新闻信息及中国历史与文明，也越来越注重吸引读者。各刊中的中国上古史议题、儒经圣王议题在内容设置与话语体系上既受纪律限定，也明显表现出随近代科学发展及新闻自由和媒介经营的开放性、商业性，及其影响下而衍生的编与读的开放互动、大众与专业的互动与并轨等特征。相适应的新文体也因此被催生，如《印中搜闻》中的“新书介绍”和“汉学书目”；又如《中国丛报》创刊之初设宗教通讯、书评、时事日志、杂录、文艺动态和附记，1834 年后不再按栏目划分，但书评及其他与中国社会文化相关的内容不断增加。从前述相关篇目看，无论专文还是书评，都是从书出发，译、编、附加混合，书刊互动明显。再如《中国评论》中儒经圣王议题主要是以释疑、专文、新书公告和书评呈现，以“释疑”最多，也最能体现出对于中国儒经圣王议题从寻求新奇展现探求知识的轨迹。就“释疑”在《中国评论》全刊的采用来说，仅仅前述主体中，艾约瑟撰写了 144 篇，金斯密撰写了 14 篇，波乃耶撰写有 24 篇[③]。几乎是见缝插针地采用这种短小的形式来表现新奇的内容。再以最具“宗教阴影”的《教务杂志》为例，创刊之初即表白“我们向出现在本月和上月的作者们祝贺。我们相信传教事业的朋友们将会对作者们提供的对新事物描写的丰富性和能力更为满意”[④]。立足宗教服务，却以为读者提供丰富的新鲜事

---

①[美]约书亚·梅罗维茨：《消失的地域：电子媒介对社会行为的影响》，肖志军译，清华大学出版社，2002 年，第 65 页。

②[英]C. R. 博克舍编注：《十六世纪中国南部行纪》，何高济译，中华书局，2002 年，导言第 8 页。

③数字来源分别参见王国强：《〈中国评论〉(1872—1901)与西方汉学》，博士学位论文，复旦大学，2007 年，第 32—33 页；薛维华：《边缘风景：〈教务杂志〉与传教士汉学知识传播》，博士学位论文，北京外国语大学，2015 年，第 91 页。

④参见陶飞亚：《〈教务杂志〉研究》，载《基督教文字传媒与近代社会》，第 386—387 页。

物为宗旨。以栏目和文本形态而言，“释疑”即是汉学刊文最盛的卢公明(1870.2—1872.5)时期着眼于为读者提供新奇知识而设，其时封面标题下特别说明：“致力于传播和中国及其邻近国家相关的科学、文学、文明、历史和宗教知识——特别添加‘注解、设问与释疑’板块。”①“释疑”在该刊中后来直接以通信形式呈现，可以说虽然各有纪律约束，但编辑方针上以读者为中心的“流量”思维一直很明显。而在《皇家亚洲文会北华支会会刊》中，1933年设“汉学札记”取代“释疑”，主要评述有关汉学期刊上的文章，介绍国际汉学动态及东方学消息。多数比较有趣，也颇有学术价值②。类似新文体的消长可窥见西方中国上古史议题、儒经圣王议题的译介传播在19世纪兼顾社会大众的真实面相，也不难见出新的文体形态既是转型的基础也是转型的表现。

纵观各刊中中国儒经圣王议题的撰稿主体，《印中搜闻》中是马礼逊与米怜，二人同为刊物的创办、出资、撰稿、编辑和发行负责人。米怜去世刊物停止后，马礼逊游说美部会派来裨治文和雅裨礼，力推《中国丛报》创刊。裨治文创办丛报，编辑思想和编排形式直接仿效《印中搜闻》，马氏本人也为丛报撰写汉学方面的稿件，裨氏是整刊的撰稿主力，更是中国上古史、儒经圣王议题的撰稿主力③。《中国评论》中是艾约瑟、金斯密、欧德理、波乃耶和嘉托玛，其中欧德理和波乃耶分别为该刊第二、三任主编，艾约瑟和金斯密系亚洲文会的会长和秘书长，同时也是《教务杂志》与《皇家亚洲文会北华支会会刊》的主事与撰稿主力。早期《皇家亚洲文会北华支会会刊》和《中国丛报》的关系又因为裨治文的勾连而紧密，艾约瑟曾回忆“通过邀请裨治文先生担任我们的主席，我们把上海的文学和科学研究工作与其在广州28年的传教生涯和在《中国丛报》工作中取得的成就，联系在了一起”④。凡此种种体现出两个特点，一是各刊撰文主体多具有传教士、汉学家和报人等多重身份的叠加性，身兼布道、来华新闻事业开拓和中国历史文化西传的多重职责。中国儒经圣王议题的撰文主体即是各载体生产与运营主

① The first pages of covers, C. R. 1870.

② 上海图书馆编：《〈皇家亚洲文会北华支会会刊〉(1858—1948)导论・索引・附录》，上海科学技术出版社，2013年版，第14、18页。

③ 一说该报撰稿350篇，占全部稿件的28%。据邓绍根统计是350篇，王树槐统计是352篇。

④ 王毅：《〈皇家亚洲文会北华支会会刊〉导论》，上海科学技术出版社，2013年，第10页。

事者，那么载体生产与传播的理念与机制自然贯穿于这个主题的建构与传播中。二是主体之间的密切关联，使得他们既在各刊中形成学术交流互动体，也形成了撰稿共同体，刊与刊之间的互证互引因此自然出现。撰稿主体的多重身份叠加与共同体的形成直接推动公众传播面相的丰富与转变。

小　结

就一般汉学发展常识而言，欧洲汉学早期都局限于传教士和外交官的圈子，这些人了解中国是其职业的需要，但不负责宣传。后来汉学成为学院中的专家之学，更与一般的社会民众无关。“汉学刊物的出现，使得个人观点整合为公众观点。极少数人在书斋里埋头探研的学问，从此也成为许多兼职人士的关怀，并向普通读者开放的学问。”[①]从载体变化的角度考察中国儒经圣王议题在近代西方的传播历程，上述广为接受的观点得到新的补充与丰富。中国儒经圣王议题从16世纪末被西班牙修士“出使报告”译介西传，而发出“信古”的先声伊始，就注定成为冲击圣经编年的重大议题；耶稣会士“证古”“护教之书”在教廷内外引发的轩然大波，则验证了其作为公众传播话题的可能性与可行性，并由此基本生成了可信可证又留疑的雏形，在中西文化交流早期即成为西人争论中国信史之开端、中西编年比较以及建构中国形象的核心，后成为“启蒙时代把欧洲中国化的主角之一”[②]。这个雏形在19世纪新教传教士创办的报刊中发生了丰富与转变，表现为或疑或信、信疑兼具、描述与考证相结合的面相。自此，个人观点或者书中的观点在报刊的公共舆论空间不断整合成公众观点，成为西方公众舆论空间中见缝插针的话题，撰写主体不断趋向公众化，受众圈层也因刊物发行面向的扩大而走向开放。

16—18世纪西方构建传播中国儒经圣王可信可证并与西方汇通的形象，是在相信并证明中国文明非常古老，且被视为欧洲新的思想和历史资源的视域下展开，面向公众的传播拥有从高向低发散的优势。19世纪以来中国儒经圣王信疑兼具的释古面相，则是在审视中国近代文明为什么落

① 王国强：《〈中国评论〉与西方汉学》，上海书店出版社，2010年，周振鹤序言。

② [法]蓝莉：《请中国作证：杜赫德的〈中华帝国全志〉》，许明龙译，商务印书馆，2015年，第11页。

后的视域下，在中国作为传播主体缺席的语境中，在宗教、商业与大众混杂的地带生成的。从载体上看，19 世纪英文报刊中该主题的传播主体实现了传教士、汉学家、报刊经营人等多种身份叠加，为上述转型提供了主体动力，报刊催生的释疑、书评、读者来信、新书通告、专文等新的文体形式则为转型提供了文体基础，而面向公众的发行与阅读机制又拓展了受众范围，从而实现了“中国思想文化对于欧洲先进思想界的影响远远超于传教士的视野和偏见”①。从报刊文献出发，历史本身要复杂得多，也丰富得多。

有观点认为“谁掌握了传播的入口谁就掌握了整个世界”②。这里不论其话语背景，仅就寻找传播入口的重要性而言，已见一斑。结合载体变化看儒经圣王形象即传教士和汉学家眼中的中国上古帝王形象在近代西方的公众传播，可知围绕中国上古帝王这一西方大众化话题的翻译、诠释、交流甚至争辩，正是实现中国文化外推的有效“入口”之一。具体到本文的研究而言，虽然从西班牙修士的“出使报告”到耶稣会士的“护教之书”多为文学性描述，寻找中西相通也多为无根据的猜测，但在思想上，把不同文明放在同一个人类史的框架中的种种努力值得肯定；而新教传教士在宗教、商业、大众和专业学术混合的各色“刊”中所建构与传播的中国儒经圣王——“异域之眼”中的中国上古帝王形象，虽然沙泥俱下，整体上则是公众传播承续、转型与丰富所在，是中华文化国际传播书刊互动、编读互动、专业与大众互动的历史存在，亦是《创世纪》人类起源观随着包括中华文明历史资料在内的域外文明、近代地质科学、古生物学发展的冲击而不断被质疑的历史存在。这种背景下中国儒经圣王从被信、被证、被疑到被释的轨迹正是其形象在近代西方公众传播的演进过程，是我们厘清西人眼里之中国形象的根源和依据，无疑可视作寻找中华文化国际传播的“入口”所在。

---

①何兆武：《中西文化交流史论》，湖北人民出版社，2007 年，第 106 页。

②[英]詹姆斯·卡伦：《媒体与权力》，史安斌、董关鹏译，清华大学出版社，2006 年，译后记。

第二章　原始儒学议题的大众化与精细化

儒学作为中国长达几千年的传统思想，按其发展阶段，一般分为上古儒学、原始儒学、两汉经学、宋明理学以及现代新儒学五个时期，本书第一章所论儒经圣王及其文明创制即属于上古儒学的范畴。关于儒学的历时分类，还有三期说、四期说，如，杜维明的三期观认为，第一个时期是先秦儒学，孔子和孟子，第二个时期是宋明理学，朱熹和王阳明，第三个时期是二十世纪的熊十力、牟宗三；李泽厚的四期观认为，第一期是孔子、孟子和荀子，第二期是汉儒，第三期是朱熹、王阳明，第四期就是现在。无论何种分期方法，原始儒学均指由孔子创立，子思、孟子、荀子等发扬的学说。

在中西文化交流史和西方汉学发展史上，原始儒学不仅是西方理解中国文化与社会的符号与入口，也是汉学研究朝向专业化、精细化的初始生长点。欧德理在《中国评论》1873 年 2 月第 1 卷第 4 号刊出的《孔子学说》一文开篇中说：对于汉学研究的自大的、天才式空想的普遍时代正在画上句号，"更好的时代"即将来临，也就是汉学家有明确的分工、专门的研究领域，注重谨慎研究细节、满足公众对准确可靠信息渴望的汉学研究时代的来临①。在该篇中欧德理借由评论花之安德文版《儒学汇纂》阐述了当时西方汉学界对中国儒学研究趋势的见解。实际上，我们系统爬梳《印中搜闻》《中国丛报》《中国评论》原始儒学主题刊文，可见其中出现了一个 20 人左右，译介、讨论、研究与传播原始儒学的群体，其刊出成果四五十篇。研究后发现，诚如欧德理所言，这实属中西文化交流史上首次出现在英文世界的注重满足公众信息渴望的精细化儒学译介、研究和传播潮流。这些刊文大部分是以对儒家典籍《论语》《中庸》《大学》《孟子》或西人相关译介著述如雷羡沙译《中庸》《中国哲学家孟子》、花之安著《儒学汇纂》《孟子思想》、理雅阁《中国经典》等的评论为中心。

---

①E. J. Eitel, *Confuciansm*, CRNQ, Vo. 1:4(1873. Feb), pp. 260—265.

标题中的大众与精细二词，即主要是用于揭明该时期英文期刊中的原始儒学刊文事实发生在具有大众传播面向的主体、载体与环体中，既迎合大众的宗教心理，又基本依相关专著而动，引领或者标志着汉学研究告别空泛，朝向精细，呈现大众化与精细化并轨并不断演进的趋势。本章先简介儒学西传早期议程设置发展的大致脉络，然后具体呈现并分析 19 世纪中国相关主要期刊中具体的导向与面相设置。

第一节　儒学译介早期议程设置的导向与动因

议程设置(agenda-setting)，也曾译作议题设定，是大众传播的重要理论之一。W·李普曼被誉为议程设置概念的精神之父，其《公众意见》(也译作《舆论学》)一书中已经有新闻议程和公众议程议题显著度的思想，但尚未提出这个理论概念。在该书问世后的 40 年，1963 年 B·科恩提出了议程设置的猜想，认为："在多数时间里，报界在告诉它的读者该怎么想时可能并不成功，但在告诉它的读者该想些什么时，却是惊人的成功。"国外关于议程设置理论的研究中，最经典的内容起初是针对总统选举主题，后来才逐渐扩大到公共政策、公共关注的各个领域的重大事件上。1972 年，马克斯韦尔·麦库姆斯和唐纳德·肖在《大众传播的议程设置功能》一文中提出：大众传播的信息传播活动，具有为公众设置需要关注的议题，赋予议题不同程度的显著性，以影响受众对传媒选中的议题的感知及重要性的判断(的功能)[①]。

虽然议程设置理论正式形成是 20 世纪中期以后的事情，但无论是 19 世纪英文刊物儒学主题刊文，还是 16—18 世纪儒学西传早期的实际情况，均与之有诸多契合。主要表现为两个方面，一是从传播早期开始即与现代传播中的议程设置理论在重大事件属性上相通；二是 19 世纪英文期刊中的儒学主题一直存在议程设置的事实。

上一章阐述过儒经圣王被西班牙修士传入欧洲伊始就注定成为冲击《圣经》及其编年史观的重大议题，到耶稣会士后，相关描述及引发社会公

① 参见[美]M. 麦考姆斯、T. 贝尔：《大众传媒的议程设置作用》，郭镇之译，《新闻大学》，1999 夏。郭镇之：《关于大众传播的议程设置功能》，《国际新闻界》，1997 年第 3 期。

众的争论更是代不乏人,19 世纪英文刊中则直接将之设置为对于中国上古史及中国文明之“信”“疑”“释”的一种表达和论证。凡此种种,均与议程设置理论中的重大事件属性完全契合,也直接说明,事实上当时的期刊把儒经圣王——即他们书写范式下的中国上古帝王设置为期刊讨论的议程。具体到本章研究的原始儒学议题,其中所涉原始儒学人物、思想体系和概念,无论是从其在早期中西交流史和儒学西传史上的角色定位来看,还是其在 19 世纪英文期刊中的功能指向或对西方社会生活和知识层面的影响而言,都属于重大议题的范畴。

先从西方关注原始儒学历程中的标志性作品与学派说起。外国传教士汉学家关注儒学,始于高母羡、罗明坚、利玛窦、曾德昭,虽然尚未形成集中完整的专论,更无专著,但影响深远:高母羡是第一个向西方介绍儒家思想并翻译儒家经典的西人,他将元末明初范立本编蒙学教材《明心宝鉴》翻译成西班牙语,孔孟庄老朱等的格言得以首次西传。耶稣会士罗明坚用拉丁文翻译了部分《大学》,他的《天主圣教实录》也提到孔子。利玛窦《中国札记》出于传教的直接需要,对儒家文化极其赞美,同时也贴上定性的标签,认为中国人对孔子的崇拜不是对神那样的宗教崇拜,而是感激受益于他留存下来的学说。同时,为了说明儒学不存在偶像崇拜,他又积极向欧洲介绍中国的礼仪,把祭神、祭孔与祭祖视为中国的风俗,而与“偶像崇拜”无关。此外,利玛窦传教政策的反对者龙华民著有《孔子及其教理》一篇,介绍和翻译中国宗教与哲学①,该篇被公认为“礼仪之争”中重要的文献,内容、观点均影响长远。到《中国丛报》时期,关于孔子及其教理之争的文献援引直达理学典籍,如《家礼帖式集成》书名直接英译为“祖先崇拜”。

西人译介关注孔子,到殷铎泽、柏应理渐至集中完整,标志有二:一是殷铎泽翻译了《中国政治道德学说》,1667 年先后在广州和印度的果阿出版,该书内含《中庸》拉丁文译本,以及根据《史记·孔子世家》译出的长达 8 页的《孔子传》。该书于 1687 年被部分译为法语在巴黎出版。二是比利时耶稣会士柏应理 1658—1680 在华期间与殷铎泽、恩理格、鲁日满合作译出的《中国哲学家孔子》一书,中文标题为《西文四书直解》,实际只有《大

①张西平:《儒学西传欧洲研究导论——16—18 世纪中学西传的轨迹与影响》,北京大学出版社,2016,第 70 页。

学》《中庸》和《论语》三书的拉丁文直解,《孟子》直解缺如。

柏氏的著述在本书第一章已作相关阐述,此处之所以再论及,是因为其与本章研究主题相关:其一,全书缺《孟子》直解,这也是原始儒家中孟子在英语世界译介与研究传播滞后的主要原因。其二,书后附孔子传略,是孔子生平传略与画像的首次西传。“画中的孔子身穿儒服,头戴桂冠,手持类似象笏的板子,站在一座庙宇式的书馆之前,图书以欧式呈现。”①其三,书末附柏应理编写的《中华帝国历史纪年表》(公元前 2952—公元 1683),系卫匡国之后在西方出版的第二份中国年表。年表按照柏应理的宗教观编排,认为伏羲之前的中国历史都是传说神话,中国历史始于洪水记载前 300 年左右,符合《圣经》中关于世界起源的说法,意在证明中国历史与《圣经》中关于世界之产生、洪水创世等大事件的时间并不矛盾。该书于 1687 年在巴黎发刊。

此外,英国人白乃心(Johann Grueber, 1623—1680)1687 年出版了《中国札记》,用意大利文写成,附载了《孔子传》和《中庸》的译文。法国汉学家库赞 1688 年出版了《中国贤哲孔夫子之道》,申明是根据柏应理等所译的三书撰写,其中含中国古代史、孔子的生平和四书五经的概述,还有 80 多条孔子语录摘译。稍晚,法国传教士李明的《中国近事报道》、杜赫德《中华帝国全志》、白晋《诗经》《易经》研究、刘应《礼记》《书经》的翻译、宋君荣《书经》《易经》《礼记》翻译,还有马歇曼《孔子著作》、雷慕沙《孔子著作》②等译著都与原始儒学相关甚多。另外,钱德明、冯秉正、曾德昭、安文思等对于原始儒家均有不同程度的涉及,方法也各有特点。其中索引派代表白晋的具体研究方法是:预设基督教在远古就已经进入中国,中国人在当时就知道基督教的教理,并在古籍中留下了蛛丝马迹,只是后来被遗忘了,传教士汉学家的任务就是在中国典籍中重新揭示隐藏在文字背后的基督教寓意,所以,中国古籍更包含原初基督教的内容。

无论是高母羡译大众儒学读本《明心宝鉴》开启儒学西传之旅,利玛窦极其赞美儒学,柏应理作中西汇通;还是白晋等索引派预设结论,而后在儒家典籍中搜集印证儒学、耶稣相同的观点及方式方法,都对西方汉学的主

①转引自吴孟雪:《柏应理和〈中国哲学家孔子〉》,《中国文化研究》1996 年秋之卷,第 139 页。

②雷慕沙,*The Works of Confucius, etc*,刊《箴言报》1814 年 2 月 5 日,单行本,8vo,第 14 页,是对马歇曼(Dr. Marshman)孟加拉塞兰布尔(Serampore)版《孔子著作》(中英文本)的辨析。

题、方法路径、看待中国文化的态度产生了深远影响，也深刻影响着19世纪英文期刊中的中国历史和儒学议题的设置，其往往具体表现为将中国历史的编订与孔子相联系，并由此展开关于中国典籍可信或可疑的讨论。这在前述期刊中关于上古儒学、原始儒学的译介、研究、传播与形象构建上均有充分体现。比如，在前一章关于儒经圣王议题中，主要表现为儒经圣王是历史人物还是神话形象的争论；在原始儒学议题中则主要表现为祭孔的性质是拜先圣还是拜神？《论语》与《福音书》是否可以相提并论？孔子伟大又保守、僵化又有功，孟子的高贵，儒学概念仁的含义至难言等等。整体上十分推崇中国文化，认为中国哲学是合理的，至少同柏拉图和亚里士多德的哲学同样完美；认为中国典籍中有着大量基督教教义。这是该时期期刊中原始儒学议题设置的基本主题属性与态度取向。

上述信息主要与孔子相关，孟子在西方的译介与研究传播则相对滞后，具体情况如下：斯坦尼斯拉斯·儒莲（Stanislas Aignan Julien，1797—1873）依据《孟子》满文译文完成拉丁文本《孟子》，1830年在巴黎出版；1861年理雅各英译《孟子》出版；1877年有花之安德文版《孟子思想》；1882年有赫真信从花之安德文版英译的《孟子思想》；法国汉学家顾赛芬的法文译本《孟子》1895年出版。所以相关孟子的研讨在《印中搜闻》与《中国丛报》中不多，到《中国评论》时期才走向丰富活跃。而关于荀子的译著则迟至20世纪才陆续出现，如德效骞（Dubs，Homer Hasenplug，1892—1969）1927年出版英文版《荀子：古代儒学的塑造者》，1928年出版英文版《荀子的著作》等，所以本章虽然名为原始儒学议题，但集中于孔孟，对于荀子及荀子其人其学只有片段涉及。

要了解儒学西传早期对于原始儒学议题设置的导向及其具体的指向与功能，还有必要了解耶稣会士翻译儒学典籍、介绍儒家人物的原初动力，概言之为二：

其一，为获得宗教捐赠者们的欢心与信心，须树立一个特定的中国形象，即：中国人有宗教渊源，他们在古代有过纯洁的信仰，这在《书经》等古籍中有记载，其宗教信仰的基本精神保留在孔子的儒学体系中，并在中国世代传承。因此中国人虽然表面上倾向于无神论，实则具备宗教潜质、具有接受纯正信仰的灵魂，所缺的只是传教士的耐心点化。为此，耶稣会士要论证孔子哲学是维系中国社会良好运转和长期发展的根本，是中国社会在没有基督福音的情况下良好运转的原因，孔子哲学与古代的神圣信仰有密切关系，中国古代宗教是上帝启示的产物，所以他们需要持续地介绍中国的哲学历史、文学艺术、社会状况、生活环境等等。所以自利玛窦始，即确立了在基督教与古代孔子学说之间寻找相通而排斥近代理学以渗透中国士林的策略。也因如此，倡导中国古代所信奉的“天”就是基督教的“上帝”，倡导孔子伦理与基督教伦理同符合契，就成了耶稣会士主流近二百年来的不移之论。至于《中国丛报》中出现《论语》与《福音书》无法相提并论，孔子无法与耶稣相提并论等观点，则与基督教作为一种外张性很强的文明，喜欢在争论中占据制高点以吸引跟从者的传统习惯关联较多。基督教本质是宗教，宗教行为常以吸引信众为目的。于此，也可理解“合儒”“补儒”“超儒”或“代儒”等导向生成与议程设置效果生成的逻辑。

其二，教会内部对于中国礼仪问题有不同看法而引起“礼仪之争”，即争论尊孔、祭天、祭祖到底是不是天主教所忌讳的“偶像崇拜”？中国基督徒祭拜“天地君亲师”是否有违教规？是缅怀先人还是祈求神灵？争论双方纷纷在中国经典中寻章摘句，援引为诘难对方的依据。其情形即原因正如学界所指出的，“一般而言，耶稣会士大都认为尊孔等中国习俗与天主教规无冲突。极欲证明儒家学说中有符合天主教义的地方。柏应理等的《中国哲学家孔子》一书就是在这种背景下译撰、出版的”[①]。书中柏应理坚持利玛窦的观点，全书都是对利玛窦儒耶相通论的具体解释与践行。而龙华民的著述则持相反观点。当然，以利玛窦为代表的基督教徒来华四百多年的历史说明，试图将中国历史纳入基督教历史的想法都是基督教一元史观的表现，已经证明是错误的。对此，张西平先生已有详细评述[②]，此不赘言。

耶稣会士的孔子观、儒学观及其译介、研究与传播的方法与态度直接影响后来的传教士汉学家。前述19世纪英文期刊所载原始儒学主题刊文中更有明显轨迹可循，比如：推崇美化儒家、讨论孔子崇拜的性质，比如索引派预设结果、爱作中西比附的阐释风格等等。但因为19世纪欧洲自身的思想基础情况发生变化，中西格局发生变化，加上西方汉学自身的学术发展规律，原始儒学的译介、研究与传播及形象构建的方法都有了开新。

---

①雷慕沙，*The Works of Confucius, etc*，刊《箴言报》1814年2月5日，单行本，8vo，138。

②张西平：《儒家思想西传欧洲的奠基性著作——〈中国哲学家孔子〉》，《中国哲学史》，2016年第4期，第121—128页。

比如，对待孔子不仅仅是将其视为一个宗教承载体，而是一个具有丰富内涵的儒学实体；对待儒学不仅仅只关注孔子，还拓展到整个儒学系统，渐至拓展到宋明理学（详见本书后一章）；谈论儒家形象不流于空论，而多挖掘文献；谈及孟子，往往都是论其高贵的形象，且不空谈概念不空发议论，而是结合孟子著述的语言风格作实例分析，认为高贵的孟子形象可以打破西方关于东方人下贱、奴性足的偏见。又比如，耶稣会士时期，关于中国主题所引用的资料来源，不可知的东西很多。张国刚、吴莉苇认为有些来源于他们接触到的不入流的编年史书，或者来源于他们学习汉语的发蒙读物"杂字"类作品，或者干脆就是道听途说。从笔者翻检19世纪英文期刊的情况来看，汉学资料援引的情况，在《印中搜闻》中，既有张国刚、吴莉苇谈到的情况，也有不少严肃注明出处、注意援引权威版本的情况，呈现明显的从随意向严谨过渡的阶段性特点；《中国丛报》引用资料的学术自觉性明显增强，如裨治文的中西文献出处都很清晰，各阶段儒学人物形象都富有具体内容而非空洞的定义。其他刊物也表现出这种趋向，如马礼逊和米怜主持的中文月刊《察世俗每月统计传》每期封面都有孔子的话，每期都大量刊出摘自"四书五经"中孔孟程朱的言论，甚至直接大量引用儒家言论来阐释《圣经》名句。又如，《教务杂志》刊载了9篇赫真信英译《孔子家语》。总的来说，前述期刊所载的原始儒学主题刊文存在明显的议题设置导向与事实，且在选题、论证与资料援引上都朝向精细化的方向发展，在导向的设置上既有耶稣会士的影响，更是19世纪来华新教传教士儒学观的直接体现。

关于西方传教士的儒学观，既有研究中主要表述为以下几种情形：一，传教士并不将儒家文化视为基督教的障碍，而从上帝观、伦理观、救赎观三方面比较了儒学与基督教的差异①。二，认为近代来华传教士对儒学的看法主要体现在上帝观、自然观、人性论、伦理观四方面，他们从基儒比较、基督教神学背景入手，寻找两者的相似点为基督教传播服务，指出相异处并证明基高于儒②。三，对学界认为传教士儒学观经历了由"孔子或耶稣"到"孔子加耶稣"的战略转变说提出质疑，认为传教士无论是对儒家宗教思想

①胡瑞琴：《略论西方传教士对儒家经典的研究》，《兰台世界》，2007年第16期。

②俞祖华、胡瑞琴：《近代西方来华传教士的儒学观》，《齐鲁学刊》，2007年第3期。

还是伦理思想的研究，都是以基督教的“真理”为准则的[①]。四，传教士的儒学观可以用“合儒”“补儒”“批儒”“代儒”来概括，“合儒”是文化策略，“代儒”是最终目的，“补儒、批儒”则是必要手段和桥梁。其中“合儒”又指出其不足，所以先“合儒”即“以耶补儒”，再“批儒”即指出儒教中的缺陷，而缺陷与错误仅一步之差。因此，他们接着便批评和历数儒学中的错误，最后实现“代儒”的目的[②]。五，通过对《万国公报》的相关言论来检视传教士的儒学观，认为传教士对儒学的态度在1883年前多耶儒相通言论，1889年复刊后变成“救世教成全儒学”，甲午战争尤其义和团运动后更提出以基督教取代儒学。

“期刊的一个重要职能是议程设置。”以代表西方汉学萌芽、发展与成熟的《印中搜闻》《中国丛报》《中国评论》中原始儒学刊文为中心，可以清晰地见出该议题大众化与精细化并轨的发生、发展与丰富。前述儒学西传早期的相关情形，关于19世纪中文期刊传教士儒学观之研究的主要观点，都将为理解英文期刊中的儒经圣王、原始儒学议程议题提供一种参照的背景。

第二节　大众化与精细化在《印中搜闻》中的发生

《印中搜闻》刊载原始儒学主题文章7篇。本章遴选方法，一是直接从标题信息选择，二是整体翻阅期刊。现将与整体内容相关的列出，零星夹杂在其间的则忽略。

文1，马礼逊撰写的《孔子崇拜》，讨论祭孔的性质，刊于“翻译”栏目，行文内容安排是先从对英文词“Worship”的内涵阐释与意义界定出发，认为凡是不属于对上帝的崇拜都应该视为偶像崇拜或者邪神崇拜。再结合祭祀孔子所用成千上万无辜的牺牲祭品的描述，认定中国人对于孔子的崇拜是一种偶像崇拜或者邪神崇拜，是形而下的[③]。

---

①胡卫清：《近代来华传教士的儒学观》，见卓新平主编：《当代中国宗教研究精选丛书·基督教卷》，北京：民族出版社，2008年，第227页、第275页。

②孙邦华：《晚清寓华新教传教士的儒学观——以林乐知在上海创办的〈万国公报〉为中心》，《孔子研究》，2005年第2期。

③Amicus, *The Worship of Confucius*，［英］马礼逊、［英］米怜主编：《印中搜闻（Indo—Chinese Gleaner，1817—1822）》，国家图书馆出版社，2009年，第500—502页。

《印中搜闻》原始儒学主题刊文一览

序号	英文篇名	中文译名	内容	作者	卷期	日期	页码
1	The Worship of Confucius	孔子崇拜	通过对“崇拜”一词的阐释与意义界定，及从文献记载祭祀孔子所用的牺牲祭品来看，中国人对于孔子的崇拜是一种偶像崇拜或者邪神崇拜。是形而下的。	署名 Amicus，推断为罗伯特·马礼逊	2/11	1820.1	500—502
2	State of Education Amony the Chinese Settlers in Malacca	马六甲华人教育状况	入学仪式设坛拜“至圣孔子先师”。作者认为这种拜师仪式不只是对先圣尊敬，还是视他为神人的崇拜。	卢修斯，LUCIUS	2/11	1820.1	511—515
3	Bibliotheca Sinica	“汉学书目”之《论语》	介绍《论语》作者、篇章目录、成书年代、外观特点、主要内容，并选取几则作摘要翻译与注释。对孔子介绍详细并添加了不少评论。	未署名	2/11	1820.1	517—518
4	Bibliotheca Sinica	“汉学书目”之《中庸》	介绍《中庸》书名、作者、成书、特点、内容、编辑风格，有比较丰富的摘要，并作出评论。对子思、孟子、孔子都有介绍，对于子思的成长记录尤其详细生动。	未署名	2/13	1820.7	635—647

续表

序号	英文篇名	中文译名	内容	作者	卷期	日期	页码
5	Remarks on Mr. Remusat's Translation of The 中庸	评雷慕沙译《中庸》	开篇引用雷慕沙对马士曼译《论语》中"君子"的理解与翻译提出的批评。随后指出雷慕沙自己所译的《中庸》对于"君子"的理解犯了同样的错误,并说明雷慕沙译《中庸》是值得尊重的,也是目前欧洲已出版的同类译作中最好的。	Aliquis(推断为Amicus,马礼逊)	2/12	1820.4	583—584
6	Bibliotheca Sinica	"汉学书目"之《大学》	介绍《大学》书名、作者、内容及风格特点,附有条目摘要与评注。作者项,对孔子只提及他传述了第一部分。	未署名	2/14	1820.10	711—716
7	Bibliotheca Sinica	"汉学书目"之《孟子》	介绍《孟子》书名、"子"的含义,详述孟子生平与成长,认为孟母应该会让许多基督徒的母亲获益良多。	未署名	3/16	1821.4	826—838

文 2,《马六甲华人教育状况》,署名卢修斯,介绍华人子弟的入学仪式,如设坛、拜"至圣孔子先师"等。认为:这不仅仅是表达对先圣的尊敬之情,也是视孔子为神人的一种崇拜①。与文 1 一样,该文旨在关注并思考广泛存在的孔子崇拜的形式、场景、内容与性质等并通过分析祭孔的性质、孔子崇拜的性质来描述和判定中国人的信仰和教育体系。

文 3,《论语》,是汉学书目栏目系列之一,介绍作者、篇章目录、成书年代、书的尺寸装帧、封首封底等外观特点、主要内容,并选取几则作摘要翻译与注释;同时既对中西典籍《论语》与《福音书》的编撰成书作对比,也对孔子和耶稣的形象展开对比性评论,认为从《论语》与《福音书》的编撰目的比较看,《福音书》独一无二,《论语》与之无可相提并论;孔子是被其弟子无限肯定和大肆赞美的形象,而耶稣是凭事实记录下来的形象。相关内容如:

> 本书是哲学家孔子和他的学生们以及来拜访他或者他所偶遇者的对话,孔子去世后,先由孔子的两名贤弟子颜子和曾子收集的。不要假设这个伟大的哲学家孔子自己留下了这本著述的任何一个部分,也可以必然地推断那些观点和陈述不是都恰好在某个场合出自这位伟大的哲学家之口……中国人认为这是他们大师心智的完美记录,是他言辞的忠诚准确的记录,他们连一个字都不会作改变。……但是我们不应该以这种无限的肯定对待古典作家,或者不经考察就接受这些最伟大最智慧的道德格言。《福音书》的编撰者从来不如此赞扬耶稣,而且在他们的著述中没有夸大耶稣的特点——意识到他超越每一项人事的无尽的优越,但是编撰者让其用自身事实说话。从这点来说,《福音书》是独一无二的无可相提并论。……公允的《论语》读者会觉察到一个最震撼的对比,即关于《论语》与《福音书》编撰者目的对比。②

本文的结论预设在对比的结果中显示无遗。我们一般认为从交流、传播与接受来说,不同文化之间的差异性正是维系其相互交流、借鉴或接受与排拒的基础。这与前面一章谈及的将比附、归附作为翻译阐释是为了唤

① LUCIUS, *State of Education Amony the Chinese Settlers in Malacca*,[英]马礼逊、[英]米怜主编:《印中搜闻(Indo—Chinese Gleaner,1817—1822)》,国家图书馆出版社,2009 年,第 512 页。

② [英]马礼逊、[英]米怜主编:《印中搜闻(Indo—Chinese Gleaner,1817—1822)》,国家图书馆出版社,2009 年,第 517—518 页。

起异质文化受众文化共情的常用途径同途。

汉学书目栏目系列其余三篇则除了解释书名，介绍各书的基本信息并作评论之外，虽以儒家书目为标题，内容却重在介绍儒家人物。如文4《中庸》篇，内容涵盖书名解释、作者、成书、特点、内容、编辑与风格、摘要，并作评论，书中涉及子思、孟子、孔子的介绍。对于子思的成长直至继承孟子的过程，小时候与孔子的对话译介尤其详细①。

文6介绍《大学》，也包含书名解释、作者介绍、内容特点及风格特征说明，还包含条目摘要并作评注。关于《中庸》《大学》各书的作者，对于孔子述及最少，例如在介绍《大学》一书时只提及他传述了第一部分，即从"大学之道"一句开始，到"未之有也"这一段。强调其他部分都归功于曾子②。

文7，介绍《孟子》，详细地解释书名和"子"字的含义，对于孟子生平与成长，特别是孟母三迁择邻而居的描述尤为详细，甚至可以说是不厌其详，并赞为应该会让许多基督徒的母亲获益良多③。该篇还考察孟子生年，认为其与希腊的德摩斯梯尼、提奥弗拉斯特、泰摩利昂、皮罗、欧几里得、伊壁鸠鲁，以及耶稣等大致同时代。因此。作者推测《孟子》一书成于孟子终年之际，并认为《孟子》一书的特性是伦理、政治、历史兼具。文中还列出其在广州出版的《万书总目》中的售价不到半西班牙元④。文中关于《孟子》风格特色着重谈孟子语言清晰流畅富于表现力、善用虚字的特点⑤。摘要部分，选译孟子见梁惠王一则对话：

> 王曰："叟，不远千里而来，亦将有以利吾国乎?"孟子对曰："王！何必曰利，亦有仁义而已矣。王曰：'何以利吾国'，大夫曰'何以利吾家'，士庶人曰：'何以利吾身'，上下交征利而国危矣……"

选取孟子与齐宣王的对话：

①[英]马礼逊、[英]米怜主编：《印中搜闻(Indo—Chinese Gleaner，1817—1822)》，国家图书馆出版社，2009年，第635—647页。

②[英]马礼逊、[英]米怜主编：《印中搜闻(Indo—Chinese Gleaner，1817—1822)》，国家图书馆出版社，2009年，第711页。

③[英]马礼逊、[英]米怜主编：《印中搜闻(Indo—Chinese Gleaner，1817—1822)》，国家图书馆出版社，2009年，第827页。

④[英]马礼逊、[英]米怜主编：《印中搜闻(Indo—Chinese Gleaner，1817—1822)》，国家图书馆出版社，2009年，第831页。

⑤[英]马礼逊、[英]米怜主编：《印中搜闻(Indo—Chinese Gleaner，1817—1822)》，国家图书馆出版社，2009年，第833页。

曰:“不为者与不能者之形何以异?”曰:“挟太山以超北海,语(yù)人曰‘我不能’,是诚不能也。为长者折枝,语人曰‘我不能’,是不为也,非不能也。故王之不王,非挟太山以超北海之类也;王之不王,是折枝之类也。”①

另外还有几则翻译与点评,点评部分作中西联系甚多,如紧扣“或劳心或劳力,劳心者治人劳力者治于人”一句表达两层意思,一是认为“太阳之下无新事”,将孟子的人性论与高卢人“自由与平等”联系,认为人性皆相同。二是认为孟子的理论是为“长袍阶层”服务的②。

在汉学书目栏目介绍中国儒家典籍的刊文,其标题直接采用具体典籍的名称,内容却重在介绍描述和评论儒家人物,对于当时西方出版的原始儒学译著则除了介绍内容与出版信息之外,重在就书著展开评论。简而言之,这些刊文一般只评价西方译本,不评价原始儒学典籍本身,而重在关注其中的核心概念。以文 5 为例。

文 5,《评雷慕沙译〈中庸〉》一篇,借书评展开对其“君子”这一核心概念理解的评价、修正与辩论。开篇引用雷慕沙对马士曼所译《论语》关于“人不知而不愠不亦君子乎”一句中“君子”的理解与翻译提出批评。作者认为,雷慕沙的批评是公正的,但是雷慕沙在他自己翻译的《中庸》第三句“莫见乎隐,莫显乎微,故君子慎其独也”句中,对于“君子”的理解与译注也犯了同样的错误。作者提请译者注意,并佐以南宋王十朋《书不欺室》一诗阐释真德行的含义。先标出该书内容:室明室暗两奚疑,方寸常存不可欺。莫谓天高鬼神远,要须先畏自家知③。然后,他以编辑的口吻作出简单说明:除了前面说到的几个小错误,就我们已翻阅情况来看,雷慕沙译《中庸》是值得尊重也是目前欧洲已出版的同类译作中最好的。我认为 Aliquis 的修正诚然给予了恰当的感觉,但与之同时,诗句本身的浓缩与模糊决定了 Aliquis 的修正很注重意译、委婉含蓄又啰嗦,如此才能明确表意④。该篇作者署名 Aliquis,实际就是

①[英]马礼逊、[英]米怜主编:《印中搜闻(Indo—Chinese Gleaner,1817—1822)》,国家图书馆出版社,2009 年,第 834—835 页。

②[英]马礼逊、[英]米怜主编:《印中搜闻(Indo—Chinese Gleaner,1817—1822)》,国家图书馆出版社,2009 年,第 837 页。

③[英]马礼逊、[英]米怜主编:《印中搜闻(Indo—Chinese Gleaner,1817—1822)》,国家图书馆出版社,2009 年,第 583 页。

④[英]马礼逊、[英]米怜主编:《印中搜闻(Indo—Chinese Gleaner,1817—1822)》,国家图书馆出版社,2009 年,第 584 页。

马礼逊,从他曾书名 Amicus 的发音、文风、观点表述层面都可以判断出这个结果,再结合吴义雄认为该刊汉学书目都出自马礼逊的推断来看,则更无异议。

总的说来,《印中搜闻》中的原始儒学主题刊文主要设置在"汉学书目"栏,借由汉学书目这一特定栏目介绍孔子、孟子、曾子与子思几位原始儒家人物,论孔子多作中西比较,或意在强调孔子不如耶稣;论孟子则强调其形象丰富生动,言辞有趣又高贵,可为基督教母亲们提供诸多教益;对于曾子与子思则只简介不评论。整体看来,该刊所载原始儒学系列刊文的特点是既面向大众读者,在议题设定上希冀引起大众读者共鸣,又朝向专业人士,在其描述与评论方面都朝向精细化发展,这种特点在《孟子》一篇中体现尤其明显。

该刊对于《大学》《中庸》等典籍多作介绍而不评论,呈现的是其在中国本身的样子。对《论语》则在介绍之外加上了更多评论与比较,主要是与《福音书》展开对比,认为与之毫无相提并论之处,孔子是被其弟子无限肯定和大肆赞美的形象,而耶稣是凭事实记录下来的形象等等;孟子其人生动风趣,孟母的故事对于基督教母亲获益良多;《孟子》其书语言富于表现力,善用虚字;孟子理论是为"长袍阶层"服务的。可以说,该刊对于孟子其人、其书及其文风都是通过援引资料来作出详实的阐述,完全不同于对于孔子的诸多推测和诸多宗教性质的探讨,明显具有将孟子作为单个思想学术个体对待的取向。该报对于子思,重在突出他对于孔子的继承,传达出来的是生动可感的子思。另外该报也略有涉及荀子。该报关于原始儒学人物、典籍的整体定调对《中国丛报》《中国评论》相关主题产生了深刻影响。比如,在《中国丛报》和《中国评论》中关于孟子的译介明显增多,对于祭孔性质的探讨也在持续并见拓展,对于儒学核心概念的译介阐释与讨论进一步深入。以上既是议题设置中对于大众化与精细化兼顾的原因也是表现,这种事实在《印中搜闻》已然发生。

第三节　大众化与精细化在《中国丛报》中的发展

《中国丛报》刊载儒学主题文章 200 多篇,这个统计主要来自篇名具有显著相关性的和内容以儒学为主的刊文。

原始儒学主题的主要有 10 篇,集中于孔孟形象、核心概念、孔子有无宗教性、中国人祖先崇拜的性质、孔子的历史观几个方面。

《中国丛报》原始儒学主题刊文一览

序号	英文篇名	中文译名	内容	作者	卷期	日期	页码
8	worship of Confucius, and the cost of it	孔子崇拜及其祭品	续《印中搜闻》同名篇，探讨“孔子崇拜”的性质，并悉数列举祭孔用品。	罗伯特·马礼逊	1/12	1833.4	500—502
9	Heaoo King, or *Filial Duty*	《孝经》简介	介绍作者、成书时间、特点及主旨，译文与注解部分翻译了《孝经》十八章，梳理对于核心概念“孝”的理解，孝仪式的评价，关注中国人的三大崇拜：天地、祖先和君师。	未署名	4/8	1835.12	346—353
10	Examination of Four Chinese Characters	对孟子及其门徒的著作中最常用的4个汉字的注释	本文摘自儒莲拉丁文本《孟子》，考察“以”、“於”、“于”、“乎”四个虚词的用法及其语法意义。本文译者通过此文介绍儒莲在教学中创立的以解释文章来归纳中国语文结构的方法。	S. R. Brown	10/4	1841.4	224

续表

序号	英文篇名	中文译名	内容	作者	卷期	日期	页码
11	Biograpyical Notice of Mencius *Mang tsze*, or *Mencius*, *the Chinese philosopher*	《中国哲学家孟子传记》	译自雷慕沙的法文原作，分析《孟子》在欧洲没受到欢迎的原因，认为孟子的高贵和体面最有力地驳斥了欧洲人认为东方人性格下贱、奴性足的偏见。	Mrs. Coolidge	10/6	1841.6	320—328
12	Sketch of the Life of Confucius	《孔子生平简述》	为对比中西伦理思想，选取《圣庙祀典图考》后两卷关于孔子一生的记载，详细译介、评述了孔子学古礼、研读、整理、著述古礼以及任鲁国司寇期间复兴古礼、改革司法等作为。	卫三畏（S. W. Williams）	11/8	1842.8	417
13	Character of Chinese historical works	《纲鉴易知录》叙评	叙评明代吴乘权主编的《纲鉴易知录》，涉及孔子形象笔墨较多，认为孔子奠定了中国历史习惯于修饰材料以及转述与评论的传统；孔子是矛盾体。	郭士立 Charles Gutzlaff	3/2	1843.6	53—61

续表

序号	英文篇名	中文译名	内容	作者	卷期	日期	页码
14	On the Signification of the character jin 仁 or humanity	《论仁和人性的意义》	论“仁”一词的不同英译及其内涵，并援引中西方学者的观点相印证，最终认为：仁至难言。	娄理华 W. M. Lowrie	15/7	1846.7	329—342
15	Notice of *the Chi-shing Pien Nien-shi ki, or Annals and Genealogy of the Most Holy Sage*	书评《至圣编年世纪》	介绍《至圣编年世纪》，主要谈祭孔和孔子崇拜，认为这种个人崇拜远比基督教中的“有罪”更为严重；认为中国当时的衰败与孔子崇拜有关。		18/5	1849.5	254—259
16	Life and Times of Confucius	孔子的生平及时代	绍述孔子的祖先、孔子出生的时间、地点、环境等。	裨治文(E. C. B)	18/7	1849.7	343
17	The Worship of An-cestors amony the Chinese	中国人的祖先崇拜	介绍《家礼帖式集成》，谈对于中国偶像崇拜的认识，认为缺乏罪与罚的概念。	卫三畏 S. W. W	18/7	1849.7	363—373

文8，罗伯特·马礼逊撰《孔子崇拜及其祭品》，与他刊出在《印中搜闻》中的《孔子崇拜》一篇主标题相同，只是更详细地列数了祭孔用品种类与数目。但在栏目分属上，《印中搜闻》归为翻译类，《中国丛报》中列入异教类，且加深了评论部分的内容。摘译如下：

> 为进一步探讨"孔子崇拜"的问题，我们追加《印中搜闻》中《孔子崇拜》一篇收集的数据，"中国有1560多座孔庙，春秋祭品如下：小公牛6头，猪27000头，羊5800头，鹿2800头，兔27000只，每年共计62606件，还有27600匹丝绸"。"我们可见一个最文明的现代异教国家的'学者'将神灵的荣誉给予（动物）同类（作者用的是fellow-creature，语中暗含这是低等动物才做得出来的事情之意），而这个'学者'被广泛认为是一个纯粹的人。同样的异教徒'学者'普遍教导说，死亡是灵魂与肉体的毁灭。有时坚称，不存在上帝、天使与灵魂。真不知道，他们的行为与无神论者的言论怎么能一致……如果中国的'学者'只是为了名誉，那为什么要动用成千上万无辜的牲畜去表达对于仁慈的孔子的尊敬呢？"①

对于祭孔的性质展开讨论、定性甚至批判，是《中国丛报》中的一个显著议题，文8继续了《印中搜闻》对这一问题的讨论。文15是书评《至圣编年世纪》（附编者孔昭焕所作序言的译文），形式上是书评，但内容安排上除了简单介绍该书外，中心则是谈祭孔以及孔子崇拜的由来与发展。撰文者对于孔子崇拜的性质展开了大量评论，认为这种个人崇拜远比基督教中的"有罪"更为严重，中国当时的衰败与孔子崇拜有关。相关内容如：

> "这就是从对宗教崇拜到神化凡人的崇拜，我们认为这是偶像崇拜，这是比'无罪'更令人发指的产物，但在中国，很常见，很普遍。这就是儒家思想，所以要提升男人的地位到神的等级，并将他们作为神来崇拜，如崇拜天地，崇拜上帝，崇拜最高统治者一样，这是所有中国人的荣耀。""有一个我们必须得注意到的事实，中国的孩子们被教导

---

①*worship of Confucius，and the cost of it*，这是张西平主编《〈中国丛报〉篇名目录及分类索引》一书中的篇名，见该书第341页，报纸中标题是*worship of Confucius*. R. M. CR，vol. 1:12（1833.4），pp. 502—503.

着去崇敬这个神化的凡人。他们崇拜的不仅仅只是他的名字，他肉身的尘土，也不仅仅是他的魂灵或他的精神；而是孔子本人，他们看中的是孔子在生活和学习上的'配天'精神；孩子都在崇敬和爱慕着这个神化的凡人。当他们进入学校学习先贤的著作时，必有拜孔仪式。男人们高兴地称它为圣人崇拜、英雄崇拜、鬼神崇拜、灵魂崇拜，或其他；这些事物本身就存在。……皇帝试图垄断祭天，这是事实，并宣布其叛变的人来执行这最高仪式。尽管如此，他们有时候也会去做，像他们的统治者一样去祭祀天地。他们觉得非常光荣。他们将荣耀融于祷告和祭品中，但这也侵犯了皇家的特权。"①

"事实上，与其他崇拜偶像的民族比起来，差异非常之大，首先他们在最崇敬的神旁边还放置其他的神，并神化他们生前的作品，因为这些神也是源自生活之中。接着，进一步，将自己的私欲强加在这些神灵身上，并相信这些神灵会赐福于己；但这迷乱的思想就正如古希腊、古埃及和西方其他的异教徒国家一样，没有人情味儿的礼节，无情的纪念活动，如此拘谨的形式，使得中国人的盲目崇拜夺去了他们的想象力、艺术创造力、诗词创造力。如果不是为了祭祀祖先来顺其自然地注入信仰，我们有时候会觉得中国的特色和民族迟早会变得像西伯利亚野蛮人一样。"②

作者认为这种"祭孔文化"是一种偶像崇拜，远不是他们的宗教崇拜，而当时人们的这种崇拜对于男人来说是为了提高自己的地位，对于统治者来说则是为了巩固自己的统治。作者在最后一段说到，"如果孔子学校的儒学教育没有带来和谐，强大的人性冲动将使得我们敢于直称他的名字，并且他也不会在中国的万神殿上与天地平等"，换句话说，他认为如果这种崇拜没有给处于强势地位的人带来利益，那么就不会有这种行为。

---

① *Notice of the Chi-shing Pien Nien-shi ki*, or *Annals and Genealogy of the Most Holy Sage*, with a translation of the preface of the editor K'ung chun-houn, a member of the Confucian family, Notice of the Annals of Confucians, CR, vol. 18:5(1849.5), p. 259.

② *Notice of the Chi-shing Pien Nien-shi ki*, or *Annals and Genealogy of the Most Holy Sage*, with a translation of the preface of the editor K'ung chun-houn, a member of the Confucian family, Notice of the Annals of Confucians, CR, vol. 18:5(1849.5), p. 259.

前述数篇可见，该刊对祭孔、祭祖性质问题的阐释与论证的进路，一般是先作宽泛探讨，然后结合专门典籍的内容作定性。文 17 卫三畏《中国人的祖先崇拜》一篇也不外乎此，卫氏此篇的内容本是介绍《家礼帖式集成》，但书名直接定性对译为《祖先崇拜》，行文中结合对《家礼帖式集成》这一专门典籍的译释谈中国人的葬礼，并对此作出祖先崇拜的定性。作者在开篇即阐明自己对中国偶像崇拜的认识，认为这种崇拜并不意味着罪恶和赎罪的必要性，但确实缺乏罪与罚的概念。摘译如下：

> “目前，真正的中国宗教不是天地的崇拜，也不是偶像崇拜，而是对自己祖先的崇拜。对天和自然的崇拜主要限于国家的皇帝和高官员之间遥远的间隔，偶像崇拜是一个戏剧表演，没有核心；我们现在想到的就是贪欲之神的崇拜。”很多中国人的葬礼“部分是出于宗教的行为，而大部分是为了虚荣心和炫耀。”[①]

卫氏讨论、定性并批判祭孔、祭祖的性质，明确其为“形而下”的世俗仪式，认为这种崇拜劣于西方的宗教崇拜，根本无法相提并论。卫氏的批判具体深入到中国人的葬礼与祭礼，认为本质上部分是出于宗教的行为，而大部分是为了虚荣心和炫耀。其间不乏各种预设。如，孔子可与西方大师媲美，其伟大源于上帝之光。

该刊原始儒学议题展开的一个重要方式是中西对比甚至比附。以文 12 卫三畏撰《孔子生平简述》为例，开篇表明撰文目的是对比中西伦理思想，表示：为了在对比中获得清晰的认识，并达到对于异教伦理的一种和谐，需要一本有趣且有建设性意义的小册子。以孔子为例去呈现人生行为准则的核心概念，将会揭示欧亚为人师者关于人之行为、人处理不同社会关系中的行为准则[②]。卫氏在文中选取了《圣庙祀典图考》后两卷中关于孔子一生的记载，特别详细译介、评述孔子学古礼、研读、整理、著述古礼以及任鲁国司寇期间复兴古礼、改革司法等作为，对于孔子卒后得到的荣誉与影响也给予了详细介绍。行文中时有中西对比，如：“孔子和苏格拉底以

---

① *The worship of Confucius, amony the Chinese : a notice of the Kia-Li Tsih-ching ShihTsih* 家礼帖式集成 *or Collection of Forms and Cards used in Family Ceremonies*. CR, vol. 18:7 (1849.7), p.365.

② S. W. W, *Sketch of the Life of Confucius, the Chinese moralist*, CR, vol. 11:8, (1842.8), pp. 411—425.

及其他为人师者一样，习惯于一边散步一边教育指导点拨学生。”[①]“孔子卒于公元前479年，而苏格拉底生于之前7年。孔子生活的时代，西方发生了很多大事。”“孔子伦理的最大特点是尊上、仁正待人。如子孝父、妻事夫、仆事主、臣事君。政治伦理占据了他思想的大部分。……我们知道，每一件好的礼物、每一件完美的礼物都源于上帝之光。”[②]

从语言表达的角度来看这句“我们知道”，可见预设及预设习惯之一斑。事实上，《中国丛报》谈孔子均有预设：可与西方的大师媲美，其伟大源于上帝之光；伟大又保守、正统古板僵化又有功，通过评价他的著史之功，进而扩展到中国人历史著作的形成以及中国人对于著史态度的质疑。下一段落将谈到的郭士立的刊文尤其具有典型性。

在丛报的预设中，孔子是判明中国人信仰的标尺；孔子崇拜是影响中国发展的矛盾体，中国的衰败与孔子崇拜有关，中国社会几千年的社会稳定也与孔子崇拜有关；中国历史的整理与删减与孔子有关。所以孔子是信仰的矛盾体，社会影响的矛盾体，又是历史传统、史书编撰收集修饰之功与过的矛盾体。放在“疑古”与“信古”的视域下来说，就是通过评述孔子对于中国史书的编撰与修饰，表明对中国典籍成书与记录方式的一种质疑。如文6，德国汉学家郭士立撰《中国历史著作评论》[③]，叙述评论清代吴乘权主编的《纲鉴易知录》，介绍该书简略记录了从盘古开天辟地直到明王朝灭亡的历史事件、重要的历史人物。由于纪事简明，所以叫作《易知录》，传教士直接翻译成 *History Made Easy*，郭士立撰此文旨在评论该历史著作以及中国人对于著史的态度，其对孔子形象的描绘较多。郭氏此文明确认为，孔子奠定了中国历史书编撰中转述与评论的传统，以及习惯于修饰材料的指向。关于夏商周时期，作者认为孔子对这段历史的记载太过单一、思想正统，孔子是保守又古板的，给后代造成了负面影响，同时又高度肯定了孔子在中国思想界的地位。相关内容如下：

---

①S. W. W, *Sketch of the Life of Confucius, the Chinese moralist*, CR, vol. 11:8, (1842. 8), p. 416.

②S. W. W, *Sketch of the Life of Confucius, the Chinese moralist*, CR, vol. 11:8 (1842. 8), p. 421.

③C. G. *Remarks on Chinese History*, Character of Chinese historical works; inducements to study them; their mythological accounts; vagueness of their early records; accounts of the middle and later ages, Summary of the principal historians, CR, vol. 3:2, (1834. 6), pp. 53—61.

没有哪个民族可以像中国一样自豪于拥有这么多成功的历史学家。孔子诞生于公元前550年，他是第一个从古文献的收集中总结历史的人。从他那个时代至今，每个时期都有历史学家。虽然，许多仅仅是在转述和评论；但也有少数作品是杰出的，作品的思想具有独创性，语言风格也很自然纯粹。我们并不期望他们记述历史的细节，因为中国历史学家也不曾这样研究过；但是他们给我们提供丰富多样的材料来描述第一个民族存在的历史，追溯古代某一个时期到现在的发展。原始材料和修饰过的中国历史文献的翻译并不受大众的欢迎；也没有相关的评论，而这从时代进步的角度考虑是有存在价值的……

公元前550年的夏商周时期被认为是具有相似领导特征的时期，他们的历史，除了周代后期部分，都被文学巨匠孔子记载过。他在这方面确实没有太多创新；他的思想是正统的，他的论述也总是立足于一样的观点。他支持其他人独立思考，中国的哲人天生富有思想的多样性，这也许是她与其他民族区别所在；但是尧舜是他们永恒的主题，而且孔子的哲学跟随者们似乎就只知道尧舜。

众多的历史材料都涉及到了这一段很长的时期。许多作家实际上比他们的前辈值得更多的信任，因为他们对人心有更好的理解，也使得他们的历史更加有趣。但谁又能比得上孔子？①

又如，文9《〈孝经〉简介》②，介绍作者、成书时间、特点及主旨，译文与注解部分翻译了《孝经》十八章，梳理对于核心概念“孝”的理解，孝仪式的评价，还涉及中国人的三大崇拜：天地、祖先和君师，实为寻求对中国人信仰的理解。译介阐释“孝”概念及体系，客观上却建构了最重视孝的孔子形象，对于孔子所界定孝为上天所定的规范，是诸德之本等内容的阐述尤其详细。择要翻译如下：

《孝经》主要是孔子语录、孔子与弟子曾子的对话，究竟经谁之手缩写成书我们无从得知。秦始皇焚书以后，该书在孔子老宅被发现。

---

①C. G. *Remarks on Chinese History*, Character of Chinese historical works; inducements to study them; their mythological accounts; vagueness of their early records; accounts of the middle and later ages, Summary of the principal historians, CR, vol. 3:2(1834.6), pp. 53—54, pp. 57—58.

② Heaoo King, *or Filial Duty* : author and age of the works; its character and object; a translation with explanatory note, CR, vol. 4:8(1835.12), pp. 346—353.

《孝经》有三个不同的版本。翻译有对内容的删减，选译了一些圣人的评点，也加上了自己的注释。具体翻译诠释了开宗明义章第一，天子章第二，诸侯章第三，卿大夫章第四，士章第五，庶人章第六，三才章第七，孝治章第八，圣治章第九，纪孝行章第十，五刑章第十一，广要道章第十二，广至德章第十三，广扬名章第十四，谏诤章第十五，感应章第十六，事君章第十七，丧亲章第十八。……细心的读者会发现，"孝"广泛而坚实地建构并践行于中国社会。我们可以追溯、推究当下生活在中国数万万人的风俗习惯、行为方式、道德与宗教习俗。尤其推荐作为每一章结语的《诗经》名句，推荐读者以之作为总结评价。最后肯定"孝"被孔子之后世世代代践行不衰。

德国汉学家郭士立对于中国典籍的编撰以及中国历史史事记载持否定态度，裨治文对于郭氏的观点有过针对性的回应。文16《孔子的生平及时代》中，裨氏先详细介绍了孔子出生的时间、地点、环境及其族谱，讲述了孔子的祖先、孔子出生的时间、地点及环境后，然后声明主张不宜过高或过低地评价中国历史事实。

"他们是通过筛选孔子出生之前的历史，然后再添加他们在文献上找到的关于时间，地点和环境的内容来写的。""或许我们会尝试着比较，认为圣人所写的关于圣人的生辰和家族是真的，或许只是出于对孔子的尊敬。我们应当平等对待这两种极端——过高或者过低的对中国历史事实进行评估。"①

从《中国丛报》译介孔子刊文的资料来源上看，有取自大众儒学作品，也有正史中的记载，分别以美国裨治文与德国的郭士立为例。裨氏从大众儒学书籍取材，不评述，只转述。而郭氏取材正史，既肯定孔子的贡献又指出其保守的一面，所援引资料与我国记载大致同，仅略有出入。二者都具有一定的学术自觉。但这不是他们的撰文主旨，其主旨乃在于藉此表达对中国典籍史料真伪的看法。以前述文16裨治文《孔子的生平及时代》而言，撰文主旨是表明对于中国典籍史料的态度。就文中关于孔子生平等内容来看，与我国的记载大致相同，但也有些许差别，比如：

---

①E. C. B. *Life and Times of Confucius, notice of his ancestors, birthpalace, &c.* CR, vol. 18:7 (1849.7), p. 343. 张西平主编:《〈中国丛报〉篇名目录及分类索引》中的篇名，见该书第351页。

（1）该文认为孔子的故乡在兖州（今泗水），在那儿一个称作乐的城市，早年搬家去了曲阜。而我们多认为孔子祖籍在宋国夏邑（今河南省商丘市夏邑县）。

（2）关于孔子的祖先，论述和我国记载有相同之处，即孔子是商纣王的哥哥微子启的后代，是宋国的始祖。但是在说到商纣灭亡时，本文说的是纣的皇后发动战争，夺去了纣的皇位，建立了周，但中国的史料记载是周武王伐纣克殷，建立了周。而纣的皇后妲己是一代妖姬，祸国殃民，甚至在神化小说《封神榜》中被写成狐狸精，但我们并不直接认为是她颠覆了纣。

（3）关于孔子姓氏的由来，该文认为由于孔子的六世祖孔父嘉和邻国之间不和，他的儿子木金父逃到了鲁，然后成了鲁国人。因家人指定，他玄虚了“孔”作为自己的姓。而我们认为是从孔父嘉开始，孔子家族才开始有了“孔氏”；并且《史记·孔子世家》记载孔父嘉的妻子貌美，被太宰华督看中，后来孔父嘉被华督攻打并杀害夺妻。该文并没有提到这一点。

（4）关于孔子的降生，该文和国内的文献都提到，孔子 65 岁的父亲叔梁纥和年轻的母亲颜氏急于求子，于是在尼邱山祈祷，后诞下圣人孔子。该文还讲到了因为孔子的诞生伴随着麒麟、龙、女神仙出现的传说，因此他被说成是完美的孩子，我国也有很多关于孔子降生的传说，《史记》等文献所说孔子降生后头顶如反盂，中间低，四周高，后人又在此基础上衍生出孔子降生后不但头顶如反盂，而且面部有“七露”，眼露筋、耳露轮、鼻露孔、嘴露齿等，看上去像个怪物，叔梁纥夫妇就把孔子扔在野地里了。后来，不知道从哪里飞来一只老鹰给孔子打扇子，遮蔽骄阳；又有一只老虎将他衔进一个山洞，喂他乳汁。当然，这些都是为了圣化孔子而编造的美丽神话，只是说法不同。对于孔子的降生，该文表述道，“一个天赋纯洁特质的孩子应运降生此村庄，在周王朝没落的时候继承血统，他应该恢复并延长王朝寿命，不靠贵族的头衔和标志去统治这个地区”。

（5）关于孔子出生的具体时间，中外研究都存在争议，该文所引用的说法是孔子出生于公元前 551 年，8 月 27 日，下午 3 点。而国内一说《史记·孔子世家》所记为鲁襄公二十二年，对其生月生日《史记》未记。按《榖梁传》所记“十月庚子孔子生”，换算为当今之公历应为公元前 551 年 9 月 8 日生。二说，传统的祭孔日期定在农历 8 月 27 日，据说是出自孔氏家谱，国民政府曾据此定夏历 8 月 27 日作为教师节。

裨治文在翻译《朱子全书》第49章前言中给自己的定位是"需要做的是把他们的观点完整、清楚地记录下来",可见,裨氏他们想要充当翻译员,作为中国人思想和感情的推广者,不能过高或者过低地评价中国历史事实。上篇文字主要是他们经过翻译和研究之后得到的一段史实或传说,而并没有过多地对孔子的生平或者孔子本人作主观上的评价和形象的建构。

《中国丛报》中的孔子呈现比较复杂的形态,有学者分析该报不待见孔子的原因是孔子不把儒学当宗教,所以就把孔子说成一身毛病、思想僵化,从而表达西方宗教的优越性与取代儒学的必要[①]。翻检原始文献,不难发现,《中国丛报》整体上视孔子为一个矛盾体,伟大又僵化、开新又固执,既维护、稳定中国又导致其衰败。篇名设置上关于中国皇帝尊孔的居多,这类刊文反复凸显孔子在中国社会与政治中的主宰地位,既承认其在中国思想中的地位,又认为这种个人崇拜远比基督教中的"有罪"更为严重。其意在认为当时中国社会的衰败与孔子崇拜有关。丛报对于孔子,真可谓一半推崇一半指弊。考察这类文章刊出的时间,都是在1840—1850年,其时中西格局剧变,中国文化在西方不再是被仰视,而是在落后挨打的风雨飘摇中被审视。

而对于孟子则完全是崇敬,孟子形象生动风趣高贵,荀子形象也生动可感,不涉及信仰。

丛报关于孟子的议题,通常是借助评介西方译介孟子的新著去建构高贵体面的孟子形象。具体表现为继续《印中搜闻》关于孟子语言特色的挖掘,系统呈现机趣又富逻辑的孟子语言形象、高贵体面的孟子人物形象,认为孟子的高贵能驳斥欧洲认为东方人性格下贱、奴性足的偏见。

文10,《对孟子及其门徒的著作中最常用的4个汉字的注释》,是布朗对儒莲依据满文译文《孟子》转译完成的拉丁文本《孟子》而作的英文书摘。儒莲该书1830年在巴黎出版[②],内容是考察"以""於""于""乎"四个虚词的用法及其语法意义,通过考察分析《孟子》中相关例句,结合《清文启蒙》《四书合讲》,考察其相关的英语对译、中文固定搭配类型,以及

①张涛:《〈中国丛报〉的孔子观及其向美国的传播》,《安徽史学》,2016年第1期,第134—138页。
②百度百科说是1824—1826年在巴黎出版,《中国丛报》的记载是1830年,本文采用后说。

汉语中可替代的词。比如，认为“以”相当于“将”和“把”，有“以……为”“以……告”等常见搭配。儒莲在汉语教学中创立了通过阐释具体的篇章来归纳中国语文结构的方法。文10的摘译者希望通过此文将这种原则展现给英语世界①。

立足孟子语言特色，无论是展开孔孟对比，还是作中西对比，宗旨都是为了说明孟子的高贵与体面。如文11，书评《中国哲学家孟子传记》一篇②，内容译自雷慕沙的法文原作。分析《孟子》在欧洲不受欢迎的原因，是《孟子》译本没能符合欧洲读者的兴趣。该文认为，从语言风格对比看，孟子与孔子同样高贵，但更多样化；其与希腊哲学家犬儒学派的代表人物第欧根尼有很多相同点，不过，孟子显得更加高贵和体面。相关内容如：

> 孟子的建树为他带来了巨大的声誉，但是欧洲人并不这样认为。若《孟子》有妥当译本的话，欧洲人还是会认可孟子的。孟子的行文风格和当时的“贵族体”相比并不是很庄重、简洁。两种语言风格同样高贵，但孟子更重修饰更考究。孟子与他同时代名人的哲学对话形式比孔子的格言警句更丰富多样，孔孟二人的哲学也有不一样。孔子通常比较严肃甚至是庄重肃穆，孔子提倡他所描绘的理想的“善”，论“恶”时只会用冰冷的语气谴责。孟子同样也崇“善”，他对“恶”是蔑视而非孔子那种强烈的厌恶，在抨击“恶”时采用理智的理论和嘲讽的方式。他的辩论像苏格拉底一样具有讽刺的意味。孟子不直接与对手辩论，而是先承认对方的假设，然后一步步证明对方的结论极其荒谬，从而达到目的。孟子没有白费他和国君相处的时间。因为那些国君只是假装向孟子请教，真正目的是吹嘘自己并得到孟子的称赞。那些场景中，孟子的回答应该说是最具有讽刺性的。而那些场景，是对于普遍存在于西方人对东方人(特别是中国人)性格下贱、奴性强的偏见的最

① A short tract respecting four Chinese characters which perform a very remarkable office in the writing of Mencius and his commentators; publiced at Paris. A. D. 1830, Translated from the Latin of Stanislaus Julian, by S. R. *Examination of Four Chinese Characters*, CR, vol. 10:4 (1841.4), p. 224.

② Mrs. Coolidge, *Biograpyical Notice of Mang tsze, or Mencius, the Chinese philosopher*. Translated for the Repository from the French of Remusat. CR, vol. 10:6 (1841.6), pp. 320—328.

好驳斥。孟子和亚里斯提卜(古希腊哲学家)没有任何共同点,而像第欧根尼,但孟子更高贵体面。有时,人们总倾向于谴责几乎等同于严肃的活泼,但唯有热诚于公众利益的人,才会宽容、并发现这种行为的激发性。

本文多用比较。一是将《孟子》与《论语》的语言风格作比较,认为与孔子比,孟子同样高贵但是风格更多样,孔子是庄重而又严肃,孟子是善讽,并举孔孟都曾抨击的"恶"为例。孔子在抨击恶时是"攻乎异端"般的严肃冰冷。孟子则不然,他用讽刺、理智的方式去论证对方的荒谬。二是将孟子与西方思想家比较,认为孟子与苏格拉底一样具有讽刺精神,善于以子之矛攻子之盾。将孟子与两位古希腊哲学家对比,一位是亚里斯提卜,创立了独特的享乐主义学说,认为感觉是认识论的原则,也是人们道德行为的原则。另一位是第欧根尼,犬儒学派的代表人物,认为除了自然需要必须满足外,其他的任何东西,包括社会生活和文化生活,都是非自然的、无足轻重的。他强调禁欲主义的自我满足,鼓励放弃舒适环境。作者认为,孟子与亚里斯提卜没有任何共同性,但却与第欧根尼有诸多相同。不过,孟子显得更加高贵体面。孟子的高贵最有力地驳斥了欧洲认为东方人性格下贱、奴性足的偏见[①]。

这是《中国丛报》关于孟子议题的设置与展开路径。该报原始儒学相关的第三个议题是对于儒学核心术语的译介与阐释。综合已有研究并结合本书所谈论的19世纪英文期刊中的实际情况来看,传教士汉学家对于儒学核心术语的译介与阐释的初衷不外乎两点:一是寻找传教交流用术语;二是寻求对于中国人信仰、中国哲学本质的理解。同时表达汉语中应该包含一些无需作意义修订就可直接用于基督教书籍的术语和基督化语言的想法。

天主教传教士入华以来,对"仁"的西译与诠释未曾停止。寻求其对译与理解,从学术上说,是为了探求中国哲学的本质;从传教功利看,是寻找核心教义概念的对译,讨论"仁"是否可以充当天主教与新教传教士之间有效交流的定义。

---

①Mrs. Coolidge, *Biograpyical Notice of Mang tsze, or Mencius, the Chinese philosopher*. Translated for the Repository from the French of Remusat. CR, vol. 10:6(1841.6), pp. 322—323.

美国传教士娄理华《论"仁"字之真义》[①]一文，列举了关于"仁"的不同英译及其内涵，梳理了马若瑟、马礼逊、麦都思、卡勒里等各家对"仁"的解释与翻译，并逐一对中国古典书籍，主要是孔孟程朱著述文献中"仁"的基本语义、政治、哲学、伦理学含义作了较为全面的考察和分析，也援引西方学者的观点相印证，表明自己认为英译为 humanity 比普遍认同的 benevolence 更合适。他对"仁"一词的定义是：仁至难言。摘要翻译如下：

> 所有教化性语言中，都有意义宽泛又丰富的词汇，在任何情况下，一个定义都很难涵盖其所有含义，词典编纂者和形而上学者们尝试着去定义 Truth 这个词，这使他们陷入了困惑，为这些词寻找合适、足够完整、等价、通用的定义更使他们感到绝望。汉语词汇的常规用途中也会被赋予多重含义，含义之多可能超过其他任何语言。当前一些文章提议要忽略词汇次要的、附属的含义，提供主要含义的附注。
>
> 汉学家对"仁"的定义，有广泛的共识，马若瑟和早期罗马天主教传教士将"仁"定名为"博爱"，莫里森定义为"仁慈"(benevolence)，爱世间所有生物；慈善；美德。麦都思认为是仁慈、美德、感染。卡勒里认为是"慈悲之心、敬意"。多数观点认为将"仁"译为"benevolence"是最合适的。在一个经常被荒言和欺骗掩盖的世界里，"Truth"这个词的含义会引发众多猜测，并不足怪。
>
> 笔者不揣冒昧，观点不同于更早入门的权威汉学家，这好比当小孩经过储藏丰富的画廊时，可能会拣到宝石，类似的激发出更喜欢的不同定义，而如果一味地去考虑其依据是什么则会显得乏味。
>
> 通过仁，我们理解了美德。仁的对象是外部的，因为我们几乎很少说"一个人对自己是仁慈的"。词典编纂者通过以下术语赋予定义："良好的性格、善意、渴望促进人类幸福的爱"，"当我们将爱传递给他人，就被冠以'善意、仁爱'之称，相信众生都能够拥有善意，这便成了博爱；对于他人遭遇感到不安；对虚情假意极端厌恶。"这些话可能被

---

① W. M. Lowrie, *On the Signification of the character jin* 仁, Rin chi nan yan (注，仁至难言)，张西平主编《〈中国丛报〉篇名目录及分类索引》标题，On the Signification of the character *jin*(仁 or humanity), CR, vol. 15:7 (1846.7), pp. 329—342.

认为是对“benevolence”较为合理的定义，但只有一部分适用于“仁”，其他很多含义并不等同于“benevolence”。还有一些词也适合用来概括它，比如 humanity（人道），是否精确表达了“仁”的含义，需要更多能人来评定。

通常用法上 humanity（人道）与 benevolence（仁慈）稍有不同，它经常作为 benevolence 的同义词来使用，但在口语中它的意思是不同的，其最初意义衍生于拉丁文，权威的英文词典规定了它的主要义项。humanity（人道）一词象征着人性、人的感觉，这些概念对于区分 man（人）和 brutes（动物）是必要的。……韦伯斯特的定义是：“1. 人具有区别于其他动物的独特天性。2. 人类集体，人类种族。3. 人具有区别于低等动物的情感：善良、仁慈。”此定义中，benevolence 显现了 humanity 的一部分。实质上，理查森也给出了一个相似的定义：“人的本性中，仁慈是主要的，人性是人所特有的情感。”如理查森的：“人比上帝低一级，humanity（人道）区别于人与地球上的其他生物”。特伦斯的诗句也可以明显看出中文的“仁”与 humanity（人道）定义是一致的……

对 benevolence 与 humanity 的同义区别，克莱布提出了一些有价值的说法：“benevolence 在于意愿，humanity（人道）在于内心。”……

典籍中关于“仁”的定义，《中庸》第 20 章孔子说：“仁者人也。”《孟子》第七章说：“仁也者人也。”诸如此类的表达富有想象力，从广泛的意义上来说，“仁”恰好是人或 humanity（人道）。评论员在其《孟子》注解一文中用类似的表达指出：“仁者人之所以为人之理也。”以上定义中，“仁”意味着“人性”，并不仅仅是“benevolence”所概括的。朱夫子说：“事天而能修身以候死，仁之至也。”这显然是 humanity（人道）的最高职责，但是对于 benevolence 则很难说了。程子说：“佛人之性则不仁之甚者也。”相反，爱人所恨，恨人所爱，这种极度的反人道是“仁”的对立面。

五常中，“仁”排首位，至关重要，有时会被称为人的内心，即“仁人心也义人路也”。“仁人心也”，被解释为：“仁者心之德爱之理”或“仁者本心之全德”，人性是纯净心灵的最优美德。程子也有类似观点：“心如谷种，仁则其生之性——人的内心就好像是植物的种子，人道则是生物”。“人而不仁，则非人，国而不治则不国矣”也强调了拥有这一美德的必要性。

“仁”的本质含义，有点像泛神论或现代超越论，将万事万物理解为个人意识，使人成为神或宇宙的一部分。这一原则在先贤的著作里显得深奥，在佛教引入中国后得到全面发展，朱子明确指出：“仁者以天地万物为一体，莫非己也，认德为己，何所不至”，“三才者天地人”，人是“万物之灵”，“人而不仁非人”。基于此，我们便容易理解“四书”里关于与私欲格格不入的“仁”和人性的大量文章和评注。此类文章频繁出现，特别是谈及道德的维持和更新时，如：“仁则私欲尽去而心德之全也”，“仁者不忧”，“理足以胜私故不忧”，“克己复礼也”，这些陈述也使我们能够理解“仁者天下之正理也”这句话。

基于此，我们认为，“仁”是“人道”，仁的规则其实出于己，仁人之恩，自内及外，这种待人亲和友善的感觉，源于自己内心情感。如孟子言，“以己及人，仁者之心也”，仁者之心，就是用自己的感情和希望来洞悉他人的情感和需求，并采取相应行动。

“成德以仁为先”，因此孟子说：“仁者如射射者，正己而后发。”孔子说，“成德仁也”使人更完美的是仁。类似的表达有“君子所以为君子以其仁也”，“仁远乎哉，我欲仁斯仁至矣”，“我未见好仁者恶不仁者”。

成“仁”人之心须先受仁道原则约束，第一步是亲亲，其中最重要的是父母。如孔子说：“仁者人也，亲亲为大”，我们知道，“知所以知此也，仁所以体此也”。孟子说过“仁之于父子也，仁亲以为宝”。孔子说“孝悌也者其为仁之本舆”。

仁道是统治者的专用美德，也是国家政府首备。因此，孔子说，“为人君止于仁”，“尧帅天下以仁杰，纣帅天下以暴”。“民之于仁也，甚于水火，水火吾见蹈而死者矣。未见蹈仁而死者矣。”孟子说：“不信任贤，则国库空虚”，与之类似的有西塞罗的“人本主义”，吴王和尧舜异地却有相同的性格品质。

中国先贤一直恪守、践行仁道，因此孔子说，“唯仁者能好人，能恶人”。“恻隐之心，仁之端也”，“无恻隐之心非人也”，《论语》中，“仲弓问仁，子曰，出门如见大宾，使民如承大祭。己所不欲，勿施于人”。

在回答“仁”的问题上，谈及其丰富的内涵，可能有助于提出以下理论。“仁”最初同“人”（见《中庸》和《孟子》文章第一部分的语录），与其他诸多词语一样，一个是动词，一个是名词，一般而言，第一个是动词，第二个是名词。如“长长”意思是“尊敬自己的长辈，亲近自己的亲人”。类似的如：亲亲、老老、幼幼、天天和地地，……按照以上进行严格的类比，仁人可以用来表示仁爱待人，因此，仁德包括权利和职责。归纳、概括发现，“人”不仅可以表示具体的人，也可以表示抽象的人，“仁道”在这个意义上与“人”是一致的。该义项在“四书”中出现过，如“君子以人治人”，这里第一个“人”的定义是指人之道，人性主义，与“仁”一致，在本文的其他部分也如此。时间长了，发现“人”字频繁出现，在抽象意义上易混淆，为防混淆，给本来的“人”字添上两笔无意义的笔画。二者发音相同，在起源上可互相推导，在字形有区别。

若前面的附注和推测正确，那么有两个问题值得关注。第一，通过“仁”来区分所有真神的价值是否合理，迄今为止，这做法很常见，如我们所见罗马天主教和新教传教士之间。“仁”与“人”最初含义仅限于人的美德，若不是它们由于时间和习惯的原因，失去了本义，获得了新义。哪怕以之和我们适当交流想法，也显然是不合适的，而且它们无法从我们这里接收信息，因此，这成了一个棘手的问题。如果允许的话，汉语包含一些无需做意义修订就可用于基督教书籍的术语和基督教化的语言，这很重要，也是传教工作较为复杂内容。第二，如果之前的陈述，“人是万物之灵”，是建立在泛神论的概念基础上，那人是“伟大的宇宙的一部分”，是正确的，新教传教士是否可以使用这个短语这是一个非常严肃的问题。泛神论和先验论的共享主义、新传教士们遭到我们的否定，为什么一个来历不明的短语可以毫无疑问地被接纳引入到纯粹的神学体系之中？希望读者能对此作些理解，作者也寄望受教于高人。

本文以荀子语开头，那么采用孔子语结尾应该是最好的，对文章的不足和可能出现的错误致歉。

司马牛问仁，子曰，仁者其言也讱。

另，在写作本文过程中，作者了解到冈察洛夫赋予了“仁”相同的定义，即人道，他也很乐意和权威汉学家交流以提升。

从中西文化交流进程、西方汉学研究的学术自身发展规律来说，西方对于中国思想体系核心概念的译介阐释整体上必然逐步深入、不断接近其在中国文化本体中的含义，只是在不同时代阶段各有具体的动因与面貌。本章对于文10的译释意在呈现该刊对于“仁”这个概念的阐释已无限接近其中文本义，以说明其精细化朝向特征。具体的动因，将在本书第4章关于理概念的英译及理学西传的实践部分展开系统阐述与论证。

第四节　大众化与精细化在《中国评论》中的深化

《中国评论》原始儒学议题延续了前面两种刊物的风格，同时又有所丰富发展，形成了比较稳定的路径取向，兹基于遴选出的13篇刊文分类阐述。

《中国评论》中，原始儒学主题刊文在形式上可分为三类，一是以新书通告或书评形式介绍、评论、推广西方新出孔孟译著，或对相关译注展开对比、指弊。二是对其他刊物中的相关议题作出回应，如《皇家亚洲文会北华支会会刊》，曾在不同卷次中发起过“孔子是虚构的人物吗”的讨论，《中国评论》对此作了简要的综述。再如《教务杂志》曾经讨论过“儒家思想的主要错误”的议题，《中国评论》有刊出对此的小结。三是以专文形式继续讨论祭孔的性质，讨论儒家崇拜是否属于宗教。主题可以归纳为三个方面：一是论儒学的错误，二是讨论孔子崇拜的性质，三是孔子的历史观，或说孔子与中国典籍。从话题源头上来说，花之安《儒学汇纂》《孟子思想》两书和理雅各《中国经典》英译本，是该刊原始儒学话题的直接渊源之一。任何新出关于孟子译介的著述都会被拿来与花之安《孟子思想》、理雅各《中国经典》中的《孟子》相比较，谈及任何关于孔子的译介本都会拿理雅各《论语》作为比照的标准。对于孔孟形象及其思想体系的建构和传播也在此比较与讨论中丰富深化。所以，在具体呈现刊中所载原始儒学面貌并分主题阐述之前，有必要对花氏、理氏的儒学观略作概述。

《中国评论》原始儒学主题刊文一览

序号	英文篇名	中文译名	内容	作者	卷期	日期	页码
18	Confuciansm	儒家学说	评花之安《儒学汇纂》，既有赞同也有不同观点。	欧德理 E. J. Eitel	1/4	1873.2	260—265
19	Amateur Sinology	业余汉学家	评花之安《儒学汇纂》，认为花之安该书，从目标到方法都证明他绝非业余汉学家。	欧德理 E. J. Eitel	2/1	1873.7	1—8
20	Short Notices of New Books and Literary Intelligence, *The Do-ctrines of the Chinese Philosopher Mencius*	新书通告《孟子思想》	从研究方法、特征、主体方面评论花之安著德文版《孟子思想》，涉及孟子及孟子学说、该书的选材与翻译特点、欧德理的儒学观等等。	欧德理 E. J. Eitel	6/3	1877	199—201
21	Chinese Philosophy before Confucius	孔子之前的中国哲学	当时西方普遍认为中国哲学徒有虚名。欧德理此文为突破这种现状而作，分析了西方不信任中国哲学的原因，系统阐述了中国哲学的起源、儒家学说之前中国哲学三大系统。	欧德理 E. J. Eitel	7/6	1879	388—392

续表

序号	英文篇名	中文译名	内容	作者	卷期	日期	页码
22	Short Notices of New Books and Literary Intelligence. *The Mind of Mencius*, or *Political Economy founded upon Moral Philosophy*	新书通告《关于孟子的书》,《孟子思想》,或《基于道德哲学的政治经济学》	介绍何真信对花之安德文版《孟子思想》一书所作英文摘要缩写本的情况。	欧德理 E. J. Eitel	10/6	1882	407,410,412,416
23	Short Notices of New Books and Literary Intelligence. *The Life of Confucius the great Philosoper and moralist*	新书通告《孔子的一生——伟大的哲学家与道德家》	介绍这本小册子的基本信息,封面是孔子像,前言介绍孔子的贡献。很多内容取自理雅各《中国经典》第1卷以及其他一些相关名著,指出该小册子在引用文献时或是校对失误而出现的严重错误。	欧德理 E. J. Eitel	13/4	1888	289—290
24	Notes and Queries. 3. *Mencius* and *the Shi Ki*	释疑:《孟子》与《史记》	认为《孟子・万章》中关于舜帝的故事应该属于神话。此外,作者认为中国哲学家经常编造一些故事来阐释自己的思想主张。	J. EDKINS	14/2	1885	106—107

续表

序号	英文篇名	中文译名	内容	作者	卷期	日期	页码
25	*The Chinese Recorder and Missionary Journal*. *New Testament* parallels in *the Four Books*.	《教务杂志》评《新约》与“四书”的相似之处	批判当时西方汉学界流行的刻意比附儒家与基督教义的学术倾向，认为这种趋势将会导致恶性循环。	欧德理 E. J. Eitel	15/1	1886	60
26	Short Notices of New Books. Journa, China *Branch*, *R. A. S*, *whether* ‘*Confucian*’ *is a myth*	新书通告《皇家亚洲文会北华支会会刊》，孔子是否虚构	对皇家亚洲文会北华支会会刊第21卷第3、4号，关于“孔子是否虚构”的争论及相关的情况做了简要综述，欧德理例举了艾约瑟、理雅各与丹尼斯相关著述的观点，三位都对孔子真实性深信不疑。	欧德理 E. J. Eitel	15/5	1887	315
27	Notices and Queries. Duck Confucius	释疑：孔子公爵	释疑孔子具体归处，认为当属山东曲阜，孔庙建于明，修复于清道光时期，后曲阜政府曾下令重建。	庄延龄 E. H. PARKER	15/6	1885.5	376

续表

序号	英文篇名	中文译名	内容	作者	卷期	日期	页码
28	Confucius and his Teaching	孔子及其教学	是德国汉学家甲柏连孜1888年4月一次演讲稿的扩展，认为世界尚未意识到孔子的价值，孔子的思想是中国思想的主宰，而实际上中国已经逐步成为一个危险的对手。	甲柏连孜 GEORG VON DER GABELENTZ	17/2	1888.9	61—82
29	*Chinese Recorder and Missionary Journal*, *The Chief Errors of Confucianism*	《儒家思想的主要错误》	对1889年5月到1890年1月《教务杂志》的主要内容做了简介，简述了1890年1月 Mr. T. H. Yong《儒学思想的主要错误》一文的主要内容。	欧德理 E. J. Eitel	18/3	1889.5	201
30	A Guide to the Tablets in a temple of Confucius	孔庙牌位导读	讨论孔子崇拜、儒家崇拜的性质，认为儒家崇拜“不能称为宗教”。	沃特斯·托马斯 T. Watters	8/3	1879.11	177—179

对花之安儒学译介阐释的研究，近年来积累颇丰，也取得了大致公认的结论：他主张“孔子加耶稣”，认为基督教与儒学有很多相通之处，但基督教远胜于儒学，耶稣高于孔子，两者根本不能相提并论。我们知道，花之安的《儒学汇纂》是一本立足于基督教中心批判儒学的书，是《中国评论》儒学主题的重要学术话题，衍生了多篇书评、书讯，也奠定了该时期孔子形象的主调，相关汉学家的学术态度立场等信息，常常透过对花之安书的评价来表现。《教务杂志》中讨论儒家思想的错误也沿此定调。而他的《孟子思想》一书，则无论是在态度还是评价方式上，都继续发扬前述《中国丛报》中赞美孟子语言与高贵形象的传统，但又因其对孟子学说内容上的梳理、分类及指弊，而扩大成为当时西方对原始儒学乃至整个儒学展开讨论的中心话题之一。

关于理雅各与儒家文化的研究亦有大致公论：他认为中国人不是异教徒，儒家思想与基督教具有相似处，比如提倡善与和谐，并认为儒家思想与基督教相比固然不完整，有自身的缺陷，但传教士不能因此就否认儒教中好的、有益的与真理性的成分等等。在《孟子》及其他儒家经典的翻译中，理雅各也处处透露着儒学与基督教融合互补的主张。他的《中国经典》系列是西方原始儒学译介与研究中被参考、缩写、模仿的主要对象，是《中国评论》原始儒学话题的重要基础与生长点，并用来对照评价相关西人著述。如文 23，《孔子的一生——伟大的哲学家与道德家》①，1885 年第 13 卷第 4 号新书通告与学界消息栏目，主要内容是介绍英国伦敦一家出版商推出了这样一本小册子，这本小册子的封面是孔子像，前言介绍孔子的贡献，正文重点说明这本小册子的很多内容取自理雅各的《中国经典》第 1 卷以及其他一些相关名著，以引人入胜的方式讲述孔子的生平故事，描述他的勇敢、他的教学个性等等，同时严肃指出该小册子在引用文献时或是因为校对失误而出现严重错误。

约略交代花氏、理氏儒学观后，再看《中国评论》中原始儒学相关的议题设置情况。分主题来说，刊中论儒学错误的议题是通过评论相关著述设置的，议题设置者是欧德理。文 18《儒家学说》②除了本章开头已经引述过

---

①Short Notices of New Books and Literary Intelligence. *The Life of Confucius the great Philosoper and moralist*. CRNQ, vol. 13:4(1885), pp. 289—290.

②E. J. Eitel, *Confuciansm*, CRNQ, Vol. 1:4(1873. Feb.), pp. 260—265.

的，认为该书意味着汉学家有明确分工、专门的研究领域，并注重细节、满足公众对准确可靠信息的渴望的汉学研究时代的到来之外，还重点转述花之安《儒学汇纂》中关于儒学缺陷的论述：

> (1)认为孔子的教义中没有神学，也完全忽视了自然科学，只关注人的道德领域；(2)孔子只是一个普通的、无知的、自私的、思想没有深度的人；(3)孔子是纯粹的保守派，他不攻击当下的社会制度和思维方式，支持特权、维护封建统治，支持封建体制、祖宗崇拜、邪神崇拜和迷信；(4)总结出24条“孔子学说的缺陷和错误”。

文29，欧德理撰写，刊于1889年11月新书通告之《儒家思想的主要错误》[①]其标题是照搬1889年5月到1890年1月《教务杂志》中T. H. Yong所著题为《儒家思想的主要错误》，并对之展开介绍与评论，认为儒家学说的谬论主要集中在如下四个方面：

> 1. 人之初，性本善。2.“礼”极其重要。3. 统治者以德以使百姓有德。4. 天下有道则见，无道则隐。虽然孔子有很多谬论，但孔子本人还提出了诸多足以抵消此类谬论的原则。作者进一步发现并分析认为后来的儒家弟子断章取义，没有全面理解孔子的学说，而是更多地继承了孔子的错误。

关于这个话题，将在后面欧德理一节集中展开，这里约略涉及旨在说明：虽然谈论儒家错误是该刊议题之一，但该刊对孟子及其学说的设定与对儒家思想错误的指弊相映成趣，对于孟子的描述与评论既完全与《印中搜闻》和《中国丛报》的基调一致——全盘正面评价、热情倡导他的学说，又增加了新的内容。如文20，学界消息《中国哲学家孟子的学说》[②]，是对花之安德文版《孟子思想》的书评，无论是评论者还是所评书本身，都继承了前面两种刊物对于孟子宽松高调的评价传统。热情评论，也热情倡导孟子的学说，是当时孟子人物形象与思想体系形象的基础与中心话题。花之安

---

①Notices of New Books, *Chinese Recorder and Missionary Journal The Chief Errors of Confucianism*, CRNQ, vol. 18:3(1889. Nov.), p. 201.（说明：时间上看似有些矛盾，其实，这是一个系列，在1890年1月的新书通报中还有期间其他相关主题的总结。）

②Short Notices of New Books and Literary Intelligence, *The Doctrines of the Chinese Philosopher Mencius*, CRNQ, vol. 6:3(1877), pp. 199—201.

《孟子思想》一书也成为判断其他相关著述的标准。文22,介绍赫真信对花之安《孟子思想》一书英文摘要缩写本的情况①,刊于1882年7月新书通告栏目,主要内容是:早在《中国评论》1877年,第7卷,第199页,有热心人士呼吁将花之安德文原著《孟子思想》英译出版事宜。赫真信应时之需担此重任,历时5年,英译摘要本终于付梓。该摘要本致力于供外国学生、教会及相关组织与个人了解中国最重要的哲学的思想教育②,是面向不能读懂德语的儒学爱好者与研究者。通过对比,花之安德文原版比赫真信英译摘要版更能清晰传达孟子的思想。文22作者批评赫氏英译版未作任何说明即对花氏德文版内容进行删减,或拼凑原本没有的内容,以至于失真的情况,并表示对于花之安备受瞩目与尊重的《孟子思想》遭遇如此英译深感愤慨③。可以说热情评论,也热情倡导孟子的学说,是当时孟子人物形象与思想体系形象的基础与中心话题。花之安《孟子思想》一书也成为判断其他相关著述的标准。

关于理雅各在译注中国经典领域的学术影响与地位,《中国评论》第1卷第1期第1篇有总结性表述:欧德理《评理雅各英译的〈中国经典〉之〈诗经〉》④一文,评论了理雅各该书对《诗经》的译介与注释,回顾梳理了汉学界从马克斯·缪勒到艾约瑟等对中国上古史的研究,认为唯有理雅各在翻译、注释、学术态度各个层面都自成一家之言。

关于孔子崇拜之性质的讨论,是19世纪传教士一以贯之的主题,只是这一主题在《印中搜闻》中被直接判断为偶像崇拜或者邪神崇拜,属于形而下的;在《中国丛报》中,除继续前刊结论外,又补充祭孔所用祭品的具体种类和数目,加深对这一结论的评论;而在《中国评论》中则是通过书评的形式讨论,如文30《孔庙牌位导读》⑤一文,刊于1879年通告栏目,介绍芜湖领事馆沃特斯·托马斯著该书,作者以及本篇书评意在讨论孔子崇拜、儒家崇拜的性质。沃特斯认为,儒家崇拜"不能称之为宗教,因为中国人没有

①Notices of New Books and Literary Intelligence, CRNQ, vol. 10:6(1882. Jul.), pp. 407—418.

②Notices of New Books and Literary Intelligence, CRNQ, vol. 10:6(1882. Jul.), p. 407.

③Notices of New Books and Literary Intelligence, CRNQ, vol. 10:6(1882. Jul.), p. 407.

④E. J. Eitel, *The She King- a Review of the 4th volume of Dr. Legge's "Chinese Classics"*, CRNQ, vol. 1:1(1872. Jul.), pp. 2—12.

⑤*A Guide to the Tablets in a temple of Confucius*. By T. Watters, H. M. Consul for Wuhu. Shanghai, CRNQ, vol. 8:3(1879. Nov.), pp. 177—179.

创造一个所谓孔子的神。”并且:“不是向孔子祷告,也不是在任何场合下恳求他的帮助或干预。”①书评作者认为,中国人对孔子的崇拜与孔德的门徒对杰出人物的崇拜之间存在着惊人的巧合,人们对孔子等儒学家的崇拜不是对造物主的一种宗教崇拜,而是强调崇拜的形式,更像是通过祭祀仪式来形成一种精神力量,为他们建孔庙、设牌位,仿佛他们还活着,在中国这是一种祭祀文化,而在许多西方国家,这无疑是一种宗教崇拜。相关内容如:

> 有心的读者几乎都能注意到中国对儒家英雄的崇拜和奥古斯特·孔德门徒对历史长河中所有杰出人物的崇拜之间有惊人的巧合。虽然,这种对孔子的敬意作为中国人民的道德及文学理想,并不是对造物主的宗教崇拜,但却存在着一种强调祭祀仪式、强调各种形式的宗教原则,也就是说,它是一种看不见的力量所维系的精神纽带“好像他们还活着”。如果这种敬意献于孔子的牌位上与献于祖先的牌位上是完全相同的,已故的父母亲人也同样会受到崇拜,“如同他们还活着”,从这个意义上说也不是宗教信仰,这当然指发生在中国人之间而言,这对于西方人来说就是宗教的本质。②

言外之意,中国人对于孔子和祖先的崇拜不是宗教,但与基督教是相通的。其祭祀仪式具有宗教感。

关于中国祖先崇拜之性质的探讨也贯穿在孔子的历史观、孔子与中国典籍的形成等话题中,文 24 艾约瑟撰《〈孟子〉与〈史记〉》③的这则释疑,就延续了他惯常的神话主题与路径,如:

> 《孟子》书中有关舜帝的故事一定要视为神话。至于传统的习俗,我们从《易经》中有关伏羲、神农和黄帝的注录中得知。中国原始传统的历史在中国经典中记载非常简短;罕见相关名称和事件。早期的中国人还没有学会如何“创造”上古时期的作家和那些伟大的故事。那

①*A Guide to the Tablets in a temple of Confucius*. By T. Watters, H. M. Consul for Wuhu. Shanghai, CRNQ, vol. 8:3(1879. Nov.), pp. 177—179.

②*A Guide to the Tablets in a temple of Confucius*. By T. Watters, H. M. Consul for Wuhu. Shanghai, CRNQ, vol. 8:3(1879. Nov.)pp. 178—179.

③J. Edkins, *Mencius and the Shi Ki*, CRNQ, vol. 14:2, pp. 106—107.

时候的诗歌很简单，普通人生活如“华兹华斯式”场景。对此，喜欢朴素的人赞美之，喜欢庄严刻板的则轻视之。因此我们认为经典就是历史文献，且那些有可能归为神话的文献很少。“发明”经典的始作俑者并不是孔子，这些经典是一个一个世纪逐渐积累形成的。①

作者艾约瑟还以《史记》记载的一些贵族家庭在上古时期的传说为凭，证明孔子并非“发明”经典的始作俑者，这一源头实际始于先秦时代，且中国后世也经常编造或创造故事，并据此分析祖先崇拜的情形和保持祖先崇拜的原因：

后周的神话如同河边的雾，并以一种新的文学形式对这些神话加以历史化、现实化。贵族希望以祖先的荣誉来庇护自己，而那些阿谀奉承的人早已为贵族的祖先“创造”好恰当的故事了。关于贵族家庭的神话载于《史记》，被后来的家族通过自己的权利和主张不断发展，也不断地增添他们祖先的荣誉。同时，所有的贵族和皇室都保持崇拜祖先的习惯，并且对此都非常重视，以宣扬家族祖先的故事和现在家族的名声。②

艾氏认为孔子并非删除古籍的始作俑者。中国人的祖先崇拜源于皇室和贵族家庭的现实功利目的。

《中国评论》中的原始儒学议题内容的发展与丰富，还体现在采用传统方法建构新的形象方面。

以文 28，德国汉学家甲柏连孜《孔子及其教学》③为例，即是以索引派方法与风格诠释孔子思想的世界意义。概述如下：

本文是甲柏连孜 1888 年 4 月一次演讲稿的扩展，认为世界尚未意识到孔子的价值，孔子是中国思想的主宰，实际上中国已经逐步成为一个危险的对手。高度赞美中国思想，认为早于基督 5 个世纪的老子，已经在布道基督教义了。而孔子更是继续影响着世界三分之一人口的道德、哲学与政治生活。

---

①J. Edkins, *Mencius and the Shi Ki*, CRNQ, vol. 14:2(1885), p. 106.

②J. Edkins, *Mencius and the Shi Ki*, CRNQ, vol. 14:2(1885), p. 107.

③GEORG VON DER GABELENTZ, *Confucius and his Teaching*, CRNQ, vol. 17: 2 (1888. Sep.), pp. 61—82.

为了理解中国社会与生活，有必要对孔子出生的环境、国度、人及历史传统做出考证。中国人认为自己的历史传统可以追溯到我们西历的公元前29世纪，但是孔子对于中国信史传统毫无贡献，孔子推崇的观点是中国历史始于尧舜禹时代，继之夏、商、周。

……（介绍孔子生活的周代的政治与思想情况，以及孔子的思想主张与政治活动）指导孔子思想的不是历史学家的理论影响而是政治家的实践兴趣。这些深刻地影响着中国历代的政治人物。孔子之后的政治、思想、法律情况与体系，都合符孔子的思想体系，如，中国的国之思想是纯粹的家长制，“治者为民之父母”正合孔子的观念。中国把人民的教育以及教育目标视为、并形成国之思想与民之分层，我们则是采用法律与制度。孔子50岁任司寇，处理过轰动性的案件。孔子惩罚过不给儿子受教育的父亲监禁3个月。一方面重视教育，一方面孔子的教育方法又不能为各种社会惩处提供任何说法。这与中世纪欧洲不同，但孔子的原则是为公。中国政府惩恶也扬善，这也是孔子大众教育体系的极佳体现。“礼”是他的核心概念与体系，“诗”与“乐”也是他教育体系中重要的门类。……（从德语文献中转译了《诗经》的一段，说明诗歌的教化功能。谈到中西思想的共同特性，谈到《易经》）……

甲氏此文实质上是一篇中国儒家思想纲要，兼及对西方的相关介绍与中西比较。它谈到孔子教学思想的仁、义、礼、智、信，并引用《书经》中关于唐尧与上帝的对话，说明上帝在中国古代思想中的存在，最后小结认为孔子把道德视为可从外部学到的知识成分（物质），那使得道德变成一种外在的物质，如此就会对孔子提出诸多严厉的异议。文末强调将中国置于儒家思想的光辉才能真正理解中国。

甲氏一文与本章关联有三：一是索引派的影响，强调“早于基督5个世纪的老子，已经在布道基督教义了”。该篇本是甲氏关于在中国儒家思想纲要这一主题的演讲之一，在这类主题严肃的演讲中依然可见索引派的影响。二是孔子的形象，甲氏谈到“孔子思想不是历史学生的理论影响，而是政治家的实践兴趣。这深刻影响着中国历代的政治人物。孔子之后的政治、思想、法律方面的情况与体系，都合符孔子的思想体系”。“孔子对于中国信史传统毫无贡献。”三是分析西方对于孔子存在诸多异议的原因，认为其根本在于，孔子视道德为可从外部学到的知识成分(物质)，导致道德变成一种外在的物质。

前文谈及利玛窦的儒耶相通论影响着此后来华传教的策略与儒学观，也影响着传教士汉学家译介阐释儒学的方法。比如，研究中国传统思想的普遍做法是，寻找中西相同点。为充分证明并跟随利玛窦这一政策，法国传教士、索引派代表白晋(1656—1730)把《易经》视如柏拉图、亚里士多德的哲学一样合理、完美，并在《易经》等古籍中寻找神迹。此类方法与路径一直影响着西方儒学译介与研究传播。这在儒耶比较、论证儒耶相通等话题上尤其明显，也使得后来的西方儒学译介研究呈现不少跨文化的异质特点，而非沿着中国原本的学术轨迹。到 19 世纪末期，中西比较及索引的方法依旧被沿用，但孔子在西方已经远非单纯的概念或符号形象，而呈现出复杂性、综合性、整体性、立体感。中国的孔子和儒学有谬误也有优点，具有基督的内涵与潜质，同时也富有世界意义。此时宣扬孔子作为中国思想之主宰的价值，宣讲西方世界理解孔子及儒家思想的迫切性，已成为一个新的主题。可以说，西方人眼中以孔子为代表的中国原始儒家形象在不断演进，呈现一种形象开新与方法守旧的特殊历史情景。

第五节　欧德理：儒学西传专业化与精细化的“异域之眼”

欧德理(E. J. Eitel，1838—1908)，生于德国南部埃辛根，18 岁进入杜宾根大学学习，四年后获文科硕士学位，服务于符腾堡州教会，因志在赴东方传教，23 岁加入巴色会(1865 年转为伦敦会)。1862 年到达香港，进入广东新安里坑(属今深圳保安)地区传教，在客家地区传教 8 年。后因对中国文化研究的成果于 1871 年获得杜宾根大学博士学位。1879 年离开教会，任香港总督轩尼诗私人秘书，1876 年初，欧德理接替丹尼斯任《中国评论》主编[①]，直到 1897 年离开香港，后移居澳大利亚，1908 年病逝于阿德莱德。

关于欧德理的研究，国内尚未见专门著作，目前查阅到最早的是前述

①黄文江的观点略有不同：可以肯定 1878 年，欧德理担任了《中国评论》的主编。见 Wong Man Kong，HongKong and Sino-Western Cultural Interaction：Ernest John Eitel and *the China Review*，刊于《港澳与近代中国学术研讨会论文集》，p. 127.

黄文江撰《欧德理与〈中国评论〉》的英文会议论文。该文提请学界对欧德理任《中国评论》编辑工作的关注，论证其担任主编期间《中国评论》刊文质量非常好，他个人研究的系列中国话题也很有深度。比如对于客家文化研究颇深，认为："客家的信仰更倾向于一神论，而更少着重国家规定的神灵的崇拜，也比道家信仰更少佛教教理。""他对于太平天国运动的失败深表遗憾，认为若是胜利，将推进中国基督化的进程。"为使自己的研究有助西方在中国的事业，欧德理对香港历史研究用力甚深[①]，等等。此后，黄氏又撰写了《欧德里的汉学研究》一文，从汉学与传教及汉学与香港殖民管治两个角度，探讨欧德理的汉学研究及其与香港的关系，总结出欧氏对于中国文化及历史的研究涵括传统经籍文本、民间风俗、中国历史、中国宗教、中国哲学、香港历史等，他的汉学知识对香港政府的管治发挥了重要的作用，而这种香港公务员身份与工作的需要又使得他拓宽了对中国历史和文化的了解[②]。谭树林《近代来华基督教传教士与客家源流研究——以欧德礼、毕安、肯比尔为中心》一文，认为西方传教士是从调查本地人与客家人之差异为起点，进而参与客家源流问题论争，最后主张客家与汉族为不同种属的。此论却遭到德国巴色会传教士毕安的驳斥。毕安在梳理了客家迁徙的历史后，认为将客家人称为一个与别的中国人不同的"种族"是不妥当的。类似争论促进了西人研究客家文化的热潮[③]。杨扬《传教士欧德理的客家妇女研究》[④]一文，内容一如标题所示。王国强《试论〈中国评论〉在西方汉学史上的地位与价值》[⑤]一文，将欧德理发表在《中国评论》中的11篇香港史研究文章，作为侨居地汉学史研究的典型案例之一来阐述。王国强《〈中国评论〉与西方汉学》一书中，对于欧德理与《中国评论》的关系、贡献等作出了全面的梳理。史料方面，据王国强统计，欧德理在《中国评论》上发表专文31篇，释疑13篇，其他41篇，共计85篇。香港史方面的有11篇，评论文章有5篇。

---

① Wong Man Kong, Hong Kong and Sino-Western Cultural Interaction: Ernest John Eitel and *the China Review*，刊于《港澳与近代中国学术研讨会论文集》，pp. 127—131.

② 黄文江：《欧德理的汉学研究》，刊于《传教士汉学与中国基督史研究》，第102—117页。

③ 谭树林：《近代来华基督教传教士与客家源流研究——以欧德礼、毕安、肯比尔为中心》，《学术研究》，2007年第9期。

④ 杨扬：《传教士欧德理的客家妇女研究》，《历史教学问题》，2021年第2期。

⑤ 王国强：《试论〈中国评论〉在西方汉学史上的地位与价值》，《史林》，2008年第3期。

从《中国评论》原始儒学主题刊文看，欧德理无疑是该刊原始儒学议题设置与践行的主力，共撰写此类刊文8篇。这里略微补充的是，在王国强统计的基础上，笔者翻检分析后，推断其中一篇未署名刊文为欧德理撰写，即1877年刊于第6卷第3号新书通告栏目的书评《中国哲学家孟子的学说》一篇，推断理由详后。

为比较全面又集中地探讨欧德理对原始儒学的评价阐释与形象构建，本节拟紧扣他刊于《中国评论》中的8篇相关文章的主体内容与整体特征，按照主题内容分类展开。

(一)评论系列

1873年，为了评价推广花之安所著《儒学汇纂》作《儒家学说》和《业余汉学家》两篇书评，均将花氏新著《儒学汇纂》置于此前及当时空泛的所谓汉学研究的时代风气中考察，描述了当时及欧洲汉学研究空泛的通弊，并以《儒学汇纂》的特点，阐释真正汉学研究应该具备的品质与态度。在此基础上还考察评价该书告别旧派笼统描写与理解儒家学说的具体做法，并代之以对儒学研究、孔子研究精细化学术化的方法与态度，进而阐述欧德理自己的儒学观。

文18《儒家学说》[①]，主要内容如下：

> "过去的很多年里，大部分写中国话题的作者和自诩为汉学家的人，习惯于骄傲地骑着高头大马，巧妙地凭借压倒性的、多样化的话题和虚构的知识，隐藏对细节的轻忽，满足于对中国最空泛的概论。如果一个稍微有点文学抱负的旅行者，在环游世界时，碰巧在某个或者其他哪个条约协议港口停留一两周，他就会冲回家出版一本关于看待整个中国文学、宗教、艺术、制造及其他方方面面内容的作品。如果是居住在中国的，则愿意在追求政治和商业利益的大脑中，留出一个空间来写一本书，而且肯定会不管有没有亲身研究和实践经历，都会对关于中国的任何可能的话题写上一章。"
>
> "令人高兴的是，这个自大的、文学和天才空想的普遍性时代正在画上句号。更好的时代即将来临。""现代汉学家有明确的分工，能满

---

①E. J. Eitel, *Confuciansm*, CRNQ, vol. 1:4 (1873. Feb.), pp. 260—265.

足公众对准确可靠信息的渴望。”“现在的作品有了更小的指向、更多的学科范围限制，但却有了更高的精度、更丰富的细节和更强的学术性……一个很好的例子就是花之安近期出版的《儒学汇纂》。花之安显然是一位彻底的中国学者，精通古文与经文儒学，博学又思想独立，可谓名副其实的‘书虫’。如果他属于上述老派汉学做法，他将会概括地著述和理解儒家学说，会将源于思想和信念的一切作泛泛的概括而谓之儒家。实际上，花之安将自己的研究限定在很小的范围。……谈及儒学，花之安从一开始就小心翼翼地区分哪些是出于孔子的惹眼的评论和悖论，哪些出自孟子门徒以及后来儒家学者。关于孔子本人的教导，花之安也划出了一条清晰的界线，认为只有那些表达坚定信仰的语录归于孔子，严格地排除孔子引用或参考的原始时代的或盛行于他同辈人中的传统思想。哪些是孔子所说、所著，在哪说、著的，是否表达了孔子自己的思想。花之安说话自始至终都直击要害，对他认为应该是从孔子自己脑子里蹦出来的正确的或错误的思想展开谨慎的阐述。”①

花之安在该书中阐述“儒学体系中没有人类学，既没有哲学的人类学，也没有神学的人类学，仅仅是一个简单的伦理体系”②。而欧德理认为“这几乎是我们不同于花之安的唯一的、正式的观点，我们希望他已经更清晰地归纳出如此定论的原因”③。花之安该书通过总结的方式，用一个列表举出孔子思想的24项缺陷和错误，作为结尾。主要内容如下：说到孔子学说的缺陷和错误，虽然很愿意承认关于人伦关系的阐述在儒家学说那里很出彩，回忆起孔子的各种学说几乎与基督教改革的学说产生共鸣，但我们还是忍不住指出其一大堆的缺陷与错误。1.“儒学不承认与现存的神有任何关系。”2.“没有区分人的灵与肉，无论是生理上还是精神上都缺乏关于人的清晰定义。”3.“没有解释为何有人生而为圣人，有人生而为凡人。”4.“称所有人都具有成为君子必需的性格与力量，但无法解释此与现实形成的对比。”5.“儒家在训诫罪恶时需要一种更严厉、更严肃的语气，因为，除了社会道德的

① E. J. Eitel, *Confuciansm*, CRNQ, vol. 1:4 (1873. Feb.), pp. 260—261.
② E. J. Eitel, *Confuciansm*, CRNQ, vol. 1:4 (1873. Feb.), p. 262.
③ E. J. Eitel, *Confuciansm*, CRNQ, vol. 1:4 (1873. Feb.), p. 263.

谴责外，他未谈及惩处措施。”6.“儒学整体上对罪恶洞察不够深刻。”7.“儒学发现无法解释死亡。”8.“儒学没有调节手段去恢复人们理想中的本性。”9.“祷告及其道德力量在孔子体系中没有立足之地。”10.“尽管常常强调‘信’，但从未鼓励过说话诚信这一前提，事实完全相反。”11.“允许并容忍一夫多妻制。”12.“认可多神论。”13.“相信算命、吉凶日、预兆、梦以及其他一些幻想的产物（比如凤凰）。”14.“把伦理道德与外在仪式混为一谈，并使之成为专制政治的一种形式。”15.“孔子看待中国古代制度的立场观点任性武断。”16.“断言某些优美的音乐能影响人的道德，是荒诞的。”17.“夸大榜样的影响，孔子本人就是极好的一例。”18.“儒学体系中，社会生活体系很残酷。女人是奴隶，和父母的关系中孩子没有权利，只是强调孩子该如何对待长辈。”19.“孝顺父母到了奉若神明的地步。”20.“孔子儒家体系的最终结论，如他自己总结的那样，是崇尚贤人，例如人的神化。”21.“祖先崇拜除了没有任何真正的伦理价值，也缺乏清晰的关于永恒的信条。”22.“希望现世现报，无意中培养了自私自利。如果这不是贪婪，至少可以说是野心勃勃。”23.“整个儒学体系没有给予芸芸众生安慰，不管是在其生前还是死后。”24.“中国历史表明，儒学在试图给予人新生，让人有更高尚的生活与作为。实际生活中，儒学已经和萨满教、佛教的观念和做法融混了。”

花之安所说如上，我们很自信地留给读者去判断以上关于儒学的控诉对还是错。花之安的观点充满了对于儒学的否定和争论。我们诚恳地将这本书推荐给所有研究中国的学者，作为理解儒学说的有价值的向导，相信作者将被激励出版本书的英文版，以便让更多的人看到。①

文19《业余汉学家》一篇，欧德理评价《儒学汇纂》为绝对专业的汉学著述，并借此批评西方当时大而无当、流于形式的所谓汉学研究。比如，“这些业余汉学家谈到儒学的时候，不会劳动自己区别儒学发展的不同历史阶段，似乎对孔子、孟子、荀子、韩文公、朱熹和毛河西之间的区别也无甚了解。谈到避免沦为业余汉学家应该掌握的文献参考、引用的正确方

① E. J. Eitel, *Confuciansm*, CRNQ, vol. 1:4 (1873. Feb.), pp. 263—265.

法。……花之安该书，从目标到方法都证明了他绝非业余汉学家”[①]。

花之安《儒学汇纂》一书，是他在东莞期间用德语写成，1872年在香港出版，1875年译成英文出版，名为 *A Systematical Digest of The Doctrines of Confucius*，又中译为《儒学精义》，是一本从基督教角度批判儒学的书。欧德理这两篇书评的重点不是阐述、评价或继续该书对于儒学批评的态度，而是将重点放在这样两个方面：一是从西方汉学发展史的整体视野下，论述该书相比于当时欧洲流行的空泛的汉学研究风气所呈现的精细与专题化研究的特点与倾向。二是否定花之安所持“儒学体系没有人类学，只是简单的伦理体系”的观点，且认为花之安作出这种简单的判定并没有列出充分的理由；儒学不是花之安所认为的没有人类学的、简单的伦理体系。

文25，评《〈新约〉与“四书”的相似之处》[②]一篇，也是针对当时欧洲流行的空泛成风的所谓汉学研究将儒家思想与基督教思想简单对比的粗暴做法，批判当时西方汉学界流行的刻意比附儒家与基督教义的学术倾向，认为这种趋势将会导致恶性循环，并以具体研究著述为例，阐述精细的、专业的汉学时代所应该具有的面貌。摘要如下：

> 欧文在1886年9月第8卷《教务杂志》上刊发了一篇趣文，题为《〈新约〉与〈四书〉的相似之处》。但我们担心大多数此类比较文章都仅仅证明了一些肤浅的相似点，而丢弃了基督教与儒家思想之间的核心差异。并且将那些具有神圣思想内涵的观点淡化到简单的自然主义伦理学层面，众所周知，《新约》中“cross”一词统一表示给已宣判罪犯订上十字架或死刑的意思。“to take up one's cross”意思是教徒为信仰自愿受难、禁欲。与孔子语词的比较，我们看不到任何有益的类似意义。先看孔子，“只关心个人舒适的学者不是真正的学者”。而《新约》中基督说：“不自愿拿起十字架自我禁欲的人不配跟从我。”如此对比，只会加剧之前就存在于中国基督徒中挖空基督教语词内涵，以肤浅的方式与儒家道德作对比的恶意倾向。这是我们想说的。

作者主要借这篇评论批判当时常见的以肤浅的方式比较中西文化、儒

---

①E. J. Eitel, *Amateur Sinology*, CRNQ, vol. 2:1(1873. Jul.), pp. 1—8.

②E. J. Eitel Short Notices of New Books and Literary Intelligence. *The Chinese Recorder and Missionary Journal*. *New Testament parallels in the Four Books*. CRNQ, vol. 15:1 (1886), p. 60.

教与基督教的风气，举例实证刻意挖空基督教教义内涵和儒家作生硬比较是没有实际意义的做法。

可以说欧德理的超越与开新在于，将具体汉学著述或观点置于西方汉学发展史的视野中，作出学术史的回顾与展望。相比于中国学者的评论，欧德理的观点少了对著者文化立场与态度的评价，而多了对所处文化类型中汉学研究整体背景与发展历程的呈现。这是与中国学者研究视野的异致，客观上又成为西方汉学批评史的重要内容。

文 20，新书通告《孟子思想》①，从研究方法、特征、主体方面评论花之安著德文版《中国哲学家孟子的学说》一书，涉及孟子及孟子学说本体，该书的选材与翻译特点、评论者自己的儒学观等等。这篇评论未署名，笔者推断作者为欧德理，理由有三：一，学者们推测"学界消息"这个栏目的大部分内容都出自《中国评论》主编之笔②，1877 年，前任主编丹尼斯前往新加坡任华侨"助理保护官"，接任的是欧德理，而事实上欧德理作为主编在 1876 年 7 月已经开始出现在报纸扉页上。二，考察全文，发现本篇与欧德理评花之安《儒学汇纂》完全可视为姊妹篇，内容上比较与呼应也甚多。三，撰写中的学术史视野与重实质性内容的特点与欧德理《儒家学说》一篇如出一辙，其重要观点的生成逻辑与具体意蕴内涵整体上都是在西方汉学发展史、中国儒学外译史视野下，结合孟子思想本体、评论内容作纵与横的比较而得出。相关内容摘译如下：

> 《孟子的思想》正如书名所说的"基于道德的政治信条，或是中国哲学家孟子教义的理解"。花之安这本新作的范畴和编排，类似于他的前著《儒学汇纂》，该书随后被译成英文，1875 年出版。两书的区别在于：前著引用了很多中文文本，面向汉学家；而本书只是一本尚未出版的专著的摘要。这本摘要有着丰富的实际观察结果，特别适用于那些不懂中文的德国读者的需求。因为该书是以德文写成，所以本文作者呼吁英文版。③

---

① Short Notices of New Books and Literary Intelligence, *The Doctrines of the Chinese Philosopher Mencius*, CRNQ, vo. l6：3 (1877), pp. 199—201.

② 王国强：《〈中国评论〉(1872—1901)与西方汉学》，博士学位论文，复旦大学，2007 年，第 24 页。

③ Short Notices of New Books and Literary Intelligence, *The Doctrines of the Chinese Philosopher Mencius*, CRNQ, vol. 6：3(1877), p. 199.

关于本书的价值：

“花之安该书一如他笔下的其他著述，都是细心且独立的文本研究。在注释方面，他明智地摒弃了朱熹的权威著作，认为《孟子正义》（该书是最古老的《孟子》注本，赵岐作）是最新也是最好的指导书籍。理雅各在提到《孟子正义》时曾说：‘我很后悔没有早点遇到这本书。’花之安所引孟子原文都曾被理雅各独立地翻译过。纵观两种版本的全文，的确存在差异。不仅因为国家之间的差异，更因为他们所遵循的翻译方法各异，在翻译《孟子》的过程中也是如此。理雅各翻译更灵活，语言更通俗。因此原著的思想也随之有所改变。花之安则是逐字翻译，注重从哲学方面加以润色。因此原著的思想就体现得更加深刻。理雅各以实用且单一的常识作为指导，而花之安更多地出自一个哲学家的本能（来翻译）。理雅各对待孟子的态度是中立且冷静的，所以某种意义上说，理雅各的立场是客观的。花之安的立场则是倾向于孟子的，并且对孟子的评论比较宽松。有时候花之安甚至会热情地提倡孟子的学说。这些解释了为什么当初花之安曾当众谴责理雅各，对理雅各所译《孟子》的看法如此犀利。”内容与观点上，“毫无疑问，花之安该书最有价值的特点在于那细微而又透彻的分类。这源于花之安对孟子的政治和宗教信条有完整系统的理解”。

“中国哲学家普遍存在缺乏系统编排的缺陷。而那些因此产生问题的人将会明白并赞同为什么我们说花之安书中前17页的手稿是最有价值和实用的。因其内容包含花之安对孟子教义系统分类的大纲索引。”①

关于本书的特点与不足：

“本书主体是对孟子哲学体系的系统阐释。作者直接引用并严格遵照文本的本意，又附上语约义丰的注解。这些注释或阐释或辩护或评论孟子的观点，有时候也将孔孟的观点与基督教教义相比较。关于孟子哲学特性及孟子哲学与孔子和后继中国哲学家之间的传承关系都见于这些注释之中。令人遗憾的是，花之安并没有单列一章总结他

① Short Notices of New Books and Literary Intelligence, *The Doctrines of the Chinese Philosopher Mencius*, CRNQ, vol6:3(1877), pp. 199—200.

的观点。包括那些对孟子哲学价值、缺陷和错误的评论、对孔孟思想异同的评论、对孟子和基督之间值得注意的一些比较巧合和有分歧的教义的评论。而我们希望他能够在他那本巨著中采用这种做法。

花之安在此类注释中经常提到中国人的感觉主义、共产主义和理想主义。也很好地从多个角度阐释了中国国民思想的特征。但是此类注释中最明显的莫过于花之安自己的哲学理念。事实上,纵观注释及《孟子》的文本,我们可以毫不夸张地说,我们更能理解花之安自己对于那些使中国哲学家全神贯注的问题的看法而非孟子自己所推崇的观点。考虑到本书不是面向汉学家,而是面向普通读者尤其是德国大众。我们认为,他出于对读者兴趣、关心和理解的考虑,没有写出中国人对孟子的独特看法。花之安在这本著作中着实表现为一个融基督教和中国哲学家为一身的学者。他在德国神学院接受教育,同时对老子、列子和庄子学说的深入研究又影响了他对基督教和德国哲学的理解。因此花之安是中德思想之间无人能及的文化中介。解释像孟子一样的中国哲学家(虽然孟子从来都未承认或者直接表述过,但孟子同样也受到道教神秘主义的影响),花之安不止给他的德国读者带来如他们对中国其他事物一样不了解、而且在德国遭遇冷漠对待的中国哲学。我们可以毫不犹豫地说,很少有读者对花之安的原创观点和事实不感兴趣。他的话题涉及婚姻和女人、现代兴奋剂、德国政治、中国文明、理性主义、自然发展、现代基督教及其他同类主题。花之安在关于教会与国家的评论中坚定地认为教、政应该按他所呼吁的那样截然分开"。赫真信已着手将该书译为英文。①

总的来说,欧氏认为花之安《孟子思想》一书选材与翻译的特点主要有二:一是文本研究与注释有特色,二是比理雅各的翻译更接近孟子本色,更深刻体现原著风格,也更热情宽松。该书的价值在于,花之安重构后的儒学思想体系比原本更具条理性、系统性。该书的不足,一是没有自己观点的总结,二是没有列出中国人对孟子的独特评价。上述内容都是在与理雅各作纵向比较,或者与孟子本体思想作横向比较中凸显。书评在比较中呈

① Short Notices of New Books and Literary Intelligence, *The Doctrines of the Chinese Philosopher Mencius*, CRNQ, vol. 6:3 (1877), pp. 200—201.

现了理雅各与花之安的不同风格，理雅各对待孟子中立、冷静、客观，花之安对孟子的评论比较宽松热情，并热情地提倡孟子学说。这一现象再现了孟子西传中的碰撞、接受、排拒、争辩的学术史话。

(二)专文系列

文21《孔子之前的中国哲学》[①]一篇，以专论而非书评的形式，从中国哲学的起源、儒家学说之前中国哲学三大系统、中国人思维的特点、欧洲对于中国哲学的印象及缘由诸方面，分析欧洲对于中国哲学偏见的原因，并据此为中国哲学的实际存在及价值辩护。

如西方不信任中国哲学的原因：

> 大多数在欧洲受过教育的人认为，中国哲学中只不过是一些沉迷于先验论的术语，或者是些道德与政治方面的平凡又迂腐的东西。那些所谓的中国哲学只是徒有虚名。这种观念在国外广为流行。
>
> 对于中国哲学的这种不信任有一些显性原因，中国哲学家的思维方式、辩论方式、表达自己的方式都与欧洲哲学学生所习惯的形式迥然不同。一种没有神学和神话的宗教，一门由自觉而非归纳来推进的科学，一种从未开发过本体论和逻辑的哲学，其形式与西方宗教、科学与哲学的定义都反差巨大。对大多数人来说，不能理解的是，中国思想不是用来定义作为单独实体的物质与精神，中国哲学家们非理性地思考物质与形式。直觉性、构造性和具体性是中国人思维的特点，可以说，这种特点使它与亚里士多德逻辑影响下的欧洲学生的价值观完全不同调。

关于中国哲学的价值：

> 西方哲学的最新发现，欧洲思想在整个历史上的最新成果，确系千年前中国哲学的假设和原理，这着实了不起。不可否认的是，对于进化、物质和精神的不灭性，因果的同一性以及大自然力量的反向性认识，都是中国哲学最重要系统的出发点，且从未被任何中国思想家质疑过。正是由于这个原因，中国哲学史不应当被忽略，而值得学者们关注。[②]

---

①E. J. EITEL, *Chinese Philosophy before Confucius*, CRNQ, vol. 7:6 (1879), pp. 388—392.

②E. J. Eitel, *Chinese Philosophy before Confucius*, CRNQ, vol. 7:6 (1879), p. 388—389.

中国哲学的起源：

> 儒学源于帝王制度化的天地崇拜，以及普通民众对于祖宗的崇拜。①
>
> 孔子之前中国的三大哲学系统，中国早期圣人们的政治伦理思考最早见于《洪范》中，之后在经过孔子分析、提炼和编辑过的大量篇章中得到迅速的、更好的继续，并成为中国正统思想②。但在略早于孔子的时代，一个新的哲学系统出现了，它的特点在于巧妙地结合了早期哲学家们对于形而上学和政治伦理学的思考，这个作为宇宙终极思想统一的系统被称作"道"。因此孔子之前的中国哲学史，在我看来应该从以下三个系统分析，第一是八卦，第二是《洪范》，然后是老子的《道德经》。③

整体来说，这篇专论结尾处呼吁西方关注《易经》《洪范》与《道德经》，提请关注中国儒、道经典，从文献入手系统理解儒学的起源、儒家的体系，避免空泛。结合前述篇目，不难发现，从中国典籍的具体存在出发也正是欧德理关于原始儒学建构和阐述的路径之一。而结合本书上一章内容来看，19 世纪西方对于中国文明、儒经古贤王，甚至老子、孔子其人是否真实，中国典籍是否可信等主题均展开过争论，即所谓西方"疑古"思潮。这种"疑古"思潮在欧德理这篇专论中表现为谈到当时西方普遍认为中国哲学徒有虚名。专文中相信中国典籍并援据中国典籍则是"释古"的一种方式与具体面相，这里结合欧德理所撰两篇综述作进一步论证。

下一篇关于《孔子是否虚构》的综述，是对这场争论的回顾与小结。

文 26《孔子是否虚构》④一篇，刊于 1887 年 3 月新书通告栏目，是欧德理对《皇家亚洲文会北华支会会刊》第 21 卷第 3、4 号关于"孔子是否虚构"争论及相关情况所撰写的简要综述。文中提到"孔子是否虚构"这一话题系欧德理发起，争执另一方是夏德博士。欧德理列举了艾约瑟、理雅各与丹尼斯相关著述的观点，重申三位都对孔子的真实性深信不疑，并以综述

---

①E. J. Eitel, *Chinese Philosophy before Confucius*, CRNQ, vol. 7:6 (1879), pp. 389.

②E. J. Eitel, *Chinese Philosophy before Confucius*, CRNQ, vol. 7:6 (1879), p. 391.

③E. J. Eitel, *Chinese Philosophy before Confucius*, CRNQ, vol. 7:6 (1879), p. 392.

④E. J. Eitel, *Notices of New Books*, Journal, China Branch, R. A. S, *whether 'Confucian' is a myth*, CRNQ, vol. 15:5 (1887. Mar.), p. 315.

的形式为“孔子是否虚构”这一争论作了总结。

前面已提及，文 29《〈儒家思想的主要错误〉》[①]一篇，刊于 1889 年，其实也是一篇综述。篇中对 1889 年 5 月到 1890 年 1 月《教务杂志》的主要内容做了简介，涉及韩国的 Mr. T. H. Yong 在 1890 年 1 月《教务杂志上》所刊发的《儒学思想的主要错误》一文的主要内容，并转述了该文作者归纳出儒家学说四项谬论，分别为：1. 人之初，性本善。2.“礼”极其重要。3. 统治者以德以使百姓有德。4. 天下有道则见，无道则隐。……“虽然孔子有很多谬论，但孔子本人还提出了诸多足以抵消这些错误的原则。作者进一步发现并认为后来的儒家弟子断章取义，没有全面理解孔子的学说，更多地继承了孔子的错误”[②]。

对于这个简短综述中的“错误”“谬论”（errors/fallacies），可结合文中内容从三个维度略作解析：

第一，错误或谬论直指孔子的弟子（儒家弟子），“后来的儒家弟子断章取义，没有全面理解孔子的学说，更多地继承了孔子的错误”。儒家弟子片面理解孔子的教义，忽略观点成立的条件，以偏概全。于是，整体中被截取部分，变成“谬论”。这个维度上说，这里的“错误”或“谬论”指的是儒家弟子对孔子思想“断章取义”造成的。

第二，谬论指向孔子。因为最能体现孔子思想的《论语》，就出现了很多文本重复的章节[③]，存在前后矛盾的思想或话语[④]。这些应该是属于文中作者所说的“错误”（errors）。

第三，谬论指向作为异质文化阐释者的作者。从儒学的本质、异质文化阐释者的心理活动机制分析，“认知”“体验”“实践”之间存在割裂，造成谬误。

依上述的“谬论”分类，第 1 项应属于“谬论一”。孔子关于人性论，一言以蔽之“性相近也，习相远也”。作者称“人之初，性本善”为谬论，其实是由孟子拓展与重构的。在此，作者可能认为孟子这种做法与后来持这种观

---

① Notices of New Books, Chinese Recorder and Missionary Journal, *The Chief Errors of Confucianism*. CRNQ, vol. 18:3 (1889. Nov.), p. 201.

② Notices of New Books, Chinese Recorder and Missionary Journal, *The Chief Errors of Confucianism*. CRNQ, vol. 18:3 (1889. Nov.), p. 201.

③ 杨伯峻：《论语译注》，中华书局，2009 年，第 26—27 页。

④ 马雪景、秦尚伟：《〈论语〉中孔子“归隐”思想的矛盾》，《理论月刊》，2008 年第 12 期。

点的人都是对孔子思想的误解，故谬也。第4项应属于“谬论二”自相矛盾类。孔子在《论语·泰伯篇》提到“危邦不入，乱邦不居。天下有道则见，无道则隐”。邦无道时，孔子提倡消极避世。显然与“知其不可为而为之”(《论语·宪问篇》)的精神与实践原则相矛盾。

第2、3项应属于“谬论三”，系撰文者对于中国传统的“礼治”和“德治”理解有误，或者从西方的管理制度评判，认为这种制度设计本身有误。作为异质文化阐释者，无论阐释主体是普通汉学爱好者，还是传教士汉学家，甚至是专业汉学家，均与作为阐释客体的儒家经典之间必然有“割裂”。遑论中文水平不够，或根本不懂中文的所谓汉学研究者，就算是精通中文，并依据中文正规文献作专业、精细的专业汉学研究者，从儒学的本质、异质文化阐释者的心理机制来分析，其“认知”“体验”“实践”之间必然存在割裂，造成谬误。简言之，三种刊物原始儒学评介研究多以“新书通告”“学界消息”“释疑”形式发布，少量是专论，于公众而言是信息告知与交流，于撰文主体来说，则既是对于儒家经典的一种“认知”，也是一种“实践”。如果说同质文化学者对于儒家经典的“认知”与“实践”，多表达为对圣贤的企慕和自己修齐治平的努力，即将经典的内容与自己修身养性的困勉挣扎的体验相互印证，所以是一种身心体验，其“认知”与“实践”是互为一体。那么，对异质文化者而言意味着什么呢？儒学的“认知”与基督教的“体验”之间有割裂吗？表现为一种“重构”还是“发展”？还是批为“谬论”？这都有待后续的思考。

欧德理笔下的原始儒学评价与阐释具有整体的内在逻辑框架，具体为四个方面。其一，儒学起源可考，依据经典追溯源流考证儒学的真实起源，推断儒学源于帝王制度化的天地崇拜和普通民众的祖先崇拜；其二，儒学创始人真实，力证孔子其人的历史真实性；其三，西方关于儒学思想之错误的指责需要商榷，应该辩证看待儒学。其四，撰文意在对刊物关于原始儒学相关争议作总结。欧德理对原始儒学相关问题的几篇简短综述，从3种刊物的原始儒学基本问题争论来说，具有总结性；对后代反研究者来说，具有丰富的启发性。结合前面例文来看，这四个方面可视为欧德理原始儒学译介与阐释的形象特质、方法特质和意义特质。

欧德理长于在对具体新出汉学著述展开评论时，指出之前西方汉学研究的普遍局限，总结他所处时代汉学研究的整体特点、趋势，从而借由评价新出著述倡导专业的、精细的汉学研究精神。通过欧德理这位中国文化的“异域之眼”来透视该时期英文报刊原始儒学译介与传播甚至接受的真实面相，最显著的特征是从空泛业余走向专业与精细并轨。

花之安、理雅各的儒学译著，是《中国评论》原始儒学乃至整个儒学主题设置的重要来源，也是影响该刊孔孟及其思想体系及形象建构的核心要素。欧德理则是抛出、挖掘、评价该话题，并汇集话题资料，同时也是超越、引领该话题基调的开新者。简而言之，艾氏在西方汉学发展史与批评史视野中的原始儒学著述评论，强调专业与非专业汉学时代著述的区别，即专题专论与空泛无当、精细与笼统、实证与臆想的区别。他认为儒学存在很多错误，但也有很多好的原则；儒学不是花之安认为的没有人类学的、简单的伦理体系；将儒学与基督教作粗暴对比，只会拉低彼此的含义。结合新出汉学著述，阐述自己对于汉学研究的看法、观点与评价标准，总结当时西方汉学研究的整体特点，倡导专业的、精细的汉学研究精神，欧德理客观上站在了西方汉学发展史与批评史的视野下开展研究与评论的双轨工作，兼有研究与评论、批评的双重身份。其总结性、超越性与引领趋向性的表现之一是，借助所评之书，超越对作者的文化立场等方面的是非批判，并作选题、研究及资料援引的规范示例，实质性呈现何为真正专业的汉学研究，何为空泛的非专业著述。欧德理对于西方汉学研究的总结性、超越性与引领趋向性的表述，正可视为《中国评论》原始儒学议题朝向精细化演进的过程与标志。

小　结

19 世纪以关注汉学为主的英文期刊《印中搜闻》《中国丛报》和《中国评论》，对于原始儒学的译介阐释与形象构建，既受耶稣会士儒学观的影响，有索引派的痕迹，更因为三种报刊不同程度都具有“评论”的形式与风格，加之时代与学术发展自身规律等原因，而生长出了自身的路径与特点。比如《中国评论》中，汉学相关文章多借由开篇所指明的汉学书籍或专论，提出一定的观点，对该书或专论进行介绍、宣传、讨论，或批评指正或教育说服。有 review 之书评的原意，但又远不止于此。这种格局形成的原因主要有二，一是因为该刊常常发表对于汉学书籍或相关文化、学术现象的评论，客观上逐渐建立了一种具有学术自觉的标准，促使评论从学术的角度品评、鉴赏所指明的汉学著述或现象；二是因为常对读者进行教育和说服，客观上促进了交流与传播的效果，使汉学研究与交流传播形成良性循环。因为《中国评论》本身与一般“杂志”不同的刊物风格与特点，加之西方汉学发展与东学西传自身的规律与轨迹，其中原始儒学主题既已形成整体的研究风格与路径，也出现了丰富的研究个案，呈现出系列鲜明的风格与进路特点。具体表现为学术视野与评价标准上，从业余到专业、从笼统到精细、从臆想到实证，实现西方汉学发展史、批评史的双轨互动；人物与思想形象上，孔子作为承载宗教性的载体，作为丰富的矛盾体的各个面相逐渐呈现，孔子没有中国人历代以来认为的完美，甚至还枯燥、保守、僵化，但又伟大，始终居于中国思想的统治地位。以孔子为代表的儒家思想既有谬误也有优长处。孔子及儒家思想是西方理解中国的基础，特别是 19 世纪中国逐渐成为西方隐形的对手以来。孟子形象呈现全方位的高贵，从语言表达到辩论形式都睿智高贵，是对西方认为东方人性格下贱奴性足之偏见的最好驳斥，但孟子思想缺乏条理。荀子形象涉笔不多，勾勒的是生动的荀子。

19 世纪英文期刊中的原始儒学译介研究与形象构建，主要源头是报刊之外的汉学译著，尤其是原始儒学的译著。以刊出文章为中心，结合被评论的著述，并置其于西方汉学发展史及其反研究史中，才能尽量避免偏颇，进而客观呈现儒学西传与西方汉学发展的历史情景。这里需要提请关注的是，同样作为原始儒家人物，为什么孔子被西方传教士汉学家加载了那么多批判，孟子与荀子则几乎都是赞美？除了孔子作为创始人应该承担更多评判外，还因为在国内，孔子占据了不管是大众儒学还是经典文献的大量篇幅。另外一个原因则在于，孔庙、祭孔等场所与仪式在中国随处可见，而罕有祭孟、祭荀和有孟子庙、荀子庙。从这一点上说，西方的儒学研究是率先从大众儒家仪式与大众儒学读物寻求切口，而后逐渐从大众与业余不断向专业与精细演进的。

第三章　朱子学英语世界公众传播的构型

宋代思想在欧美的传播和研究与汉学其他领域相比呈现出起步晚、局面相对冷清的状况，主要原因在于长期以来欧美对传统汉学的研究集中于先秦，后逐渐延伸至秦汉。一战前后，欧洲对汉学的研究几乎中断，美国对中国的研究加强，但关注的重心转向聚焦现实问题的中国学，对于既远离先秦又与现实中国有距离的宋代，极少有学者问津。二战结束后，白乐日(Etienne Balazs)在法国推出历时20余年、延揽大批欧美、亚洲学者加盟的"宋史研究计划"，西方宋学研究的冷寂的格局才开始发生变化。20世纪70年代末以来，中西文化交流向深度转进，在中西方诸多学者的共同努力下，包括朱子学在内的西方宋学研究逐渐繁荣，在研究内容与方法方面为国内朱子学研究提供了新的视角和生长点。与此相对应，国内关于海外朱子学研究的反研究也已然成为整个朱子学乃至宋代思想研究的亮点。具体情况，本书绪论中关于学术史的回顾中已有详述，兹不赘言。

即或如此，近年来有关海外朱子学的研究依然存在着盲点，有些问题仍然处于混沌的状态。管见所及，以《印中搜闻》为中心，上溯朱子学在英语世界的早期译介和传播，就尚属首次。本章写作的目的就是拟以《印中搜闻》关于朱子学的译介、研究为中心，尝试呈现朱子学面向英语大众传播的历史语境、早期文本形态、主要内容及其方式方法，揭明马礼逊、米怜等传教士译介朱子学的基本动因，描述其具体形态，藉此呈现儒学西传在19世纪英文期刊中突破了利玛窦以来尊古儒、斥近儒的局面。通过研究认为：朱子学在英语世界的最早研究始于新教传教士马礼逊和米怜创办的《印中搜闻》，其中关于朱子及其著述的译介与评述，以概念阐释、体系简介、片段翻译或引用为主要方式，间或也在中西互照的视野下发表一些读书心得式的评论，关于中国哲学和朱子学的译介、讨论和研究，突破了利玛窦以来确定的"援儒入耶"但排斥理学、独尊上古儒学的局面。

第一节　朱子学最早西传英语世界诸说辨析与探讨

朱子学在英语世界的最早传播与研究始于何时，学术界存在着不同的说法。陈荣捷认为，朱子著述之翻译以《朱子全书》为中心，最早是美国汉学家裨治文 1849 年选择《朱子全书》中有关宇宙、天地、日月、星辰、人物、鸟兽的若干条论述，翻译成英文发表在《中国丛报》上[①]。这种观点影响极大，后来学术界对英语世界的朱子学研究便以 1849 年的《中国丛报》为文献之起始。事实上，陈先生本人并没有下此论断。就在同一篇文章中，陈在谈到朱子及其他理学家逐渐为传教士所注意的问题时说，“一七七七至一七八五年 J. A. Marie de Moyriac de Mailla 译《通鉴纲目》为法文。然此书与朱子哲学无关……至于直接研究朱子，尚有待六七十年”[②]。在他看来，仅仅是文献翻译还不能算作研究，法译《通鉴纲目》不能视为“直接研究朱子”。西方世界“直接研究朱子”是此后六七十年的事情。朱子文献的英译始于《中国丛报》，但这种翻译是否就是“直接研究朱子”呢？陈先生没有明说。

关于朱子文献英译的时间，朱谦之《中国哲学对欧洲的影响》一书中有更早的著录。朱先生在书中提到“竺赫德（P. Duhalde，近译为杜赫德）《中华帝国全志》1736 年版，第二卷中有宋朱熹（Tshu Hi）所著《论文选录》，‘关于建公立学校使人民谋幸福的方法’（《劝学篇》），译者殷弘绪”，并特别注明：“朱熹《论文选录》见 1736 年版第二卷，页 319—322。又见于 Edward Cave 英译本（北京大学藏）第一册，页 383—384：Extract of a Treatise by Chuhi，one of the most celebrated Doctors in China，who lived under the nineenth dynasty called Song。”[③]

但是据笔者考察，朱子一生并未作过《劝学篇》，具有劝学意味的《同安县谕学者》《谕诸生》《童蒙须知》《志学》《自论为学功夫》《警学》等均未见相似内容，此其一。其二，书中所谓朱熹的文章，据笔者查阅澳大利亚国立图

---

①E. C. B. *Notices of Chinese Cosmogony：Formation of the Universe，Heaven，Earth，Man，Beats，etc*，CR. vol. 18(1849)，pp. 342—347.

②陈荣捷：《欧美之朱子学》，《朱学论集》，华东师范大学出版社，2007 年，第 273 页。

③朱谦之：《中国哲学对欧洲的影响》，上海人民出版社，2006 年，第 199 页。

书馆藏 Cave《中华帝国全志》[*The General History of China* (1734—1741)]英译本，第一卷 383—384 页：Extract of a Treatise Upon the Same Subject, made by Chuhi, one of the most celebrated Doctors in China, who lived under the nineteenth dynasty called Song。其内容要点译成汉语："修业是为敬德、学射而志于彀则知所学、有志则人人可以成尧舜；若饱食暖衣，逸居而无教，则近于禽兽；告诫学子勿耽于过多允诺、玩耍、酒、放荡、淫靡的生活。"全文重点在今昔对比九项内容，列数古之学者求学艰难困顿而热情执着，今之学者在教师、图书资料、场地、生活条件都很好的情况下，却耽于无聊闲混，使得一切优越的办学条件变得如同女人华丽的衣饰无益于身体和头脑一样没有意义[①]。笔者在翻译时尽量查找并采用朱熹的论学话语，发现该文中所说"公立学校"应该是指"义学"。再参阅《中华帝国全志》中该篇前后文，大致可知该书是在介绍中国教育之义学、教育方法、教育内容等大框架下，选录了相关著述中的几篇文章作为例证，其中之一便是朱熹论文的选录。但是对照《朱子全书》进一步核实，其所录文字通篇是否朱熹所作难以确定，因而也就难以确定传播的信息是否完全属于朱子学内容。可以肯定的是，《中华帝国全志》的编者确实已经注意到作为教育家的朱熹，并对其文字加以了摘录译介。从这个意义上说，朱子文献的最早英译应该始于 Edward Cave 译竺赫德的《中华帝国全志》。

针对前述诸家说法，需要补充说明的有两点。其一，如果将"朱子学在英语世界的最早研究"作为历史文化现象来考察，需要有一个确切的界定。那就是朱子学已成为明确的介绍和研究对象，具有了面向英语世界公众传播的"自觉"，而不仅仅是蛛丝马迹、片言只语的提及[②]。本书没有将《中华帝国全志》所录朱熹《论文选录》列为英语世界朱子学最早研究和大众传播的文本，原因除前述两个方面的不确定性之外，主要是考虑到书中所谓朱熹的《劝学篇》译自法文，且仅仅是译介而已，没有评述或研究性的文字。此外，《中华帝国全志》的其他英译本，比如 R. Brookes 的译本，并未见录朱熹的《论文选录》。其二，如果将"朱子学在英语世界的最早大众传播"作为历史文化现象来考察，则需结合大众传播的理论及其载体本身的特点来界

①详见澳大利亚国立图书馆网站，笔者访问于 2013 年 12 月 22 日：http://catalogue.nla.gov.au.
②张国刚：《儒学在欧洲》，华东师范大学出版社，2010 年，第 131 页。

定。按照一般的定义，所谓大众传播，就是由组织化的传播机构及其专业人员通过技术性传播媒介向人数众多、各不相同而又分布广泛的受传者传播信息的全过程①。《印中搜闻》是基督教新教传教士马礼逊和米怜共同主编的一份英文季刊，按期发行并定期出版各卷合订本，撰稿者（“传播者”）包括马礼逊、米怜及其他在英华书院的英国传教士；“受传者”就是该刊的订阅者，包括亚洲、欧洲各地的传教士及其他读者。该刊内容上宗教性与世俗性并重且越来越重世俗；在面向公众的社会传播过程中对传教组织乃至社会发生影响，但又在经费、编辑内容等方面受到相关组织和社会的控制②。

笔者认为，英语世界朱子学研究和最早面向大众传播的文献应该是《印中搜闻》。该刊创办于 1817 年 5 月，至 1822 年 4 月共出版三卷 20 期，直接论及朱熹的文章有 7 篇 20 余处，其中作为明确研究对象的有 2 篇，作为重要阐释依据的有 2 篇，其他 3 篇亦多处论及或引用朱子原文，并且具备大众传播的各项基本特性。略早创刊且与中国相关的英语刊物只有《亚洲杂志》（*Asiatic Journal*，1816—1845）和《布莱克伍德杂志》（*Blackwood's Magazine*，1817—1980）③，但通览二刊后没有发现其中有早于《印中搜闻》的关于朱子学的介绍和研究。因此，笔者认为《印中搜闻》是英语世界朱子学研究和大众传播的最早文献，这是世界朱子学研究中需要提请注意的一个问题。长期以来，人们之所以没有注意到这一点，主要原因有二：一是《印中搜闻》的原刊本在中国的图书馆或学术机构无收藏。海外藏有该刊的图书馆也不多，而能保存完整者更少。近年来，研究 19 世纪前期中西文化交流史的学者开始关注这份刊物，但限于资料难得鲜有论及，因为中国国家图书馆影印本《印中搜闻》直到 2009 年 12 月才出版发行。二是我们更习惯于从汉学专著出发开展海外汉学研究，而较少关注面向大众传播的期刊。事实上作为大众传播媒介的期刊，因为传播者和受传者之间交流信息的途径和方式的特殊性，对文化经典的传播比其他专业的学术著作具有更强的时效性和广泛性，因而值得特别加以关注。

---

①周庆山：《传播学概论》，北京大学出版社，2004 年，第 98 页。

②吴义雄：《〈印中搜闻〉与十九世纪前期的中西文化交流》，《中山大学学报》，2010 年第 2 期。

③宋丽娟、孙逊：《近代英文期刊与古典小说的最早翻译》，《文学遗产》，2011 年第 4 期。

第二节　英语世界公众传播朱子学的动因

文化是一种观念的存在，是运动、流衍着的生命机体。“一种文化自产生之日起，便具有播散性，其播散力度，由该文化的能量大小和传播渠道的畅通状况，以及受容方汲纳该文化的需求与能力等因素决定。”[①]按照传播学理论，文化传播的内核是人们的精神追求，以及这种精神追求引导下的思维、行动模式；文化传播的范围包括文化圈层之内和之外，而文化传播之所以能够实现，又依赖一些基本的因素。首先，传播者和接受者须具有文化共享性，也就是传播者和接收者对文化具有相似的理解，可能达成认同。其次，文化传播必须经由一定的传播媒介，可以是人也可以是物。再次，文化传播的实现依赖一定的时空条件[②]。结合文化传播概念的实质来考察朱子学的海外传播，可以更清晰地看到其在东亚繁荣而在欧洲寂寥、滞后，并且争议颇多的原因。

朱熹作为孔子、孟子之后儒家思想最重要的传承者，集理学之大成，是宋代以后最重要的哲学家之一，其学说自15世纪起即开始支配东亚思想。但在西方，对朱子学的介绍和研究，时间上晚于孔孟研究120年之久，态度上明显少了对孔孟及其儒学的尊崇而表现出非常复杂的心态。欧洲对儒学的介绍始于《利玛窦中国札记》，该书写于1583年利玛窦进入中国到1610年逝世期间，因为“利玛窦等耶稣会教士之重古经而不采朱子传注”[③]，自然在介绍儒学时不会涉及朱熹，更谈不上对朱子学的译介。此后，龙华明、艾儒略、利类思、汤若望、卫匡国、陆安德、卫方济等人的著述论及宋儒时都只是批驳其理气、天道、太极、阴阳等观念，并不绍述其体系和内容。法国哲学家莱布尼兹等曾论及朱子哲学且纠正了龙华民等人关于宋儒的理学观，但他们都不通汉文，也没有直接研究朱子的著述。直到1711年，“卫方济翻译《四书》兼采朱熹和张居正的注疏，朱子学才首次西传。虽然因为采用过多注疏，导致版本不够浅显易懂，但学术价值得到后世汉学家的充分肯定，雷穆沙就认为它是当时最明晰、最完全的儒家典籍

①冯天瑜：《中国原典文化十六讲》，郑州大学出版社，2006年，第131页。

②吴瑛：《文化对外传播：理论与实践》，上海交通大学出版社，2009年，第14、15页。

③陈荣捷：《朱学论集》，华东师范大学出版社，2007年，第278页。

的西译本”——拉丁文译本[1]。

朱子学在东亚的繁荣是因为东亚各国同属于具有地理邻接性和文化趋同性的共同体——汉字文化圈,也因为朱子学始入韩国和日本之时中国强盛的国力等时空因素所赋予的强劲的文化播散力。

朱子学西传欧洲晚于上古儒学,并且争议颇多。从时空条件来看,是因为缺乏地缘优势,缺乏传入亚洲其他国家时的硬实力和软实力优势,更重要的是从传播内核的精神追求来看——缺乏文化趋同性。这可以从理学与神学的不同特质、理学家和西方传教士的不同精神内核来说明。“理学的形成是儒学复兴运动的产物,是宋代义理之学深入发展的结果,同时,也是‘三教合一’的思想文化的新形态。”“宋代理学家是一批要复兴儒学、敢于怀疑经典、倡导义理之学的儒家学者。但是他们注释儒经时不仅要否定汉唐注疏传统,阐发道德义理,尤着重建立一套包括宇宙论、心性论、修身工夫论等各种理论问题在内的思想体系。”[2]由此可以见出理学三个迥异于西方神学的特点:一是受佛、道影响很深,而从利玛窦以来的传教士一直将佛、道视为异端,虽然采取“合儒”政策,将天主教教义和儒家思想结合在一起,但是“尊先儒,贬宋儒”,自然不会在译介中国经典时援采朱子的注释,更不可能系统介绍宋代的理学。二是体系完整。与上古儒学零散、年代久远、解释时发挥的空间较大等情况不同,宋代理学不存在三坟五典中对“上帝”“天”“理”“道”等根本概念语焉不详的情况,因而也就很难为耶稣会士按照天主教的神学重新理解儒学或套用儒学传播天主教提供空间。三是重宇宙心性和世俗道德学说,轻宗教。儒学自孔子以来即“敬鬼神而远之”,对宗教采取谨慎、含糊的态度,发展到理学,虽然吸收了佛教的教理,谈论“天道”“性理”,强调天人合一,但朱熹对宗教的态度始终模糊不清,既说“天曰神”又说“天曰理”,且与中世纪欧洲全部知识体系都是围绕神学体系建构不同,朱子理学还有一套世俗的道德学说,“天即理”的无神性与西方宗教的有神论格格不入。“把自然界的‘天’和‘道理之天’混同,把‘上帝’的地位淹没了。”[3]这些都是耶稣会士们无法认同的。

那么,《印中搜闻》何以对朱子学青眼有加呢?或者说,《印中搜闻》译

---

①张国刚:《明清传教士与欧洲汉学》,中国社会科学出版社,2001年,第108页。

②朱汉民:《宋明理学通论——一种文化学的诠释》,湖南教育出版社,2000年,第60页。

③李天纲:《中国礼仪之争:历史、文献和意义》,上海古籍出版社,1998年,第152页。

介、研究和传播朱子学的动因在哪里？又何以能够实现面向大众的传播，具体由哪些栏目和文本形态设置呢？一般认为，西方介绍和翻译朱子学，是因“中国礼仪之争”中的重要问题“译名之争”而起。天主教传教士在翻译 God 为“上帝”或“天”“天主”时发生内讧，各派观点相争不已，从而促使他们研究理学，从中寻找支撑和借鉴。陈荣捷指出，“欧洲自早即注目于朱子理气之学，然其用意，却非在哲学之研究，而在于肯定上帝之信仰”①。除此以外，朱子学作为中国哲学体系的重要部分，客观上也是欧洲学界系统介绍儒学时无法回避的研究对象，迟早要引起他们的重视。《印中搜闻》对于朱子学的重视，原因概而言之亦不外乎此。而面向大众传播的实现，则得益于马礼逊和米怜以刊物为阵地开展与之相关的讨论甚至争辩，得益于刊物分期、定期出版可以反复、循序、互动传递信息的特征。

据米怜自述，创办《印中搜闻》是为了交流传教信息，为在所谓异教徒国家推进传教服务。他说，“对于异教徒国家，我们首当其冲要做的就是了解其思想和道德特性，了解其各种哲学体系的真实的、文本的观点，了解其国家和各地的各种规定和制度，了解其偶像崇拜”②。米怜的这段话，直截鲜明地阐述了《印中搜闻》译介、讨论、研究和传播中国哲学（包括朱子学）、宗教信仰及风俗习惯的动机与目的，为我们理解其中有关朱子学文献的译介打开了一扇窗口。

综观《印中搜闻》的办刊过程，其宗旨没有质的变化，但在栏目与内容设置等方面不断朝三个方向调整。其一，世俗性与宗教性并重且渐浓。其二，内容采集放眼东南亚，但聚焦中国。其三，时政报道兼顾典籍介绍。其中中国时政报道和典籍的介绍占据了刊物的主要板块。这从栏目设置的不断丰富和调整中可见一斑。如从第 5 期开始，在“随笔与传教花絮”栏目增设“汉学书目”(Bibliotheca Sinica)版，专门介绍中国典籍。该专版一直持续到第 14 期固定不变，直到第 16 期新设“印中文学”栏目后，始移至新栏目。从第 5 期至第 19 期，“汉学书目”专版对《明心宝鉴》《西方公据》《圣

①陈荣捷：《朱学论集》，华东师范大学出版社，2007 年，第 278 页。

②英文原文为：It has therefore occurred, that, to us, who have chiefly to do with the intellectual and moral character of the Pagan nations, just and SCRIPTURAL views of their various systems of Philosophy, ——their national and local institutions——their idolatrous worship & c. 见［英］马礼逊、［英］米怜主编：《印中搜闻(Indo—Chinese Gleaner, 1817—1822)》，国家图书馆出版社，2009 年，第 11 页。

谕广训》《三字经》《御制律例渊源》《高厚蒙求》《论语》《中庸》《佩文韵府》《大学》《孟子》《天然和尚同住训格》等中国典籍作过专门介绍，提及或简要介绍的汉文典籍还有《三字经训诂》《三字经集注》《易经》《春秋》《万书总目》《功过格》《三才图会》《书经》等。又如第 4 期开始将“杂录”栏改名为“印中杂录”(Indo-Chinese Miscellanea)，内容之一是介绍中国典籍。专门介绍的有《性理大全》《朱夫子文集》等。引用或提及的典籍很多，如朱夫子的《四书章句》《中庸集注》等。再如，从第 12 期开始，将原来一直置于“杂录”栏的“译文”版单列成“译文和评论”专栏，内容扩展到翻译、评点关于中国人的道德、风俗、奇闻方面的文章。随着内容的扩充，页码从 20 余增加到 40、50 不等，最多时达到 90 余页。

再进一步考察《印中搜闻》中依次出现的汉字，不难看出其译介和评述中国文化的重心在哲学、信仰、民俗三方面。该刊第 1 期依次出现了佛、三十三重天、变化、神仙、地狱、清茶门教、奴才、臣、挑筋教、礼拜寺等汉字、词组或短语。第 2 期至第 14 期依次出现的汉字、词组或语句(重复者不计)有：

狸匪　王　蔡　东陵　喇嘛　朕普爱黎元　朕过甲　五旬　雨血　雨　蝗蚱　柳尊　佛尊　白事　红事　天子以冀感召祥和　天地　河神　酬神　九品　天主罢德肋　耶稣　圣母　天后圣母　河神　独活汤　磕头　敬天　蝗　皇上是我的天　天理　三才　天地人　霾　心中震惧　食肉　和尚　出家　道　言　天舜太极　阴阳　魄　魂　乾道　坤道　男女　雌雄　刚柔　无极　理　道　老天爷　天曰神　气　质　性　形　气有限　心无限　卦　易卦　神圣人　天心仁爱　大成至圣孔子先师　万世师表　修金　合讲　学而　为政　季路问事鬼神，子曰，未能事人，焉能事鬼？　敢问死：曰未知生，焉知死？　仁　义　礼　智　信不　人不知而不愠不亦君子乎　莫见乎隐莫显乎微故君子慎其独也　室明室暗两奚疑，方寸长存不可欺。莫谓天高鬼神远，要须先谓自家知　大道分明直，奸人曲曲行，天道祸淫儒教　佛　人为小天地　气呼吸　中者，不偏，不倚，无过不及　中者天下之正道，庸者天下之定理　经　率性之谓道　生而知之　学而知之　贤人　德者　才者　善者　活佛　如来　往生处　其真伪不可知　炎帝　神农　灵枢　素问　巫咸　仓公　扁鹊　国

手　华佗　青囊经能活人　麻沸散　天后娘娘　观音　求雨　天亦难做　天主教　彗星　扫把星　火气之精　水气之精　万物之精上为列星　天文大成　大学之道　未之有也　右传　右经　二十四孝　修身齐家治国平天下

仔细分析这些汉字或语句，除地名、姓氏、中药等字词外，关于中国人的哲学和风俗信仰的字词出现得最早、最多也最频繁。

具体到对朱子学的翻译、介绍和研究，一般在“汉学书目”和“印中杂录”栏展开，“译文”等栏目也有少量文章涉及。为了更好地理解其关于朱子学译介和研究的基本态度、方式和方法，有必要先概述其对于中国哲学、信仰、民俗的译介和讨论，了解这些有助于人们从总体上把握该刊研究和传播朱子学的汉学语境。

第三节　朱子学英语世界公众传播的汉学语境

概括地说，《印中搜闻》对于中国哲学、信仰、民俗的译介和评述，最终的目的是为传教服务的。这是该刊传播译介朱子学的整体汉学语境，其主要内容可分为六个方面：

（一）以译介中国文化的重要概念为中心

以译介中国文化的重要概念为中心，关注中国人的哲学信仰、文化习俗并在中西比较的视野中进行比照和解释。如创刊第1期摘登一封马礼逊转来的读者（实际即马礼逊本人）来信《中国教士关于基督的看法》（*The Opinion of a Chinese Priest Respecting Christ*）[①]，信中谈到：西方人尊崇耶稣，就像中国人尊崇佛。他阐述说，中国人认为“梵（FAN）”是佛的出生地，但他认为梵不是地球上的一个地名，而是三十六重天中的某一重。同时耐心细致地解释中国的“佛”和“神仙”，并追溯其中国本土说法的来源。通读全刊我们能够更好地理解马礼逊为何在创刊之初即如此耐心细致和解释“神仙”二字，并追溯其本源：因其一直主张用中国本土术语对译基督

①［英］马礼逊、［英］米怜主编：《印中搜闻（Indo—Chinese Gleaner，1817—1822）》，国家图书馆出版社，2009年，第16页。

教术语、解释和传播基督教教义的传教理念。这种诠释方法贯穿在《印中搜闻》中译介、传播朱子学的全部内容。

(二)论基督教核心概念的中文对译

如第16期《中国人不知上帝》(*The Chinese Know Not God*)[①]和《中文表达"上帝"的术语》(*Chinese Terms to Express Deity*)[②]。前篇引述几位翻译《圣经》的学者陈述汉语中没有能够完全对译基督教最根本概念之God和Deity的情况,后一篇形式上是致编辑的信,讨论Deus、Theos或God这些基督教的根本概念用中文怎么表达的问题,谈及:有法国绅士力争用"天主"一词作为汉译God的唯一合适的概念。作者认为,"天主"是一个新词,汉语中原本没有,所以不妥;马礼逊在《圣经》中文译本中用的是"神"这一概念,作者认为"神"这一概念泛指精神存在,更适合于用来指精神的、全能的上帝或造物主(the Deity);穆斯林用的是"主"这一概念;其他译者或"神""主"二字分开使用,或联合使用;雷穆沙主张单独使用。作者认为凡此种种各有欠缺,而主张用"上帝"一词对译。该信的作者没有署名,但经吴义雄先生论证,就是米怜本人,他在"译名问题"上与马礼逊发生分歧,并希望能劝说马礼逊放弃"神"的概念,改用"上帝"来翻译英语中的God。

(三)论中国人的信仰

认为中国人的信仰,只尊崇儒教,崇拜孔子。如第5期《佛儒比较》(*The Foe and Confucius Compared*)[③]是王阳明《谏迎佛疏》一文的英译。借王阳明的排佛表达自己尊儒的观念和对佛教的否定。第11期《孔子崇拜》(*The Worship of Confucius*)[④]一文,确认中国人崇拜孔子,并列举了

---

①[英]马礼逊、[英]米怜主编:《印中搜闻(Indo—Chinese Gleaner,1817—1822)》,国家图书馆出版社,2009年,第842页。

②[英]马礼逊、[英]米怜主编:《印中搜闻(Indo—Chinese Gleaner,1817—1822)》,国家图书馆出版社,2009年,第843页。

③[英]马礼逊、[英]米怜主编:《印中搜闻(Indo—Chinese Gleaner,1817—1822)》,国家图书馆出版社,2009年,第156页。

④[英]马礼逊、[英]米怜主编:《印中搜闻(Indo—Chinese Gleaner,1817—1822)》,国家图书馆出版社,2009年,第500页。

孔庙的数量祭祀孔子所动用的牺牲的数量，追问“如果中国的‘学者’仅仅是一种名义上的崇拜，为什么要动用数以千计的无辜生灵作为祭祀来表达对仁慈的大学者孔子的崇拜呢？”[①]意思是中国对于孔子的祭祀之礼类同于祭祀神灵。作者旨在借此寻找中国人的信仰与西方宗教信仰的相通性和相似处。

（四）论中国哲学的性质及该视域下对基督教的认识

认为中国哲学是形而上学，中国哲学的多神主义强烈反对基督教的自然神论。如第 9 期《中国的形而上学》(*Chinese Metaphysics*)[②]，通过评述《性理大全》和《朱夫子文集》的重要概念和思想，介绍朱熹的哲学思想。第 14 期《中国的自然神论》(Chinese Deism)[③]，以读者来信的形式反映“天主教在中国被视为基督教，仅仅意味着‘自然由上帝管理和指导’的自然神论”，“在韃靼统治之下的中国人自持具有博爱观念，认为‘天下一家’。现今统治中国这个大家庭的头领们深受‘优雅’和‘宽恕’的多神主义的影响，对另外一些来自这个大家庭其他分支的人民，既不抑制也不杀头，而是把自己的意识强加给他们”[④]。写信人声明，自己对这种“优雅”和“宽恕”的多神主义与基督教的诸多不一致丝毫不感到吃惊[⑤]。

（五）论中国人的道德价值观

如第 12 期《评雷穆沙译〈中庸〉》(*Remarks on M. Remusat's Translation of the* 中庸)[⑥]，通过评价雷穆沙对“人不知而不愠不亦君子乎”，“莫见乎隐莫显乎微故君子慎其独也”的解释以及作者马礼逊本人的看法，阐明中国人“中庸”的价值观。又如第 13 期《中国的道德格言》(*Chinese Moral*

---

①[英]马礼逊、[英]米怜主编：《印中搜闻(Indo—Chinese Gleaner，1817—1822)》，国家图书馆出版社，2009 年，第 501—502 页。

②[英]马礼逊、[英]米怜主编：《印中搜闻(Indo—Chinese Gleaner，1817—1822)》，国家图书馆出版社，2009 年，第 390 页。

③④⑤[英]马礼逊、[英]米怜主编：《印中搜闻(Indo—Chinese Gleaner，1817—1822)》，国家图书馆出版社，2009 年，第 690 页。

⑥[英]马礼逊、[英]米怜主编：《印中搜闻(Indo—Chinese Gleaner，1817—1822)》，国家图书馆出版社，2009 年，第 593 页。

Maxims)[①]一文,翻译和解释《太上感应篇》中关于美德、善恶的名言,也传达了中国人的道德价值观念和标准。

(六)论中国人的宇宙观及文明起源

结论是中国文明与西方文明同源。如第 20 期《古代中国关于天地形状的观念》(*Ancient Chinese Idea Respecting the Form of the Heavens and the Earth*)[②],翻译了一段中国人关于天地形状的文字,大意是"天圆如鸟蛋,地浮于蛋壳之上,地球是一个巨大的星球……"同期所刊《论中国的冥府》(*On the Chinese Hades*)[③],分别介绍"阴间""天堂""十冥王府""地狱"。借助此类稀奇的神话片段,作者认为有学识的读者会从中国神话中发现与罗马、埃及、希腊和印度神话的共同之处,显示出同源的特征[④]。此外,第 14 期翻译栏目所刊《天后娘娘》(*The Queen of Heaven*)[⑤],是关于民俗的介绍;同期《天亦难做》(*None Can Please Everybody*)一文,将中国人所说的"天亦难做"解释翻译为"None can please everybody","It is a hard thing even to be a God"或者"Even the part of heaven is hard to fulfil"[⑥]。意思是人生在世,左右为难,做人难,处事难,即使为天也很难,因为每个人对于天之"好""恶"的判断完全是根据自身的需要来决定的,并没有固定的客观标准,"园丁希望上天不刮东风以免吹落满树桃花不结实";"航行扬子江的水手渴望狂暴的东风";"旅人希望和煦天气",而"农夫盼望下雨"[⑦],不同的人对于天有不同的企盼和要求。

---

①[英]马礼逊、[英]米怜主编:《印中搜闻(Indo—Chinese Gleaner,1817—1822)》,国家图书馆出版社,2009 年,第 617 页。

②[英]马礼逊、[英]米怜主编:《印中搜闻(Indo—Chinese Gleaner,1817—1822)》,国家图书馆出版社,2009 年,第 1039 页。

③[英]马礼逊、[英]米怜主编:《印中搜闻(Indo—Chinese Gleaner,1817—1822)》,国家图书馆出版社,2009 年,第 1034 页。

④英文原文:In this curious piece of Chinese mythology, the learned reader will perceive many features in common with those of the Roman, Grecian, Egyptian, and Indian mythology; and such as seem to indicate ONE COMMON ORIGIN. 见[英]马礼逊、[英]米怜主编:《印中搜闻(Indo—Chinese Gleaner,1817—1822)》,国家图书馆出版社,2009 年,第 1038 页。

⑤[英]马礼逊、[英]米怜主编:《印中搜闻(Indo—Chinese Gleaner,1817—1822)》,国家图书馆出版社,2009 年,第 688 页。

⑥⑦[英]马礼逊、[英]米怜主编:《印中搜闻(Indo—Chinese Gleaner,1817—1822)》,国家图书馆出版社,2009 年,第 690 页。

《印中搜闻》中关于朱子学的译介、研究正是在上述语境下展开并传播的。

第四节 朱子学英语译介与公众传播的具体形态

《印中搜闻》关于朱子及其学说的译介和研究，基本方式与前述关于中国哲学、信仰的介绍没有差异，主要也是在中西文化互照的背景下选择朱子哲学的重要概念或其思想观点进行译介和阐释。全刊引用朱子著述片段或援用其观点、注解作为论据之用的地方凡20余处，专门论及朱子及朱子学的文章共有7篇。具体篇目及所在卷期见下表：

《印中搜闻》论及朱子及朱子学相关信息一览

序号	篇名	相关内容	卷期	所属栏目	刊出日期
1	中国的形而上学	阐述《性理大全》和《朱夫子文集》的重要概念，介绍朱熹的哲学思想和理学体系。	2/9	印中杂录	1819.06
2	黄河泛洪	提及朱夫子其人，作者申明引用的是朱夫子的一段文章，阐明中国哲学中的“天心仁爱”，说明中国哲学中自然灾害与天子德行的密切关系，说明敬畏于天的重要意义。	2/11	印中杂录	1820.01
3	移居马六甲华人的教育状况	提及朱夫子的“四书章句”。	2/11	随笔和传教花絮	1820.01
4	《论语》介绍	多次提及和援引朱熹的《论语集注》，对朱子本人及其注解《论语》乃至整个“四书”的方式和风格做了专门介绍和评论，认为可以采用朱夫子注释《论语》的方式来解释基督教教义。	2/11	汉学书目	1820.01

续表

序号	篇名	相关内容	卷期	所属栏目	刊出日期
5	《中庸》介绍	简要介绍朱熹并采用其关于“中庸”的解释,认为朱夫子对“道”的解释与西方伦理学家对“德”的解释相吻合。	2/13	汉学书目	1820.07
6	《大学》介绍	简要介绍朱熹并翻译、采用其关于“大学”的解释。	2/14	汉学书目	1820.10
7	《功过格》介绍	翻译并采用朱熹对“功”“过”“格”的解释。	3/17	汉学书目	1821.07

上表可见译介评论的三种方式:

(一)直接评论朱子其人及其学术方法

《印中搜闻》提及朱子的地方总凡20余处,其中有关朱子其人及其学术方法与地位的评论,有4篇文章值得注意,其中3篇发表于第11期。其一是《黄河泛洪》(Overflowing of the YELLOW RIVER)。该文谈到中国人解释黄河泛洪以及地震等自然灾害时,总是和天子的德行以及天子与天地的和谐相关联。文中引用朱夫子的一段话作为佐证,引文之前,作者给朱熹做出如下定位:“朱夫子,一位历史和伦理学家。”[①]其二是《〈论语〉介绍》。文章在列举历代注疏《论语》者名单时列出了Dynasty SUNG, by CHOO he。稍后介绍《论语》的规格时又一次提到朱熹,全文用大号字,朱夫子的注释则用小号字[②]。其三是《移居马六甲华人的教育状况》(*State of Education among the Chinese Settlers in Malaca*)。文章在介绍马六甲华人的教育形式——诵读时,谈到他们最先读的是《三字经》,然后是“四书”,读完“四书”后,再读朱夫子的“四书章句”[③]。除此以

①[英]马礼逊、[英]米怜主编:《印中搜闻(Indo—Chinese Gleaner,1817—1822)》,国家图书馆出版社,2009年,第477页。

②原文为:With respect to the FORM, the text is in a large size of character; the notes by CHOO FOO-TSZE, are in a smaller one.[英]马礼逊、[英]米怜主编:《印中搜闻(Indo—Chinese Gleaner,1817—1822)》,国家图书馆出版社,2009年,第519页。

③[英]马礼逊、[英]米怜主编:《印中搜闻(Indo—Chinese Gleaner,1817—1822)》,国家图书馆出版社,2009年,第514页。

外，第 13 期汉学书目专项中介绍《中庸》的评注时也提到朱夫子的《中庸章句》，并发表了一句简短的评论："其作者朱夫子盛行于公元 1100 年后。"①

特别值得注意的是《〈论语〉介绍》一文。文章对朱子其人及其注释《论语》的风格发表了比较系统的评论：

The famous Choo Foo Tsze, the celebrated writer of the most esteemed notes on the LUNYU, and on the whole of the Four books, flourished in AD1100, and contributed greatly to the revival of letters,——he was an eminent and voluminous writer. ②

汉译大意是："著名的朱夫子，是一位大名鼎鼎的作家，他对《论语》和整个'四书'都作了最受人尊崇的注疏，他的注疏盛行于公元 1100 年之后，为文学的复兴作出了巨大的贡献——朱熹是一位卓越的、高产的著者。"这段话是迄今能够查实的英语世界中最早的比较全面介绍朱熹的文字。

该篇在介绍"四书"的体制时，对朱熹注解《论语》的风格也发表了一段比较系统的评论：

The style of the notes by Choo foo tsze, they consider clear, and copious . The LUN-YU should be carefully read by every foreign student of Chinese, especially by Missionary; but should a christian teacher write in the style of the text, his work will necessarily fail to be of general utility. Nor indeed can the style of the NOTES be recommended for his imitation, except in works of a similar nature: in expounding the sacred Scriptures, where there may be much verbal criticism, the NOTES form a fit model. ③

汉译大意如下：

大家认为朱夫子注解四书的方式是简约而丰富的，主张每一个学习

---

①[英]马礼逊、[英]米怜主编：《印中搜闻(Indo—Chinese Gleaner, 1817—1822)》，国家图书馆出版社，2009 年，第 639 页。

②[英]马礼逊、[英]米怜主编：《印中搜闻(Indo—Chinese Gleaner, 1817—1822)》，国家图书馆出版社，2009 年，第 520 页。

③[英]马礼逊、[英]米怜主编：《印中搜闻(Indo—Chinese Gleaner, 1817—1822)》，国家图书馆出版社，2009 年，第 522 页。

汉语的外国学生都应该仔细阅读《论语》，尤其是传教士。是不是基督教的宣教师们应该以《论语》的风格写作呢？如果以这种方式写作的话，其著作将必然失去普遍实用性，而朱熹的模仿原文的注疏风格也确实不值得推崇：除非是在性质相似的著作中，比如阐释神圣的《圣经》时，其间可能存在很多逐字的注解，朱夫子的这种注疏恰好成为一种合适的模式。

就注疏本身的评价来说，作者认为传教士们没有必要在写作中模仿朱熹的风格，因为它不具有普遍的实用性，但是在阐释最神圣的《圣经》时它却是最合适的模式。在这里，作者将《论语》注释和《圣经》相比附，真实的目的是想借此寻找到中西文化、儒家和基督的相通之处，客观上却把朱子注解《论语》的风格及其学术方式抬到了最高。反过来，作者认为在中国传播基督教，向中国人解释基督教教义，也应该采取朱夫子注疏《论语》的方式。

（二）在中西互照视野中译介、阐释朱子哲学的思想或重要概念

最典型的如第 9 期马礼逊所撰《中国的形而上学》一文，占了该期差不多 10 页的篇幅，通过讲述、诠释《性理大全》《朱夫子文集》中的重要概念，译介朱熹的哲学思想及其性理学体系。马礼逊将《性理大全》翻译为"A complete system of the principles of Nature"，《朱夫子文集》则译为"the works of 朱夫子 Choo-foo-tsze"。全篇内容概括为三个方面：

1. 在中西比照视野中从宏观层面介绍和阐释朱子的性理学体系。通过考察朱子关于性理、阴阳、太极等概念的解释，马礼逊指出，中国哲学中的"性理"即天地万物的性体系。他将中国哲学家对"性理"的解释概括为：混沌状态的原初物质即是"太极"，随后生动静即"阴阳"，阴阳合而生天、地、神和人以及生灵与非生灵，性理于是被传达，并与之不可分离①。在阐述这种理解的过程中，马礼逊有意识地用汉语引用了朱子的一段原文："乾道成男，坤道成女。通人物言之，如牡牝之类，在植物亦有男女，如有牡麻

①［英］马礼逊、［英］米怜主编：《印中搜闻（Indo—Chinese Gleaner，1817—1822）》，国家图书馆出版社，2009 年，第 391 页。

及竹有雌雄之类，皆离阴阳刚柔不得。”[①]在此基础上，他再用英文加以了系统的阐述。按照他的理解，中国的“阴”和“阳”意味着很多事物，并不只是《创世纪》中概括的“明”和“暗”[②]。“阴阳”概念延伸到中国知识的每一个部门并不断地拓展到每一事物，贯通天地万物，天地、日月甚至连数字都分阴阳，阴阳理论的融合构成中国无神论唯物主义的理论支撑，是中国药学及解剖理论的基础。在介绍中国的性理学之前，马礼逊还先谈到瑞典博物学家林奈的植物性体系理论，认为这种理论很有事实的根据。两相对比，他发现中国的阴阳理论，用于性别特征的术语与用于描述植物性别特征的术语不一样，中国人的阴阳观念没有仅限于用在植物创造上，而是将之延伸到自然的每一个部分，即天地万物的性体系(Sexual System of the Universe)[③]。这是他对于中国(朱子)性理学的基本看法。

2.参照西方的哲学概念和观点译介和阐释朱子哲学的概念及其性理学思想。马礼逊在该篇中依次谈到了以下中国(朱子)哲学的相关术语：太极、阴、阳、乾、坤、魄、魂、无极、理、道、天、气、质、性、形、有限、无限、易卦等，并对其中的阴阳、太极、理、道、天、气等概念作了比较详细的阐释。关于阴阳概念的解释前已述及，下面简单绍述他对太极、理、道、天、气、易卦诸概念的译介和阐述。

释“太极”。马礼逊认为中国哲学中的“太极”一词，其内涵很难做出清晰的界定。太极意味着“极限”(Utmost Limit)，也有人命名为“无极”(No

---

① 中文比照见《朱子全书》之《朱子语类》第2501页。英文见[英]马礼逊、[英]米怜主编：《印中搜闻(Indo—Chinese Gleaner，1817—1822)》，国家图书馆出版社，2009年，第391页。Choo-foo-tsze says，乾道成男，坤道成女。通人物言之，如牡牝，在植物亦有男女，如有牡麻及竹有雌雄之类，皆离阴阳刚柔不得. The celestial principle formed the male, the terrestrial principle formed the female; all animate and inanimate nature may be distinguished into masculine and feminine; even vegetable productions are male and female, for instance there is female hemp, and male and female bamboo——nothing can possibly be separated from the Yin and Yang——the superior or hard, and the inferior or yielding principles.

②[英]马礼逊、[英]米怜主编：《印中搜闻(Indo—Chinese Gleaner，1817—1822)》，国家图书馆出版社，2009年，第392页。

③原文：The Botanical system of Linnaeus, called the Sexual system of plants, is now generally received, and considered as founded in truth; the Chinese also though their characters of the sexes are not the same, use the same phraseology respecting plants. They do not however confine it to the vegetable creation, but extend it to every part of nature:——There is SEXUAL SYSTEM OF THE UNIVERSE.[英]马礼逊、[英]米怜主编：《印中搜闻(Indo—Chinese Gleaner，1817—1822)》，国家图书馆出版社，2009年，第390页。

Extreme Limit),是无形无限的。惟其如此,马礼逊认为,选择“太极”作为“上帝”一词的中国术语是不合适的,它们压根儿就不匹配。

释“理”。马礼逊认为,朱子所说的“理”(Principle of fitness, or order),相当于欧洲哲学中所说的“事物的永久合理性”(ETERNAL FITNESS OF THINGS,原文即是大写,下同)[①],是“天地万物之理”(UNIVERSAL PRINCIPLE),存在于一切事物中,它不能被界定、限定,它固着或附着在一切事物上,但是怎样附着或者说附着在哪里却不能确定。可将之比作一个大洋,其间每一个体都占据了一个部分。将“理”等同于欧洲哲学中所说的“事物的永久合理性”,这种诠释思路表明,马礼逊的目的显然是想在西方哲学中寻找到“理”这一概念的对应术语。

释“道”。按照马礼逊的理解,朱子所说的“道”相当于西方哲学中的“永久理性”(ETERNAL REASON),西方人将之比为 LOGOS。LOGOS 是希腊哲学术语,意思是理性,世界的普遍规律性,在基督教教义中,LOGOS 有时又用来指称耶稣(上帝)。而在中国文化中,“道”这个词儒家虽然也使用,但被道教赋予的崇高(或者说异常)的东西并没有被道家以外的人士阐述,正是因为有这个词,道教才得以定名。马礼逊如此解释“道”,其暗含的真实意思是认为“道”也不能对应“上帝”这一概念。

释“天”。马礼逊发现,在中国的词典中,“天”(Heaven)这一概念,其含义似乎没有超越物质的“天”的意思。天与地一般被说成其他生物的连接环节,相当于欧洲的“Nature”。但是中国人又常常把“天”用于道德伦理体系之首,赋予它至高无上的地位,这时候,“天”的内涵就与“上帝”一词具有了同一性。他直接引用朱夫子“天曰神”(Heaven expresses God)的说法[②],用“神”来解释“天”。

释“气”。按照马礼逊的理解,汉语中的“气”,相当于欧洲人的“内在核心形式”(INTERNAL AND ESSENTIAL FROM),与笛卡尔哲学中的 MATERIA SUBTILIS 概念也很接近,指的是一种“组织的理”。“气和理的显著区别在于,气是更为精妙、更不可感的物质,竖着在人体中,是构成

①②[英]马礼逊、[英]米怜主编:《印中搜闻(Indo—Chinese Gleaner,1817—1822)》,国家图书馆出版社,2009 年,第 392 页。

人体及其他物体的基础。理则附着在物质体之中。”[1]气是最初的物质形态，气聚合构成可感知的物质。气和质构成性，即人体的性质和属性。气和心的关系就是物质和心灵的关系。气有限、有尽，心无限、无尽。

释“卦”。卦或称易卦。马礼逊认为，易卦类似于毕达哥拉斯所说的概念数（Intelligible Numbers），是一种符号形式，有时也指自然中的物种。与“单子、单元、双子，一对”等概念接近。这些符号或者数字在中国的唯一运用就是用来诈骗或者算命，除此别无用途[2]。

考察马礼逊对朱子哲学上述概念的译介诠释，可见其立足点和内驱力始终还是在寻找“上帝”一词的汉语对应，寻找朱夫子哲学与基督教的相通之处。在系统梳理上述基本概念后，马礼逊发现，神（Gods）在中国人的概念中处于很低的位置，圣人（Sages）比神更重要。孔子不懂敬神，朱夫子宣称没有足够的证据敢肯定地说神是存在的，或是不存在的。这种观点与不喜欢受限于《启示录》中“上帝”一词的欧洲人存在着惊人的相似。中国的圣人似乎有点不敬天，在他们看来，天和地创造了人类，但是天和地的工作还没有完成，因为人类需要“理”的教化，这不是天和地可以完成的。圣人的教化工作和天地造人的工作同样伟大，所以，天、地和智者（wise man）形成三重力量并且同等重要[3]。

回到中国儒学本身，儒家极少论及“神”，即使提及亦语焉不详，且多与圣贤并提，以此衬托圣贤的地位或者超人的品质。孔子“敬鬼神而远之”；“子不语怪力乱神”。朱熹承认“天曰神”同时又说“天曰理”，而且常常强调理与圣人的重要性。如说“天地之间理一而已，然乾道成男坤道成女，二气交感化生万物，则其大小之分，亲疏之等，至于十百千万而不能齐也，不有圣贤者出，孰能合其异、反其同哉？”[4]又说“天地设位，圣人成能”[5]。“故圣

①②原文为：Ke as distinguished from Le, is the more subtile and insensible part of matter; it is the substance ON which FIGURE and the other qualities of bodies are rearen—it is the substratum; “the primary matter ”—the Chinese compare it to a containing vessel for the qualities of bodies, and is distinct from the Le principle, which is UPON and HERENT IN material bodies. 见[英]马礼逊、[英]米怜主编：《印中搜闻（Indo—Chinese Gleaner，1817—1822）》，国家图书馆出版社，2009 年，第 393 页。

③见[英]马礼逊、[英]米怜主编：《印中搜闻（Indo—Chinese Gleaner，1817—1822）》，国家图书馆出版社，2009 年，第 393 页。

④⑤胡广：《性理大全书》卷四，载《四库全书》，上海古籍出版社，1987 年。

人在上以仁育万物,以义正万民,所谓定之以仁义";"天、地、圣人,其道一也"[①]。"圣人有感无隐正犹天道之神。"[②]诸如此类的论述表明,朱熹本人其实更强调"天即理","理"才是他构建其哲学体系最基本的概念。

马礼逊似乎明白圣贤、"理"在性理学和朱子哲学中的至高地位,但他何以偏偏看重朱夫子的"天曰神"之说呢?且看他的解释:"我们在翻译中国著述中发现,'神'字出现很少。如果有的话,倾向于'上帝'的意思,说得更具体点是 Gods,A Spirit,an intelligent spirit,a superior intelligence 等等。""但是,因为中国文字中没有'单字'可以恰当地表示出我们这个麻烦的'GOD'的意思",而"如果加以正确限定的话,'神'可以被用作这个称谓,或用以指'DEITY'这个称谓,以此传基督教给人们。我们认为,单从习俗层面考虑,'神'比'天'更适合表达这个概念。'神'传达的是倾向于内心的'SPIRIT'这个概念,以区别于物质。'天'这个概念是可视的物质的三重世界之首(即天、地、人),直接导向唯物主义"[③]。话说得非常明白,正是因为担心用"天"字有可能把传教的对象引向唯物主义,马礼逊才有意识地放弃"天"这个不利于沟通基督教和儒教相通性的概念,转而认为"神"是比较适合表达"GOD"和"DEITY"的单字,于是选择汉字"神"来表示事物最高的存在。

《中国的形而上学》是《印中搜闻》中最集中介绍朱子学的一篇文章,总结上面的叙述,不难看出,作者写作此文是试图通过译介和阐述朱子哲学的重要概念,描述理学的理论体系,同时寻找对应于"GOD"和"DEITY"的中文术语。马礼逊认为,如果加以恰当的限定,"神"比"天"更适合于表达上述两个术语,因为"神"传达的是倾向于内心的"SPIRIT",而"天"则直接导向唯物主义。这同样也是他为什么不用"理"对应"GOD"的原因。至于他为什么不选择"上帝"去对应"GOD",主要可能是考虑采用汉字"单字"的原因。

这当然只是马礼逊个人的看法。就连与他一同办刊的米怜其实也不同意他的这种观点。如前所述,第 16 期所刊《中文表达"上帝"的术语》一文,就主张用"上帝"一词对译 GOD。麦都思曾提到这篇文章的作者就是

---

①②胡广:《性理大全书》卷二,载《四库全书》,上海古籍出版社,1987 年。

③[英]马礼逊、[英]米怜主编:《印中搜闻(Indo—Chinese Gleaner,1817—1822)》,国家图书馆出版社,2009 年,第 396—397。

米怜[①]。这种情况表明,《印中搜闻》关于朱子学概念的译介和阐释很大程度上仍是"译名之争"的延续,是围绕着寻找与基督教翻译相适应的中文术语而展开的。不管怎样,这场争论客观上促进了以《性理大全》和《朱子全书》为中心的理学的西传。

3.围绕朱子哲学术语的译介,文章还附带论述了中国人与中国文字的西方起源。关于这个问题,文中主要是围绕"魄"和"魂"两个概念的辨析进行的。马礼逊认为,区分魄和魂的理论基础仍然是阴阳理论。"魄"或者说生命之本,是肉体的精华,是阴性;"魂"是精神、智识上的灵魂,是阳性[②]。马礼逊非常肯定地说,他没有发现有任何一位希腊圣人像这样总是用某种宇宙的理论来介绍他们的哲学,但是,埃及人在天地万物具有两性的观念下崇拜宇宙的灵魂。他说,"如果这是对的,那么我越来越倾向于相信,中国的书面文字和哲学来源于埃及,或者事实上中国人是埃及人的后裔"[③]。马礼逊一方面赞叹中国哲学之性理体系涵括万象,一方面又生硬地附会中国哲学和文字来源于西方的说法,因为感到它与希腊哲学无可比附之处,就转而认为是来源于埃及,从中人们可以看到他并没有摆脱欧洲文化中心主义的立场。

(三)阐释儒家经典时采用朱熹的注释或者引用其原文作为参证

举例来说,第11期汉学书目专项介绍《论语》时就引用了朱熹对"巧言乱德,小不忍则乱大谋"(Artful words disorder virtue. Not to bear a little, frustrates great schemes)一句的注解。朱子对这句话的注解,汉语原文如下:"巧言,变乱是非,听之使人丧其所守。小不忍,如妇人之仁、匹夫

①[英]马礼逊、[英]米怜主编:《印中搜闻(Indo—Chinese Gleaner,1817—1822)》,国家图书馆出版社,2009年,吴义雄撰写前言部分。

②[英]马礼逊、[英]米怜主编:《印中搜闻(Indo—Chinese Gleaner,1817—1822)》,国家图书馆出版社,2009年,第391页。

③原文为:I do not find that any of the Grecian sages, who always introduced their philosophy by some theory of the universe, had any things similar to this; but the EGYPTIANS, (as we learn from Jablomski, a Polish divine,) worshiped by the SOUL OF THE UNIVERSE, under the idea that it POSSESSED SEXES. If this be correct, I incline more and more to the belief, that the Chinese derived both their written character and their philosophy from Egypt; or in fact, that the Chinese are descended from the Egyptians. [英]马礼逊、[英]米怜主编:《印中搜闻(Indo—Chinese Gleaner,1817—1822)》,国家图书馆出版社,2009年,第391页。

之勇皆是。"[①]《〈论语〉介绍》一文的作者将它译为：

To disorder by artful words to confound right and wrong, so as to cause those that hear to lose their steadfast adherence (to that which is right.) Not to bear a little may be illustrated by the weak pity of women, (who can not bear to see the infliction of deserved punishment) and the vain blustering of fools (who can not bear the slightest injury).

同期"印中杂录"栏所刊《黄河泛洪》一文，也翻译引用了朱夫子的大段文字：

Choo foo-tsze, (an Historian and Moralist) says, "The King who knows there is a heaven above and fears it, in his words and actions adhere to truth ;he is upright in the government and tuition of his people; in his partialities and dislikes he is just; in employing or rejecting men, he adheres to what is fit ; when he promotes or degrades men, he does it for a manifest cause, and thus he shews a trembling anxiety to perform the duties of his station, and his fear of heaven. ""if he fears not heaven, there is no irregular wish which he will not gratify; and thus he causes the anger of heaven, and the resentment of his people——he cannot protect his country, and what right has he to hope that people will remain attached to him. [②]

汉译大意是："朱夫子，一位历史学家和伦理学家，他说，知上有天并且敬畏天的王者，在言行方面合乎理，正直于朝廷而能教诲其民众；好恶恰当；人事任免坚持胜任的原则；人事升降，有清晰明确的根据；行赏罚达到最完美的功效；他以此显示(告知天)他热切渴望履行所处地位的职责以及他对于天的敬畏。如果他不敬畏天，那他就没有什么会感到不愉悦的非正当欲望，那么他就会引起天怒民怨——他将因此而不能保护他的国家，也无法如他所愿让民众继续追随他。

① 英文见[英]马礼逊、[英]米怜主编：《印中搜闻(Indo—Chinese Gleaner，1817—1822)》，国家图书馆出版社，2009年，第523页。中文见朱熹：《四书章句集注》，中华书局，1983年，第167页：巧言，变乱是非，听之使人丧其所守。小不忍，如妇人之仁、匹夫之勇皆是。

② [英]马礼逊、[英]米怜主编：《印中搜闻(Indo—Chinese Gleaner，1817—1822)》，国家图书馆出版社，2009年，第478页。

作者引用这段话旨在阐明中国哲学术语"天心仁爱"(The Heart of Heaven is benevolence and love)的内涵,同时证明中国人解释黄河泛洪以及地震等自然灾害时总是和天子的德行、天子与天地的和谐相关联这一文化现象。

有必要加以特别说明的是,笔者翻检上海古籍出版社和安徽教育出版社出版的《朱子全书》与《四库全书》,目前尚未发现朱熹著述中与之完全相对译的篇目,现摘录散于各篇中类似的语句:"敬天之怒,无敢戏豫,敬天之渝,无敢驰驱。"(见《周易经传集解》)"……故必听和而视正。听和则聪,视正则明。聪则言听,明则德昭。听言昭德,则能思虑纯固。以言德于民,民散而德之,则归心焉。"(见《王朝礼四之上》)"获罪于天,无所祷也。"(见《八佾第三》)另朱子之《乞罢黜状》中关于天怒民怨的一段:"顾独惟念方今连岁旱灾,星文失度,正是朝廷之上君臣相戒,修明赏罚,以敬天怒、恤民怨之时。"[①]另外,从标题看类似的有《乞修德政以弥天变状》,但文字内容未见吻合。

这篇文章后面的署名是 K. L,无法具体明确是谁,按照 19 世纪欧美发行期刊的惯例,作者一般不署名,或者只署缩写,或者署名通讯员,或者随意署名 NOBODY,这些都为我们具体考察还原当时的真实情况增加了障碍,加之对中文文献的引用没有标明文本来源,又更添了困难。目前看来文本出处有些模糊,但用意却很明显,引述朱夫子片段时,编者特别针对其中 Heaven 一词加了注释,特别声明上述所有例句中"Heaven"一词没有任何超越"GODS"的含义[②]。结合前述当时欧洲特别是传教士对中国哲学的整体态度,以及当时他们讨论中国哲学的背景和出发点,作者引这段话显然是想说明,即使是朱夫子的哲学中也同样存在着与基督教相容相通的空间。

又如第 13 期《〈中庸〉介绍》一文,开篇即采用朱熹对"中庸"的释义:"中者,不偏,不倚,无过,不及。The word are thus Literally explained by Chu-foo-tsze。"[③]文中在谈及对"率性之谓道"一句的解释时,作者不同意有人将这一句翻释为"To follow nature is denominated Virtue",而应该译

①朱熹:《乞罢黜状》,《朱子全书》(拾贰),上海古籍出版社,2002 年,第 860 页。

②[英]马礼逊、[英]米怜主编:《印中搜闻(Indo—Chinese Gleaner,1817—1822)》,国家图书馆出版社,2009 年,第 478 页。

③[英]马礼逊、[英]米怜主编:《印中搜闻(Indo—Chinese Gleaner,1817—1822)》,国家图书馆出版社,2009 年,第 636 页。

为：To follow nature，is denominated Virtue，因为前一译法“率”字给人一种被动消极的感觉，改为后一译法才能突出其在句中应有的主动性。他还特别强调应求助于 CHU FOO TSZE 诸家对这句话的解释，认为朱夫子的解释同西方伦理学家、哲学家对于“德”（Virtue）的解释相吻合①。同样，第 14 期所刊《〈大学〉介绍》一文对“大学”一词的解释也明确地说是采自朱子的解释：“the great science——which 朱子 explains thus 大学者大人之学也。”文中有《大学》各部分的注释以及评论章句也均出自朱子之笔②。“四书”之外，第 17 期《〈功过格〉介绍》对“功过格”（Merits and Errors scrutinize）的解释，也是采用朱熹的注释：Mr. CHOO thus explains these words; 功 Signifies virtue、过 vice、格 to scrutinize③。从中西文化交流，特别是朱子学西传史的角度看，这些解释和翻译本身是难能可贵的，它们为后来理学在英语世界的进一步传播奠定了基础。

小　结

朱子学因“礼仪之争”特别是“译名之争”得以西传。但《印中搜闻》关于中国哲学和朱子学的译介、讨论和研究，超越了利玛窦以来排斥理学、独尊上古儒学的局面。马礼逊和米怜努力寻找的是理学和基督教的相通之处，他们尝试着采用朱子之理学去解释和传播基督教教义，客观上向西方介绍了朱熹及理学的基本观点及其重要概念，催化了朱子学在英语乃至整个西方世界的传播。

回顾中西文化交流史，关于“译名”问题，利玛窦采用《尚书》中“上帝”一词对译天主教最高信仰的名称，反对以“天”对译，认为中国理学之天或

①原文为：For the correctness of my rendering——“To follow nature, is denominated Virtue”——I appeal to the Commentaries of CHU-FOO-TSZE，……This Chinese definition of “the nature of virtue”，corresponds very exactly to those of our ancient western Moralists and Philosophers.［英］马礼逊、［英］米怜主编：《印中搜闻（Indo—Chinese Gleaner，1817—1822）》，国家图书馆出版社，2009 年，第 643 页。

②原文为：the notes which occur between the sections, and the commentary, are from the pen of Choo-tsze.［英］马礼逊、［英］米怜主编：《印中搜闻（Indo—Chinese Gleaner，1817—1822）》，国家图书馆出版社，2009 年，第 711 页。

③［英］马礼逊、［英］米怜主编：《印中搜闻（Indo—Chinese Gleaner，1817—1822）》，国家图书馆出版社，2009 年，第 894 页。

被视为一浑然之物体，或被解为一虚玄之观念，是一个非常混乱的概念。利玛窦著《天主实义》的基本观点之一就是反对后儒以“理”字代替古书中“上帝”的位置。利玛窦尊崇原始儒家思想，将宋儒理学的“理”和“太极”，视为唯物主义，对其提出严厉的批评。其徒属龙华民反对以“上帝”、“天”或“理”对译 Deus，认为按照基督教神学的观点，“上帝”是至善的，而中国人的“理”、“天”和“上帝”三个概念既包含“恶”又包含“善”，善恶混同，所以不适合对应。康熙主张用“天”对译。米怜主张使用“上帝”对译，并力劝马礼逊放弃“神”这一概念。马礼逊则坚持主张以“神”对译，对于朱子学不谈其“天即理”而强调“天曰神”，将“神”解释为一种精神存在，其目的明显是在强调中国“神”之有神的倾向。

从 1586 年罗明坚的《天主实录》，1603 年利玛窦的《天主实义》，到 1753 年孙璋的《性理真诠》，都认为宋儒理学是唯物论和无神论，因此，在这一时期的传教士眼里，理学与西方宗教格格不入，因而备遭攻击。

马礼逊改变了这种局面。《印中搜闻》对于中国哲学和朱子学的态度取向和研究路径，尽管还残存着《利玛窦中国札记》以来直到白晋的“中学西源”理论框架的影响，而且仍然承袭着利玛窦以来的“适应”政策，独尊儒教，排斥儒教以外的其他教派，强调基督教和儒教之间的相通性，采用儒教解释基督教教义，但是，马礼逊最可贵的地方在于他超越了利玛窦等人排斥程朱理学、独尊上古儒学的认识局限，大胆论证理学和基督教并不是互为异己文化而有相通之处，并尝试着采用朱子之理学去解释基督教教义，从而一定程度上消除了阻碍朱子学西传、妨碍西方对于中国哲学之系统和整体认识的某些宗教性因素，促使欧洲开始走上朱子学西传与接受的自觉阶段。马礼逊之所以能做到这一点，重要原因是他在华生活、传教长达 25 年，精通汉语汉籍，而系统中译《圣经》的使命又必然要求他在基督教和儒教的相通与对接方面作出深刻新颖的思考。除此之外，1711 年卫方济用拉丁文翻译《四书》是采用朱子的注疏，这对于自小即习拉丁文的马礼逊来说无疑是一种铺垫。稍晚于《印中搜闻》的《中国丛报》对朱子学，尤其是中国哲学核心概念“理”的传播力度则明显加重了。

《印中搜闻》既非专业学术期刊，也不是纯粹宗教性的刊物，其世俗性与宗教性兼具的办刊特点，以及期刊具有的传播者与受传者之间交流互动的途径和方式，使其对于朱子学的译介与研究客观上具有面向大众传播的特点和效果。得此机缘,朱子学、尤其是"理"等中国哲学核心概念的西传途径逐渐变得宽广,受众面日益扩大,并逐渐推动英美汉学界对中国哲学概念传播的整体思考。

第四章 “理”概念译释与理学西传的面相(上)

“理”从“治玉”的本义演变为表达宇宙本体的抽象概念并形成独立的学术形态——理学,经历了漫长的过程。关于“理”的翻译与诠释,涉及中学西传与西方汉学研究的基本问题。理学的西传得益于“理”概念的译介,耶稣会士对于宋儒理学的态度是中国哲学对欧洲思想产生影响的关键因素,有观点认为“中国哲学对欧洲思想的影响,实以1645至1742年天主教徒争论之礼仪问题,与耶稣会士对宋儒理学之态度为其关键”①。因此,翻检中学西传史上“理”概念在西方的翻译与阐释这一“入口”,系统梳理其发生与演进的过程,可以看出西方世界对中国思想核心概念发展演变的认识、把握程度及其理路,可以看出西方汉学研究特别是对中国儒学研究从神学中心到纯粹学术自觉转变的过程,可以总结中学西传、西达的有效入口和路径。基于这种认识,本章以《印中搜闻》《中国丛报》《中国评论》中关于理的译释刊文为中心,结合相关汉学著述,通过考察马礼逊、米怜、麦都思、麦丽芝、湛约翰、理雅各直到20世纪的卜道成、卜德、陈荣捷、吴怡、成中英、葛瑞汉等汉学家对于“理”的翻译、阐释实践与学术争论,管窥理学西传的各个阶段的面相,展现中西文化互动的历史画卷。

第一节 译“理”之争:马礼逊与米怜

在汉语文献里,《说文解字》云:“理,治玉也。”由此本义衍生出两种不同词性的含义。一用作动词,意谓整理,治理;一用作名词,由玉石的纹理引申为事物的条理。儒家最早谈理,据陈荣捷考证,“本于《易经·说卦》之‘穷理尽性以至于命’与《孟子·告子篇》(上)之理义与《万章篇》(上)

①朱谦之:《中国哲学对欧洲的影响》,河北人民出版社,1999年,第1页。

之条理”[①]。先秦诸子著述中，儒、墨、道、法诸家均普遍地使用“理”的概念。如《中庸》云：“文理密察，足以有别也”；“君子之道，淡而不厌，简而文，温而理”。其时人们对“理”字的使用具有两个重要特点：“其一，‘理’广泛地体现在自然、人文事物之中，既可以是‘成物之文’的自然之理，也可以是指礼义秩序的人文之理；其二，‘理’总是和具体的事物相关联、依托于具体的事物之中，并能体现具体事物的差别”[②]。由此可知，先秦诸子言论中的“理”，即是后来学者所说的“分殊之理”，还没有上升为一种高度抽象的具有普遍意义的哲学化的范畴。或认为，“‘理’成为与‘道’、‘天’、‘命’一样的普遍性、超越性概念，应是魏晋以后的事情了”[③]。从道理、玄理、天理等当今仍极具生命力的语词，也可见出“理”在“性理之学”形成之前，往往与“道”、“玄”、“天”等词连用，以接近宇宙本体。直到宋代朱子学形成，性理之学被建构成一种天人合一的哲学理论体系，“理”才成为中国哲学的最高概念，形成独立的学术形态，获得法哲学的地位。

“理”概念在中国思想体系中的重要性，使得“理”的翻译与诠释成为各个时期的西方传教士、汉学家不得不面对的难题，而其译介阐释的具体形态也呈现出与其生成与演变的复杂性相对应的态势。

西方世界最早把“四书”译成西文的，学术界一般认为是利玛窦。1594年，利玛窦将“四书”译成拉丁文，但未能正式出版发行，也未能流传下来。现存最早正式出版且流传下来的是殷铎泽1669年所译拉丁文《中庸》[④]，“理”概念的西译可溯源于此。从时间上看，《印中搜闻》《中国丛报》《中国评论》中关于“理”的译介比殷铎泽要晚一百多年甚至两百多年，但是，在“理”英译及阐释史上，这三种报刊中关于“理”的译介和争论保留了19世纪中西文化交流过程中最原始的文献记录，对此后的翻译和诠释也产生了直接而深远的影响，因而值得重视。

《印中搜闻》主要面向亚洲、欧洲各地的传教机构、传教士以及传教的

---

①陈荣捷：《宋明理学之概念与历史》，“中研院”中国文哲研究所筹备处，1996年，第133页。笔者认为需要说明的是，陈文中关于《孟子》谈“条理”的出处有误，应该是出于《万章章句》(下)之《北宫锜问曰章》：“金声也者，始条理也；玉振之也者，终条理也。始条理者，智之事也；终条理者，圣之事也。”孟子《告子》(上)谈“理义”的原文为：“心之所同然者何也？谓理也，义也。”

②朱汉民：《玄学与理学的学术思想理路研究》，中国社会科学出版社，2012年，第86—87页。

③朱汉民：《玄学与理学的学术思想理路研究》，中国社会科学出版社，2012年，第87页。

④该书电子版见 http://bibliotecafilosofia.uniroma1.it/intorcetta/index.html。

支持与管理机构发行，内容采集放眼整个东南亚，但聚焦于中国。实时报道兼及中国典籍介绍，发表了不少汉学译介与研究方面的文章，并从第5期开始设立“中国书目”专栏，专门介绍中国典籍。该报至1822年6月米怜去世时停刊，共发行3卷20期。刊中汉学主题文章基本出自马礼逊和米怜，大部分刊于“中国书目”和“译文”栏目，关于朱子学的译介较多，经本书上一章考证是朱子学在英语世界的最早译介、研究与大众化传播。该刊具体对“理”概念译释也发端于马礼逊与米怜二人，而后逐渐开启由隐而显在19世纪其他聚焦中国的英文报刊中的传播。

马礼逊是基督教新教派到中国大陆的第一位英国传教士，1807年受伦敦会派遣到广州，在中国活动25年，著述甚丰，翻译出版过《三字经》《大学》《三教源流》《太上老君》等通俗读物，著有《通用汉言之法》《中文英译》《中文会话及凡例》《中国大观》等帮助外国人学习汉语的书籍。马氏在中国完成了诸多开创性的工作：首次将《圣经》完整地译为中文并出版，编撰了中国历史上第一部英语词典《华英字典》(6卷本)，创办了第一份中文月刊《察世俗每月统记传》，发起并创办了《印中搜闻》和《中国丛报》两种聚焦中国的英文报刊，还开办了近代传教士第一所中文学校“英华书院”(Anglo-Chinese College)。马氏倾其一生致力于基督教东传与汉语言文化西传，直到1834年病逝于广州。

米怜是基督教新教派遣到中国的第二位传教士。1813年，新婚一个月的米怜受伦敦会派遣，携妻子来华协助马礼逊传教。因澳门葡政府信奉天主教，不欢迎新教传教士，而米怜又没有如马礼逊传译员的身份，因而在澳门和广州均无法立足，马氏便派米怜前往马六甲。在马六甲，米怜除了担任第一份中文期刊《察世俗每月统记传》的主编外，还与马氏共同创办了英文报纸《印中搜闻》和第一所中文学校英华书院，并受马氏之命出任英华书院首任院长。该校办学之初仅有7名学生，其中有刻板匠人梁发、马礼逊之子马儒翰、林则徐首席英文秘书袁德辉等知名校友。期间米怜之妻染病而亡，留下好几个没有长成的小孩靠米怜独自抚养，生活异常悲苦。但米怜始终坚守传教，直到1822年6月病逝，《印中搜闻》随即停刊。1843年，理雅各将英华书院迁至香港。

作为刊物的创办者、主要撰稿人与运营者，马氏和米氏在《印中搜闻》上发表了不少与中国传统文化相关的文章，成为西方早期汉学研究与传播的代表人物。具体到"理"的译释,两人在《印中搜闻》中具体的翻译与阐释实践共有3例,其中马礼逊1例,米怜2例。

例一,《印中搜闻》第二卷第9号(1819年6月),马礼逊撰《中国的形而上学》一文,介绍《性理大全》中朱子学说,书名译为 *A complete system of the principle of Nature* 。文章系统介绍了太极、阴、阳、道、理、天、气、质、性等中国文化概念,在朱子的"理"概念上花费的功夫尤其大。马礼逊译"性理"为 the principle of Nature[①],认为朱子的"理"相当于英语中的 PRINCIPLE OF FITNESS/合理性,或者 order/条理、规则、礼法,相当于欧洲的"ETERNAL FITNESS OF THINGS"/事物的永恒合理性。马礼逊同时指出,中国人关于"理"的阐释含混不清,难以在西方哲学中找到完全精确匹配的概念。当"理"(Le)作"天地万物之理"(universal principle)使用时,类似于西方哲学的 PLASTIC NATURES,相当于"THE ETERNAL FITNESS OF THINGS"。而当"理"作为"道"的意义使用时,则类似于"永恒合理性"(ETERNAL REASON),相当于西方人所说的"Logos"。马礼逊认为可以毫不费力地造出20个以上关于"理"哲学的不同界定,如:天者理也(HEAVEN IS Le);心即理也(the HEART is Le);道即理也(TAOU is Le);也可以说成理即天(Le is heaven),理即心(Le is heart),所以"理"几乎始终不被当作一个在超自然存在指示或控制下的独立之原则[②]。马礼逊撰此文的目的是希望通过阐释中国哲学之核心概念,找到能与"GOD"或"Deity"对译的汉语词。他最后认定:理、道、太极、阴、阳、天等概念都不适合对译"Deity",只有"神"才是最合适的[③]。

例二,《印中搜闻》第一卷第5号(1818年11月),Too-Yu"蠹鱼"(即米怜)[④]

---

①文中英文书写规则未作一致处理。皆保持刊物原本的书志信息原貌。

②见[英]马礼逊、[英]米怜主编:《印中搜闻(Indo—Chinese Gleaner,1817—1822)》,国家图书馆出版社,2009年,p. 396:Le is almost uniformly considered as an independent principle, for we do not find that its operations are supposed to be under the direction or control of any Sovereign Being.

③见[英]马礼逊、[英]米怜主编:《印中搜闻(Indo—Chinese Gleaner,1817—1822)》,国家图书馆出版社,2009年,第392页。

④此处采纳吴义雄的观点,认为 Too-Yu 即米怜。"中国书目"栏目有两篇介绍《圣谕广训》和《西方公据》的文章,后来《中国评论》也发表了对这两部书的评价文章,作者均署名为米怜。吴义雄据此推测"中国书目"栏目系列文章的作者可能都是米怜。相关论述参见:吴义雄撰《印中搜闻·前言》,国家图书馆出版社,2009年版,第20页。而据笔者分析,当时为《印中搜闻》撰稿且精通汉语的传教士只有马礼逊、米怜和麦都思。马礼逊在《印中搜闻》中将"理"译为 principle,麦都思在《中国丛报》中始终将"理"Le 英译为 immaterial principle,二人可以排除。

在"中国书目"栏目，以读者来信的方式介绍中国的蒙学读物《明心宝鉴》，文中将"天理"一词译释为：On Reason—The Word 天理 T'heen lee, which I here render REASON, seems several times to mean Providence in this section[①]. 这里的 Providence，对应的汉语词是"神"、"天道"、"天意"或"上帝"。

例三，《印中搜闻》第二卷第 13 号(1820 年 7 月)，Too-Yu"蠹鱼"在"中国书目"栏目介绍《中庸》时，将"中者天下之正道，庸者天下之定理"译释为：CHUNG signifies, the straight road(of virtue) proper for the whole word [to walk in]. YUNG signifies, the fixed principle of reason[common to all men]in the word[②].

上述两例中，米怜将"天理"译为 reason，将"定理"译为 the fixed principle of reason。其对于"理"的翻译与马礼逊有所不同。但两人关于"理"的译释都是围绕着"译名之争"展开的，目的都在于论证"理"是否适合作为基督教最高存在之 God 或 Deity 的汉语对译词。不同的是，马礼逊译"理"为 principle，将其与 nature(性)相联，认为"神"才是 GOD 或 Deity 最合适的汉语对译词。米怜则译"理"为 principle 或 reason，将其与 Providence(神)相联，主张用"上帝"对译 Deity。较之马礼逊，米怜的观点对此后基督教在华译经事业产生了更大的影响，这个议题也成为后续英文期刊中的重要话题。

麦都思在《中国丛报》中关于理译释的具体面相富有代表性。

第二节　"理"与"太极"之踌躇：麦都思

《中国丛报》所刊发的儒学主题文章 200 多篇，内容涵盖儒家典籍译介及从上古到新儒学各阶段人物介绍。儒学概念译释集中在"理"、"仁"与"孝"等核心词汇。翻检全刊，关于"理"译释的都出自麦都思。

麦都思(Walter Henry Medhurst，1796—1857)，英国伦敦会传教士，自号墨海老人，擅长雕版与石印技术。1816 年，麦氏被伦敦会作为印刷工

---

①[英]马礼逊、[英]米怜主编：《印中搜闻(Indo—Chinese Gleaner，1817—1822)》，国家图书馆出版社，2009 年，第 168 页。

②见[英]马礼逊、[英]米怜主编：《印中搜闻(Indo—Chinese Gleaner，1817—1822)》，国家图书馆出版社，2009 年，第 616 页。

人派往马六甲协助米怜开展传教工作,协助编辑中文报刊《察世俗每月统计传》。1818年,麦氏前往广州,任《察世俗每月统计传》主编。1819年又前往槟城及巴达维亚建立印刷所,在南洋活动20余年,印刷出版神学、汉学中文书籍30多种。1843年,麦氏代表伦敦会到达上海,成为第一个到达上海的新教传教士。1848年,麦氏违反清政府规定到青浦传教,引发“青浦教案”。在上海期间,麦氏利用管理道路、码头和英国侨民公墓的便利,圈买了今上海山东路一带大片土地(人称“麦家圈”)作为伦敦会在华总部驻地,创办了上海第一所对华人开放的外国医院(今仁济医院)。他又将巴达维亚的印刷所迁入上海,与艾约瑟等创办了中国近代第一个印刷所——墨海书馆,印行中文书刊,合作、培养了王韬、李善兰等一批通晓中西文化的学者,还与艾约瑟、伟烈亚力等传教士撰写、翻译了许多介绍基督信仰和西方科技文化的书籍。麦氏有中文著述59种,著名的有《神学总论》《汉英字典》《英汉字典》《中国的现状与传教展望》《东西史记和合》,其中《东西史记和合》对中西文化交流具有重要的参考价值。在王韬协助下译成的中文《圣经》通俗易懂,接受面也很广。在译名问题上,麦氏与米怜一样追随利玛窦,主张将GOD汉译为“上帝”,认为《尚书》《诗经》中的“上帝”类似于基督教信仰的最高存在,后经儒家理学和佛学改造才出现无神论或多神论的信仰,“上帝”一词也因此被扭曲。麦氏的很多著述与观点在《中国丛报》中都有反映。麦氏勤奋好学,刻苦钻研汉语言文化,也勤于笔耕,最终成为继马礼逊、米怜之后最有影响力的传教士和汉学家。

《中国丛报》中与“理”相关的文章有两篇,其一是《朱夫子哲学关于理与气的观点》,其二是《朱夫子哲学续》,作者均为麦都思。麦都思将“理”(Li)译为immaterial principle,与气(k'i)(译为primary matter)对举。将“天理”(tienli)译为the celestial principle(or soul of the universe),但在解释“理”为“道”时,又将其译释为reason,认为希腊词Deity与汉语“太极”概念很相似。麦都思对于“理”的译释常常紧扣密切相关的“气”与“太极”两个概念展开。兹举其文中关于“理”之英译5例,以见其概。

例一:天下未有无理之气,亦未有无气之理。理未尝离乎气。

麦都思译为:Under the whole heaven there is no primary matter li 理,without the immaterial principle k'i,气,and no immaterial principle a-part from primary matter. ①

例二：先有个天理了，却有气。气积为质，而性具焉。(《朱子语类》)

麦都思译为：First of all existed tien li 天理, the celestial principle(or soul of the universe) and then came primary matter: primary matter accumulated constituted chih，质，body，(substance, or the accidents and qualities of matter) and nature was arranged. ②

例三：有是理便有是气，但理是本，而今且从理上说气。

麦都思译为：Admit the existence of the immaterial principle, then you admit also that of primary matter, only the immaterial principle is the root, and we will confine our discourse now to it. ③

但在解释"理"为"道"时，也释为 reason④。

例四：太极只是天地万物之理。

麦都思译为：the great extreme is merely the immaterial principle of heaven, earth, and all things. ⑤

例五：或问：何为太极？曰：太极只是理之至善。

麦都思译为：Should anyone ask, what is the great extreme? I would say, the great extreme is simply the principle of extreme goodness and extreme perfection. ⑥

寻找 deity 的中文对应词是《中国丛报》的重要话题，麦都思译介与诠释理及理学的初始动因也不例外。麦都思在"理"与"太极"之间冥思苦想，踌躇徘徊，最终认为"理"具有可替代性，"太极"才是唯一、至上、有形、无所

①②W. H. Medhurst, *Philosophical Opinions of ChuFutsz, on the immaterial principle and primary matter*, CR, vol. 13:10(1844), p. 552.

③W. H. Medhurst, *Philosophical Opinions of ChuFutsz, on the immaterial principle and primary matter*, CR, vol. 13:10(1844), p. 554.

④W. H. Medhurst, *Philosophical Opinions of ChuFutsz, on the immaterial principle and primary matter*, CR, vol. 13:10(1844), p. 558: In the world there are both the immaterial principle and the primary matter, the immaterial principle is the *tau*, 道, the *reason*, which being embodied descends, and is the origin of the production of things, the primary matter is the *k'I*, 器, material, which being embodied descends, and is the instrument of the production of things.

⑤⑥W. H. Medhurst, *Philosophical Opinions of ChuFutsz' regarding Tai kih, or the great extreme of the Chinese(continued from page 559) Communicated for the Repository*, CR, vol. 13: 12(1844), p. 609, p. 612.

不在的,“太极”与 deity 相似。太极有形而无极,“理”则无所集而有无限之极①。

第三节 “理精于神”:湛约翰的译释拓展

《中国评论》的编辑和主要撰稿人均为汉学家。首任主编丹尼斯是汉学家兼南洋研究专家,1868 年即在香港创办了以研究中国历史、语言与文化为主要内容的学术刊物《中日释疑》(*Notes and Queries on China and Japan*),有学者认为该刊即是《中国评论》的前身。翟理斯编撰汉语学习教材,曾英译中国诗歌以及《三字经》《女千字文》等大众儒学读物,而《洗冤录》(或称为《验尸官指南》),则使翟氏获得了对中国文明全新的认识,于是他将此书全部英译投寄给《中国评论》刊发,后被英国皇家医学会全文收入《皇家医学会论文集》第 17 卷“医学史”专章,获得西方医学界人士的极大认可。此外,翟理斯还选译过《佛国记》和《聊斋志异》的部分篇章,在传播中华文化方面做出了较大的贡献。其它如波乃耶的中国神话传说研究,庄延龄的客家文化与汉语方言研究,艾约瑟的汉语与比较语言学研究,欧德理的汉语言文化与中国哲学研究,湛约翰的唐诗与儒家典籍翻译与研究,麦丽芝的《易经》研究等等,在当时都位居前沿,领袖风骚。《中国评论》刊发儒学主题文章 200 多篇,内容风格与路径既接续《中国丛报》以来的格局,又往深广处拓展,“理”相关条目的译释内容更丰富,理解更贴近其在儒学体系中的本义,学术观点也更鲜明。但研究与学术讨论具有大致相同的旨趣,即多采用“评论”这种新兴的媒体形式。

“评论”(Review)是 19 世纪英国出现的一种新形式定期出版刊物,其特点是通过“评论”他人文章或著作阐明作者的立场,并以之教育或者说服读者。这种媒体形式兴起后风行不衰,成为英国文化的重要组成部分。湛约翰、麦丽芝等人关于“理”、“气”、《易经》诸问题的争论,皆以这种方式

---

① W. H. Medhurst, *Philosophical Opinions of ChuFutsz' regarding Tai kih, or the great extreme of the Chinese* (*continued from page* 559) *Communicated for the Repository*, CR, vol. 13: 12 (1844), p. 615: The great extreme possessed form, and therefore called it the boundless extreme, a *principle* centred in nothing, and having an infinite extent. 麦都思特别注释:This resembles the old idea of the deity, that it is like a circle whose centre is no where, and whose circumference is everywhere.

表达。

湛约翰(J. Chalmers, 1825—1899)1852年受伦敦会派遣到香港传教，主理英华书院。主要著述有《英粤字典》《中国文字之结构》《康熙字典撮要》《中华源流》《上帝总论》《宗主诗章》《天镜衡人》《正名要论》《世俗清明祭墓论》和《城隍非神论》等，还曾将《老子》译成英文。

湛约翰在《中国评论》上发表的与"理"相关的文章共两篇。其一是《儒家的天体演化论》①，文章认为麦丽芝将《朱子文集》第四十九章《理气论》翻译为《儒家的天体演化论》是为了抬出"至神"以否认"上帝"概念，批评其将"理"译为Fate的谬误。湛约翰认为"理"的含义与God近似但不对应，也不对应Fate。"理"过去常被翻译为"principle of order(秩序的原则)"，这事实上等同于用指自然界的英语单词"Law"(即自然法则)。其二是将《性理大全》之《太极图》第八篇译成英文，全文登载于《中国评论》第4卷第4号(1876年2月)。文中，湛约翰始终将"理"译为Law，译"实理"为positive Law。将"理"所生的"道理"译为principle。对此，麦丽芝再次撰文辩解和反驳。两人关于"理"概念英译的争论越演越烈，最终扩展到汉学译介与研究的全方位。关于这场争论，我们在后文将详细论述，兹先列举湛约翰与"理"相关的三个译例，以见其对于"理"的理解。

例一：太极图只是一个实理，一以贯之。

湛约翰译释为：(The Idea of)"the Plan of the Great Extreme"is but one positive Law——an all Pervading Unity. ②

例二："无极而太极"，只是说无形而有理。所谓太极者，只二气五行之理，非别有物为太极也。

湛约翰译释为："The Infinite and Great Extreme"means the non-existence of form and the existence of Law. What is called "Great Extreme" is simply the Law of the Light and Dark Air and the Five Elements. There is not a separate thing constituting "the Great Extreme."③

例三：理精于神，神精于气，气精于形，形则一定。气能呼吸，能冷暖；神则有知觉，能运用；理则知觉运用上许多道理。

---

①J. Chalmers, *Confucian Cosmogony*, CRNQ, vol. 3:6(1875), p. 342.

②③J. Chalmers, *One Page from Choo Foo-tsze*, CRNQ, vol. 4:4(1876), p. 244.

湛约翰译释为:Law is less concrete than Shin, Shin is less concrete than Air,Air is less concrete than Form. Form is fixed,Air is capable of expiration and inspiration, cold and heat; Shin has consciousness and can operate all through(the body), Law embrace a great many principles higher than the consciousness and can universal operation(of Shin) .①

“理精于神”是《性理精义》中黄幹的一段话。黄幹是朱熹的学生。湛约翰之所以翻译这段话,是为了更好地阐释他对于朱子“理”概念的理解。麦丽芝将“理”译为 Fate,湛约翰认为其错误根源在于没有正确理解“理”的含义,所以他在文中特意大写 Law 以示强调,并翻译黄幹说明“理精于神”的这一段话,其目的是为了修正麦丽芝对于“理”之曲解、曲译。这种情况表明,湛约翰译介朱子“理”概念已经不拘于朱子本人之说,而援引其弟子言论作为依据。湛约翰不仅充分认识到“理”概念的复杂性,更认识到援引朱熹以外学者的相关论述的意义。相比于马礼逊、米怜、麦都思仅仅围绕“译名之争”囿于朱子本人学说,湛约翰的学术视野呈现出更加开阔的面相,而且“理”之译释在他那里已不仅仅是争辩的内容,更成为推动传教士立足文献开展汉学研究的一种手段。

第四节 因“译”之名而争“理”之实:湛约翰与麦丽芝

麦丽芝(Rev. Canon McClatchie,又署名 Thos. M'Clatchie,1813—1885),也见汉译为麦格基、麦克卡拉奇,系英国圣公会传教士。1845 年到中国,1882 年返回英国,期间一直在上海传教,任圣三一会堂牧师。其代表作是将《朱子全书》第四十九章《理气》译为《儒家的天体演化论》(Confucian Cosmogony),并于 1874 年在上海出版,全书将“理”统一英译为 Fate,与“气”Air 对举。这种译法颇受时人诟病。1876 年,麦丽芝出版英译《〈易经〉之译——附注解与附录》(*A Translation of the Confucian* 易经 *or the "Classic of Change"*),对“理”相关的翻译已有所修正,不再译为 Fate,转而将其与 principle、nature 或 law 相关联。这种修正是否与他和湛约翰等人关于“理”概念英译的争辩有关,从时间上来说是可能的,因为争辩发生

①J. Chalmers,*Confucian Cosmogony*,CRNQ,vol. 5:3 (1875), p. 346.

在该书出版之前。汉学西传中主体与受体不断接近中学本体意义的修正与接受的过程，于此可见一斑。麦丽芝关于《易经》的翻译也颇受时人的诟病，最主要的原因是他译文的主观臆想成份太多，且存在不少明显因理解错误而造成的误译，如把“彖曰”译为“文王说”（Wen Wang says，应该是指《彖传》的记载）；把“文言”译为“孔子评论”（Confucius commented，应该指《文言传》的记载）；把“象曰”译为“周公说”（Chow Kung says，应该是“《象传》记载”）。即或如此，麦丽芝却是第一个将《易经》翻译为英文的人，首创之功不能因其错误简单地加以否定。此外，他还撰有《〈易经〉的符号》《阳物崇拜》等汉学论文，前者致力于论证中国之《易经》与西方之《圣经》同源，甚至只是《圣经》的一个版本而已，表现出明显的基督教神学中心论立场。

在“译名之争”中，麦丽芝坚持以“至神”对译 GOD，与马礼逊将 GOD 汉译为“神”形异而实同。

具体到麦丽芝对“理”相关概念的译释，这里举 6 例以见其概。

例一：理气，天下未有无理之气，亦未见无气之理。

麦丽芝译释为：Fate and Air. In the Whole University, there is no such things as Air without Fate, or Fate without Air. ①

例二：理一分殊

麦丽芝译释为：Fate is united but it's parts are diverse. ②

例三：气者为金、木、水、火，理则为仁、义、礼、智。

麦丽芝译释为：The Air is Metal, Wood, Water and Fire, The Fate is Benevolence, Rectitude, Propriety and Wisdom. ③

例四：易简而天下之理得矣，天下之理得而成为其中矣。（《周易·系辞上传》）

麦丽芝译释为：By understanding with ease, and acting without effort, the right principles which govern the Universe may be attained to; and, when these principles are thus attained to, then the(human) throne

---

① Thos. M'Clatchie, *Confucian Cosmogony, A Translation of Section Forty-nine of the "Complete Works" of the Philosopher Choo-Foo-Tsze with Explanatory Notes*, American Presbyterian Mission Press, London: Trubner and Co. 60 Paternoster Row, 1874, p. 2.

②③ Thos. M'Clatchie, *Confucian Cosmogony, A Translation of Section Forty-nine of the "Complete Works" of the Philosopher Choo-Foo-Tsze with Explanatory Notes*, American Presbyterian Mission Press, London: Trubner and Co. 60 Paternoster Row, 1874, p. 5.

is established in their(i. e. Heaven and Earth's)midst. ①

例五:昔者圣人之作《易》也,将以顺性命之理。是以立天之道……《周易·说卦传》

麦丽芝译释为:In ancient times the Sages invented the (Diagrams of the)Yih King, obeying the law of their Heavenly Nature, and thus they established the(Divine)Reason……②

例六:观于阴阳而立卦,发挥于刚柔而生爻,和顺于道德而理于义,穷理尽性以至于命。《周易·说卦传》

麦丽芝译释为:Observing the changes in the Yin and Yang(气 Air), they established the Diagrams; pointing out the movements of the Hard and the Soft they produced the strokes, harmoniously obeying virtue and controlling (others) with propriety, they carried true principles to the …… And completed the nature(of each thing), in order fully to assimilate it to the Heavenly Nature. ③

上述例一至例三采自麦丽芝的译著《儒家的天体演化论》。3例中,麦丽芝将“理”都译为Fate(命运),与汉语文本的意义明显不符,是典型的误译,在当时就遭到湛约翰等人的批评。例四至例六采自他的《〈易经〉之译》一书,从中可以见出他对“理”的理解已经发生了明显的变化。例四中,他将“天下之理”的“理”译为principle,例五中将“性命之理”的“理”译为law,而将“立天之道”的“道”译为the(Divine)Reason,凡此均表现出适度的灵活变通。特别是第六例中两个“理”字的翻译尤为传神。该例中第一个“理”字是动词,意谓“控制、掌握”,麦丽芝将其译为controlling,十分准确地译出了“管理”、“控制”的意思。第二个作为概念的“理”,是道理、真理的意思,麦丽芝用true principles译出,不仅符合文本原意,而且强化了它的本义,使其在英译中获得了更明确的阐释。

长期以来,麦丽芝的儒家经典翻译遭到许多批评。从《儒家的天体演

---

①Rev. Canon McClatchie, *A Translation of the Confucian* 易经 *or the* "*Classic of Change* "*with notes and appendix*, M. A. Shanghai, American Presdyterian Mission Press, London: Messrs. Trcbner & Co. 57 & 59 Ludcate, 1876, p. 296.

②③Rev. Canon McClatchie, *A Translation of the Confucian* 易经 *or the* "*Classic of Change* " *with notes and appendix*, M. A. Shanghai, American Presdyterian Mission Press, London: Messrs. Trcbner & Co. 57 & 59 Ludcate, 1876, p. 360.

化论》来看，其时他所持的完全是基督教神学中心立场，核心概念的误译是他饱受诟病的主要原因；从《〈易经〉之译——附注解与附录》来看，他的错误主要在于注释和评论的臆想成分过重。而就术语的对译来看，《〈易经〉之译》一书的进步其实是非常明显的。如果说 1874 年翻译《儒家的天体演化论》时，从术语的使用上即可见出完全的神学中心，那么，经过与湛约翰等人的学术论争，麦丽芝的儒家经典文献翻译已开始走出基督教神学中心的局囿，转向立足中国原始文献作以学术为中心的译释。

十九世纪关于“理”概念的英译实践与争论，马礼逊、米怜、麦丽芝、湛约翰、麦都思、理雅各等汉学家都曾经介入，其中湛约翰与麦丽芝的争论尤其具有典型性。争辩的历史语境始于“译名之争”，旁及中国文化性质之讨论，归于儒家典籍之系统译介与研究。

“译名之争”的发生，最初是由于天主教传教士在寻找英语词“God”或希腊词“Deus”、“Deity”的汉语对译词到底应该为“上帝”、“天”还是“天主”时发生争执，后来逐渐拓展到关于“理”、“太极”、“神”等中国思想核心概念的译介与研究。这场争论从 17 世纪耶稣会士开始，到 19 世纪新教传教士入华达到顶峰，历时 200 余年。为了正确传布 God 的教义，西方传教士和汉学家们努力翻检中国典籍，从中寻找对译 God 的汉语词汇及其文献支撑，这种努力反过来为汉学研究与传播提供了重要契机。《印中搜闻》《中国丛报》和《中国评论》作为这一时期中西方文化交流的重要平台，保存了丰富的原始记录。

关于“译名之争”的基本情况，笔者在考察朱子学在英语世界的最早传播时做过简要的论述。在这场争论中，“利玛窦主张采用《尚书》中的‘上帝’一词对译，反对译为‘天’”。“龙华民反对以‘上帝’、‘天’或者‘理’对译，认为按照基督教神学的观点，‘上帝’是至善的，而中国人的‘理’、‘天’和‘上帝’三个概念既包含‘恶’又包含‘善’，善恶混同，所以不适合对应。”[①]利玛窦为了反对后儒以“理”字代替古书中的“上帝”，著《天主实义》。作为中西思想直接对话的第一人，利玛窦关于“理”之意义的阐释取向，为后续传教士对这一概念的研究、讨论和争辩留下漫长的回声。上述 3 种报刊中关于“理”的争辩就涉及“理”之英译、本义、朱子之理的性

①蔡慧清：《论朱子学在英语世界的最早传播与研究》（下），《湖南大学学报》2014 年第 1 期。

质、含义等诸多方面的内容。

《印中搜闻》《中国丛报》和《中国评论》3 种英文报刊中发起“译名之争”的主体是马礼逊、米怜、麦丽芝、湛约翰、裨治文等新教传教士。基本的情况是,马礼逊坚持译 God 为“神”;米怜认为应该译为“上帝”;麦丽芝坚持译为“至神”;麦都思考证认为“太极”最相似;湛约翰则认为“理”最相似,但又不能完全对应。“译名之争”使得他们抱着各自的问题进入儒家经典,向经典寻求答案。尤其是“理”的英译、诠释推动了诸多学术互动与著述成果,它们既完善了“理”概念本身的英译与诠释,又促进了《易经》与朱子学在西方的系统翻译、传播与接受。

如上所述,19 世纪关于“理”概念的英译实践与争论,马礼逊、米怜、麦丽芝、湛约翰、麦都思、理雅各等汉学家曾经介入,其中湛约翰与麦丽芝之间的争论尤具典型性。

湛氏与麦氏争辩的缘起、主题及分歧焦点,大致可见于麦丽芝 1872 年在《中国评论》发表的《〈易经〉的符号》一文,主要内容如下:

> 从异教徒系统的视角考察《易经》,认为《易经》中天文学方面的认知都源自古巴比伦,因而《易经》起源于古巴比伦。按照他的观点,《易经》的起源是在巴别塔驱散之前,那些宗教书被人类的父亲创作或保存,或者是从诺亚时代的洪水中恢复的产物。人类为了到达几个居住点而从巴别塔散离,这些人群的领导人毫无疑问会携带一些宗教书的副本(也许是完整的手抄本),《易经》即是这样的一种版本,只是经过了异教徒的修正而成为一种鬼神崇拜和拜星教微妙结合的唯物主义。麦丽芝宣称,从比较神话学的角度可以领会到各异教徒的修正大致相同,因为各国的祖先最早都是聚集在一个地方的。在唯物主义世界里,宇宙最高的神,巴拉图称为神圣之神,朱夫子称为“至神”(a most Divine),孔夫子称为“太一”(a great Hermaphroditic Monad)。“太一”是伟大天父与伟大地母组成的雌雄同体的单细胞生物。《易经》中的“乾”与“坤”即是“伟大天父”与“伟大地母”,亦即太阳与月亮。乾坤这一正则系统同样渗透到了整个动物的象征世界中,如乾是马,坤是牛;伟大的父亲被象征为公牛,伟大的母亲被象征为母牛,等等。一句话,《易经》中的乾坤、阴阳、天地体系和《圣经》一样,与诺亚方舟的传

说一致。[1]

1874年，麦丽芝将《朱子文集》第四十九章《理气》篇翻译成《儒家的天体演化论》(Confucian Cosmogony)一书在上海出版，书中将“理”统统译为Fate，以“至神”对译“God”。在麦丽芝看来，“儒家思想仅仅是一种生物(或自然)崇拜”[2](Confucianism is merely the worship of *animated* nature)，这是他对于儒家思想的整体认识。

1876年2月，麦丽芝在《中国评论》第4卷第4号发表《阳物崇拜》(Phallic Worship)一文，借评论Mr. Cox《雅利安神话》(Aryan Mythology)继续回应湛约翰1875年5月《儒家的天体演化论》一文对自己的批评。麦丽芝反复申明自己并没有认为儒家学说不道德或者不洁，湛约翰指责他关于儒家学说的不道德、不洁之说纯属批评者个人的观点，并没有得到本土权威和外籍汉学家的支持[3]。援用《雅利安神话》的理论观点，麦丽芝根据《易经》以及孔子的注释指出，乾坤或曰上帝，是代表异教阳具之神的常用符号。乾或曰其雄性部分是男性生殖器，坤或曰其雌性部分是女性生殖器，太极生阴阳。由此他得出这样的推论：“中国人类似不搞基于阳物崇拜之不洁仪式的埃及人。事实上，中国人的这种崇拜是献给阳物神的，在北京向它们献祭。将阳物的时静时勃视为一种圆满本性、一种对‘起源的酬答’。”同年，麦丽芝在上海出版《〈易经〉之译——附注解与附录》一书，书中对“理”的翻译做出了某些调整，不再译为Fate，转而将其与principle、nature或law相关联，但是从异教徒系统诠释中国之神灵、风俗与信仰的研究视角没有变化。

针对麦丽芝将“理”英译为Fate及其对于《易经》中乾坤之类符号象征意义的推断，湛约翰撰文表示反对。1875年5月，湛约翰在《中国评论》第3卷第6号发表《儒家的天体演化论》一文，针对麦丽芝《儒家的天体演化论》一书中翻译与阐释方面的错误提出批评。文章围绕God、“帝”、“命”、“理”、“灵”几个核心术语，展开对麦丽芝译文的反驳和指正。机锋所向，主要在两个方面。其一，湛约翰坚决反对麦丽芝用中文“至神”(The First

---

[1] T. Macclatchie, *The Symbols of the Yih-king*, CRNQ, vol. 3:1 (1872), pp. 151—162.

[2] T. Macclatchie, *ConfucianCosmogony*, CRNQ, vol. 2:4 (1875), p. 84.

[3] T. Macclatchie, *Phallic Worship*, CRNQ, vol. 4:4 (1876), p. 257.

God)一词对译 God。大意是:

“我们不反对跟他(指麦丽芝)一道考察出现神和上帝的文章;但是我们必须积极拒绝在那些思想领域中放肆徘徊。在那里,乾为马、坤为牛,乾为头、坤为胃,乾为父、坤为母,乾为硬、坤为软,乾为天、坤为地。在那些没有被描述成至神或者上帝的地方,我们就应该节省时间让它休息一下,而不必凭臆想去推断。”①在他看来,麦丽芝的这本书,“与其说是对儒家天体演化论的阐释,不如说是作者为了排斥前一个术语(即“上帝”对译“God”),提倡使用后一个概念(“至神”)而写②。麦丽芝在整篇译文中都是为了说明:“‘上帝’和‘理’是同一概念。但是这位译者处处致力于把他钟情的‘至神’这一概念抬上这个尊荣的位置,又因为极度眼红‘上帝’会得到这个位置,甚至就把‘上帝’放到了奇怪的位置。”③

其二,湛约翰坚决反对麦丽芝将“理”英译为“Fate”(命),将“命”理解成自然法则中的“理”。通过分析朱熹哲学体系中的核心词汇,湛约翰认为朱子不相信“神”的存在,朱子哲学中有关“命”与“理”的观点都可以理解为“上帝”与“理”等同,而不是麦丽芝所认为的“Fate”即“命”与“理”等同,所以麦丽芝将“理”翻译阐释为“Fate/命”是错误的,“理”不等于“命”④。为了证明这一点,湛约翰对朱子著作与《易经》进行了一番系统的考察,他发现“神”在朱夫子的文集中极少出现,“至神”也不是中国自古存在的神,该词仅在《易经·系辞上》中出现了一次——“非天下之至神,其孰能与于此”,其意义与地位根本不能与基督教的 God 相并提,因此,麦丽芝“首先应该

①John Chalmers, *Confucian Cosmogony*, CRNQ, vol. 6:3 (1875), p. 351.

②John Chalmers, *Confucian Cosmogony*, CRNQ, vol. 6:3 (1875), p. 343: This Book abounds, unintentionally, we must in charity suppose, in forced interpretations, distorted facts and illogical reasoning, in reference to the two terms *Shangti* and *Shin*; it being much more the object of the author to vility the former term, and exalt the letter, than to clucidate Confucian Cosmogony.

③John Chalmers, *Confucian Cosmogony*, CRNQ, vol. 6:3 (1875), p. 348: All this goes to shew that in the opinon of the respondent "*Shangti*" and Law are identical. But the translator has everywhere striven to get his favorite term *Chi-Shin* into his honourable position, and is exceeding this word even to strange places.

④John Chalmers, *Confucian Cosmogony*, CRNQ, vol. 6:3 (1875), p. 342.

放弃'命就是神'的观念，因为神从来不命令任何事情[①]。湛约翰不赞同将“理”英译为Fate，认为应该根据参同旧译为principle of order。援引朱熹《文集》第49章之“总天地万物之理便是太极”一语，湛约翰推演此“理”之涵义近似上帝/God[②]，而与麦丽芝所说的命/Fate根本不能对应。

湛约翰的文章刊出后，麦丽芝紧接着在《中国评论》1875年第4卷第2号发表《儒家的天体演化论》的同题文章为自己辩解，同时对湛约翰的观点提出反批评。麦丽芝认为湛约翰的批评荒诞不经，自己将“理”翻译为Fate是合理的，与斯多葛学派的理论相符。而湛约翰将“理”译为Law并认为其仅仅是一个抽象的概念，这种做法与朱夫子自己认为他的“理”不仅仅是一个抽象概念的事实不相符，湛约翰此般翻译只会使得朱子学中章节完整的第一部分成为看似完美的废话[③]。麦丽芝转而批评湛约翰“试图冒险改变儒家宇宙演化论以符合自己对其相关知识的需要”[④]。这显然是对湛约翰指责他为了抬出“至神”概念而翻译《儒家的天体演化论》之举的回敬。

总结上面的叙述可知，湛约翰与麦丽芝之间关于“理”概念英译等问题的争论，分歧的焦点在于对周敦颐与朱熹《太极图》的理解。湛约翰认为“上帝”和“理”是同一概念，但“理”不等同于“命”(Fate)。麦丽芝对于“太极”的理解及其在《儒家天体演化论》中将“理”英译为Fate的做法是错误的，其目的是为了抬出“至神”、否定“上帝”概念。为了证明自己的观点，湛约翰将朱熹《性理大全》之《太极图》第八篇译成英文，并在《中国评论》1876年第4卷第4号刊出，企图以此为自己正名。但是，湛约翰的批评至少在当时并没有赢得麦丽芝的认同。麦丽芝反过来批评湛约翰将“理”英译为Law是错误的，这种翻译使得朱熹的《太极图》像一堆看似完美的废话，指责湛约翰的这种译法是试图冒险改变儒家宇宙演化论以符合自己对其相

---

①John Chalmers, *Confucian Cosmogony*, CRNQ, vol. 6: 3 (1875), p. 353: And we would also counsel him, in conclusion:——First of all, to abandon the notion that “Fate is *Shin*.” because *Shin* never decrees anything.

②John Chalmers, *Confucian Cosmogony*, CRNQ, vol. 6: 3 (1875), p. 345: It used to be translated, a “*principle of order*;” and is in fact equivalent to the English word “*Law*” as applied to nature. “collecting all the Laws(God) of the Universe to make one Great Extreme.”

③T. Macclatchie, *Confucian Cosmogony*, CRNQ, vol. 2: 4(1875), pp. 84—85.

④T. Macclatchie, *ConfucianCosmogony*, CRNQ, vol. 2: 4 (1875), p. 95: ventures to alter Confucian Cosmogony to suit his own want of knowledge.

关知识的需要。

湛约翰与麦丽芝的争论引起了时人的关注。1876 年,《中国评论》在刊发湛、麦二人的争论文章后,又相继发表或转发了 3 篇匿名通讯员的评论文章,对麦丽芝的观点提出批评。

匿名通讯员文章之一发表于 1876 年《中国评论》第 5 卷第 1 号,转自《教务杂志》同年 5—6 月份第 3 期和 7—8 月份的第 4 期。文章对麦丽芝的翻译提出批评,具体针对他的“儒家的天体演化论”观点提出质疑。作者认为:

> 麦丽芝习惯于说“儒家的天体演化论”,就好像孔子曾有过这样的提法,而其实只要我们理解儒教,就知道儒教的核心是没有宇宙演化论的。在麦丽芝看来,朱熹对于道教、佛教和儒家思想的混合已经完全取代了儒教思想的地位。但是,文章作者认为,孔子本人从未提及所有关于伏羲、神农和黄帝的传说,虽然《易经》后半部分提到过,但这明显是后经典的起源,所有这些传说都被麦丽芝不加批判地当成儒家思想的精髓。针对麦丽芝依据孔子的说法认为上帝就是太皞或者伏羲的观点,文章要求麦丽芝能够为他的说法提供值得让人信服的证据,因为人们无法相信孔子说过任何关于上帝是伏羲的话。作者最后得出这样的结论:人们没有必要听信麦丽芝关于异教的观点,在他编写的经典中,他竭力证明孔子在摩西之前,他的论证结果显示他的判断是如何的未加以判断[①]。文章还进一步谈到,目前我国(当指英国)的现代报纸、期刊和书籍,对于中国主题方面的分类还比较混乱,术语问题的讨论对于办好《教务杂志》具有重要意义,假如以一种更健康的语气来讨论问题,可能会收获更好的实际效果。[②]

上述评论文字既是对麦丽芝的尖锐批评,也包含着对朱熹学说的诟病。这种诟病的传统源于利玛窦的《天主实义》,“在中国哲学史上,利玛窦是第一个从正面否定性理学道统(正统)意识的人。他肯定孔子及其弟子的原始儒学为真正的儒学,并对其拥抱和包容。同时,反驳当时文人视为正统的宋明理学(即性理学),称其是被异教,即佛教和道教污染、

①②Corrspondent, *Short notices of New Books and Literary Intellgence*, CRNQ, vol. 1:5 (1876), pp. 60—61.

歪曲的儒学"[①]。从这个角度来说，这位匿名通讯员的学术立场与利玛窦相一致，认同中国的原始儒学，对朱熹学说则持贬斥的态度。由此我们也可以看到他反对麦丽芝的原因。麦丽芝完全从神学中心论出发，臆想《易经》等中国经典起源于西方的《圣经》，同时他又没有拘囿于利玛窦以来多数西方汉学家不承认、不愿意正视朱子学取代儒教的现实之传统，后者尤其不能为同时期传承利玛窦观点的汉学家们所接受。

匿名通讯员文章之二、三均刊于1876年《中国评论》第5卷第2号"学界消息"栏目，其中第二篇文章用很长的篇幅对麦丽芝《〈易经〉之译——附注解与附录》一书作了介绍和评论。主要内容与基本观点可以概括为四个方面。

其一，麦丽芝《易经之译》书名与内容名不副实。用作者的话来说，"这本书自称是《易经》的翻译，实际上，在翻译的面具下，这本充满辩证思想的小册子始终在做'译名之争'（神还是上帝对译God）的事"[②]。其二，《易经之译》是麦丽芝主观臆想的产物，书中充满对于儒家天体演化论的误解和《易经》起源的臆想。作者认为，麦丽芝对《易经》既没有做深入的研究，翻译时又没有忠实于原著，其翻译没有采用任何有争议的评论，也没有作出对《易经》文本及评论的历史和语言学的深入调查，他只是一味地谴责把God译为上帝的做法，特别是他"关于儒家宇宙起源论之类的胡言乱语是不存在的，这只是他自己的想象"。所有这一切说明，《易经之译》完全是一部草率之作。其三，麦丽芝将"古典的神"理解为"至神"从历史学与语言学上考察都是错误的。在中国典籍《易经》中，"至神"的概念只出现了一次，这里根本就没有God（上帝）。其四，《易经之译》还充斥着大量低俗的错误。如把"彖曰"翻译为"文王说"，把"文言"翻译为"孔子说"，一次次地把孔子翻译为"我的主人"，把"系辞"翻译为"孔子评论"等等，还将佛教术语"劫"插在正文翻译或附加在脚注中，去解释"最古老"的中国经典，还运用"图"、"易数"之类的术语去解释古老的《易经》，这些都是中世纪

---

①［韩］宋荣培：《东西哲学的交汇与思维方式的差异》，朴光海、吕钼译，河北人民出版社，2006年，第32页。

②Corrspondent, *Short notices of New Books and Literary Intellgence*, CRNQ, vol. 2:5 (1876), p. 132.

道教和佛教的宇宙演化论者陈抟和邵雍的发明。诸如此类的作法,在作者看来,简直就是对《易经》的玷污。

为此,作者高呼:“现在,我们必须拒绝所有污染书本的脏水,即麦丽芝的翻译和注释中所使用的猥琐的言论。他们并非出自原文,并没有忠实于原著,尽管我们无条件地支持儒家学说而不怀任何偏见,但我们认为,抗议任何对《易经》哲学以及所有儒学的诽谤和误传,是我们义不容辞的责任。如同敬畏《圣经》一样,我们毫不犹豫地坚信:《易经》和《圣经》同样纯洁。”[①]文章结尾,作者特别声明,他对麦丽芝本人毫无恶意,麦丽芝也完全不认识他,这使得作者的身份多了一层神秘的面纱。但是,结合文章倒数第二段中下面这段话:“任何一个居住在英格兰的中国人如果以同样的原则(像麦丽芝解读《易经》一样)来解读《圣经》,像麦丽芝一样表达他们不洁的思想,那他一定会去找霍利威尔街头的某个书商”[②],据此可以肯定作者是英国人。而在当时,如此精通中国典籍的英国人,除了湛约翰本人和理雅各以外,还有谁呢?

与第二篇匿名通讯员文章专门批评麦丽芝不同,第三篇文章的内容主要是介绍和评论湛约翰在上海出版的新著《简论神、灵与帝》(*The Question of Terms Simplified, or the meanings of Shan, Ling and Ti in Chineses made plain by induction*),但文章开篇,作者直言不讳地批评麦丽芝仅仅凭着自己的臆想,就主张放弃“上帝”一词,转而提倡用“至神”一词对译 God,这种做法引发了学术界关于“译名之争”的新一轮争议[③]。与麦丽芝的草率不同,湛约翰的《简论神、灵与帝》一书“尝试简化所有‘译名之争’的问题”,“这种简化就是排除所有比较语言学、比较神话学、哲学本体论和神学的方法,严格地视之为中国语言学的事情”[④]。作者认为,湛约翰的这本书“从语言学上论述中国的神、灵和帝,全书有理有据地展现在懂

---

①Corrspondent, *Short notices of New Books and Literary Intellgence*, CRNQ, vol. 2:5 (1876), p. 133.

②③Corrspondent, *Short notices of New Books and Literary Intellgence*, CRNQ, vol. 2:5 (1876), p. 135.

④Corrspondent, *Short notices of New Books and Literary Intellgence*, CRNQ, vol. 2:5 (1876), p. 136.

汉语的读者面前的，只是更经得住读者考验的真相，而不是棘手的争论”[1]，书中所引《书经》《易经》《淮南子》等文献资料均具有永久的价值。这一贬一褒中，作者与编者的学术立场一目了然。

湛约翰等人与麦丽芝关于“理”概念英译与阐释等问题的争论，始于“译名之争”，争论过程却较多地涉及到中国文化性质，特别是儒学性质的争辩。麦丽芝从神学中心论立场出发，多运用比较神话学的理论考察分析中国儒学，主张用“至神”一词对译英语中的God，译“理”为Fate，认为“理”即“命”，“命”就是“神”，儒家学说本质上就是一种“生物崇拜”，是一种有神论。湛约翰则排除所有比较语言学、比较神话学、哲学本体论和神学的方法，完全置身于中国语境之中研究诠释“神”、“灵”、“帝”、“理”等概念的意义内涵。

《中国评论》所刊三篇匿名通讯员的评论文章，对麦丽芝均持批评立场，对湛约翰则褒扬有加。这实际上代表了办刊者的立场，昭示了西方汉学发展必然走出神学中心，转向立足中国固有文献作以学术为中心的译释的进路方向。而就汉学家个体而言，麦丽芝的著作，从《儒家的天体演化论》到《〈易经〉之译——附注解与附录》，在术语对译的选择上，经历了从错用Fate到精确使用controlling、principles和Law对译中国的“理”的过程，主题表述上则是或论证中国儒家的天体演化论或臆想《易经》与《圣经》同源，在汉学研究水平的提升与路径选择方面，则明显地表现出从神学中心走向身学术自觉、从主观臆想走向文献译释的路径特点。扩而言之，这何尝又不是汉学西传的整体进路呢？

回头审视湛约翰等人与麦丽芝关于“理”概念英译等问题的争论，从汉学西传的进路去看，这场争论是难以避免的。主要原因有三：

其一，传教士们为了寻找God的汉语对译词绞尽脑汁，由于传教立场的不同以及对中国文化了解程度的深浅有别，不同的传教士在这个问题上很可能做出不同的选择，形成相反的观点，并因此发生争议。这种因观点分歧而发生的争议可以追溯到利玛窦（Matteo Ricci，1552—1610）的继任者龙华民（Niccolò Longobardo，1565—1655）。龙华民反对利玛窦援采儒

---

[1] Corrspondent, *Short notices of New Books and Literary Intellgence*, CRNQ, vol. 2:5 (1876), p. 136.

学诠释天主教教义的传教政策，反对用“天”、“上帝”和“天主”指称基督教的造物主 Deus，主张将其音译为“陡斯”。对于朱熹的“理”概念，龙华民也不甚认同。

其二，“理”作为中国思想的核心概念，其译介诠释必然涉及到对中国文化性质的理解与讨论。而朱熹学说本身之“理”概念的内涵也为有神、无神的争论留下了空间。一方面他的“理”附属于“心”、“身”，另一方面他的“理”又能决定人类命运，还能惩恶扬善、指挥和命令人类，具有人格神的意志。由于朱熹学说在明代以后成为中国官方学说的代表，传教士们关于朱熹哲学的讨论转化成中国官方哲学是有神论还是无神论的争论，并逐渐上升为关于中国文化性质的讨论。耶稣会士坚持认为是有神的，“理”就是神。稍后到中国传教的巴黎国外传教会的传教士则认为是无神的，并因此禁止中国的天主教徒参加祭祖、祭天等活动。一位在中国传教多年后返回巴黎的传教士阿尔蒂斯·德·利阿纳(中国名字叫梁宏仁)还鼓动他的好友、著名哲学家马勒伯朗士撰文批评中国哲学，后者为此写作《一个基督教哲学家和一个中国哲学家的对话——论上帝的存在和本性》一书，1708 年在法国出版。书中，马勒伯朗士认为朱熹的“理”的观念与自己的“神”的观念相一致。巴黎国外传教会的传教士于是就利用马勒伯朗士的学说向中国学者宣讲基督教的教义。耶稣会士则批评该书中的“理”和中国人本来的“理”是不一致的，理解上有偏差。但是，耶稣会士们尽管反对国外传教会派，认为中国人是有神论，却因为没有很好地理解朱熹哲学，因而提不出有力的反对的理由。倒是德国数学家、哲学家莱布尼兹欣赏中国儒学，赞同利玛窦的传教政策，主动为中国哲学辩护。莱布尼兹把儒学定位为“自然神学”，认为理、太极、上帝都是对同一对象的定义，只是各有偏向，“太极”是从宇宙生成与演化而言，“理”和“理性”是从上帝的绝对性而言，“上帝”是从世界的主宰而言。诸如此类的争论使得朱子学在欧洲宗教界和学术界成为流行话题[①]。湛约翰与麦丽芝是否受到这场争论的影响我们没有考证，但是从两人的论争中，我们也能够感受到当时汉学西传的时代

①有关朱熹“理”的观念的争论一直持续到二十世纪。庞景仁为了使西方人弄懂朱熹哲学，解释清楚“理”概念的含义，还特意用法文写作了《马勒伯朗士的“神”的观念和朱熹的“理”的观念》一书，文中相关论述请参阅：庞景仁著，冯俊译：《马勒伯朗士的“神”的观念和朱熹的“理”的观念》，商务印书馆，2005 年，第 26 页。

温度。

其三，中西哲学基础不同必然导致对相关核心概念理解的差异。西方哲学，比如马勒伯朗士的哲学，是以宗教为基础的，而中国哲学包括朱熹哲学是建立在道德基础上的。西方传教士从基督教神学中心论出发，考察包括“理学”在内的中国思想文化，必然引发诸多让人惊骇的观点。就天体演化论而言，按照基督教的观点，西方的天体生成、演化原初动力是上帝，是一种内在动力；朱子宇宙发生和演化的理气说则认为，“理”是依托于心或物，是附着、从属状态的，并非万物的本源，所以是一种外在动力。而且理气说在朱子时代才系统成型，上古儒学中并无系统的论述，正统的儒家甚至没有关于天地演化的观点，朱熹的理气论是混合了道家、释家的儒家思想，并不能代表纯粹的儒家观念。所以麦丽芝将朱子《理气论》译为《儒家的天体演化论》就会招致质疑。就终极目标而言，中国哲学的出发点与终极目标是“究天人之际”，古代希腊哲学是出于对自然秩序的惊异与好奇。朱熹的“理”其实是一种主体参与应对外在事物的客观法则。欧洲传教士根据自己的文化理念，在诠释“理”时，很容易附加上对自然秩序的理解，分歧于是不可避免地发生了。个中情形我们从前文罗列的译释案例中可见其概。

第五节 译释变通：理雅各的“理”译实践

19 世纪西方关于“理”的翻译与阐释至理雅各集其大成。理雅各(James Legge，1815－1897)，伦敦布道会传教士，出生于苏格兰亨特里镇，与米怜同乡。与米怜的儿子美魏茶同学，1840 年两人一同到达马六甲传教。理雅各精通拉丁文与中文，能在中、英、拉三种语言之间自由转换。曾任马六甲英华书院最后一任院长，香港英华书院第一任院长。还曾授意他的第一任妻子玛丽创建英华书院附属女子学校，该校是中国最早的女校之一。香港教育在理雅各的推动下开始由宗教教育转向世俗教育。

理雅各是第一位系统研究和译介中国典籍的西方人，与法国的顾赛芬、德国的卫礼贤并称为汉籍欧译三大师。1861 至 1886 年 25 年间，他将“四书”、“五经”等中国经典译成英文，共 28 卷，对中国文化经典的海外传播做出了巨大贡献。

理雅各的汉学译著动态在《中国评论》学界消息栏目有诸多报道,但未见刊中登载其具体译文,本文只好结合其《汉英四书》等著作,略举其与“理”概念英译相关的8个例子,考察他关于“理”的英译实践。

例一:中者,天下之正道,庸者,天下之定理。(《中庸》)

理雅各译释为:By ZHONG is denoted the correct course to be pursued by all under heaven;By YONG is denoted the fixed principle regulating all under heaven. ①

例二:昔者圣人之作《易》也,将以顺性命之理。(《周易·说卦传》)

理雅各译释为:Anciently, when the sage made the YI, It was with the design that (its figures) should be in conformity with the principle underlying the nature (of men and things),and the ordinances (for them) appointed (by Heaven). ②

例三:心之所同然者何也?谓理也,义也。圣人先得我心之所同然耳。故理义之悦我心,犹刍豢之悦我口。(《孟子·告子章句上》)

理雅各译释为:What is it then of which they similarly approve? It is, I say, the principles of our nature, and the determinations of righteousness. The sages only apprehended before me that of which my mind approves along with other men. Therefore the principles of our nature and the determinations of righteousness are agreeable to my mind, just as the flesh of grass and grain-fed animals is agreeable to my mind, just as the flesh of grass and grain-fed animals is agreeable to my mouth. ③

上述3例中,“理”的核心对译词是 principle,但是理雅各又能根据汉语文本的语境特点以及原文中对“理”的限定采取灵活变通的译法,将“定理”译为 the fixed principle,将“心之所同然者”之“理”译为 the principles of our nature,将“理义”译为 the principles of our nature and the determinations of righteousness,凡此皆可以见出他对汉语文本理解的准确与精微。

---

①[英]理雅各译:《汉英四书》,刘重德、罗志野校注,湖南出版社,1991年,第25页。

②Translated by James Legge,*The Sacred Books of China . The Texts of Confucianism. Part II* . Oxford: at Clarendon Press,1882,p. 421.

③[英]理雅各译:《汉英四书》,刘重德、罗志野校注,湖南出版社,1991年,第479页。

例四：齐庄中正，足以有敬也。文理密察，足以有别也。(《中庸》)

理雅各译释为：self-adjusted, grave, never swerving from the Mean, and correct, fitted to command reverence; accomplished, distinctive, concentrative, and searching, fitted to exercise discrimination. ①

本例中，理雅各将语词"理"英译为 distinctive，显然是参考了朱熹的注释。朱熹《中庸章句》释"文理密察"云："文，文章也。理，条理也。密，详细也。察，明辩也。"② distinctive 的意思是区别的、鉴别性的、独特的或者条纹，以之对译此句之"理"，无疑是精准的。但是 distinctive 是形容词，如果对译作为概念之"理"，显然又不合适。

例五：君子之道，淡而不厌，简而文，温而理，知远之近，知风之自，知微之显，可与入德矣。(《中庸》)

理雅各译释为：It is characteristic of the superior man, appearing insipid, you never to produce satiety; while showing a simple negligence, yet to have his accomplishments recognized; while seemingly plain, yet to be discriminating. He knows how what is distant lies in what is near. He knows where the wind proceeds from. He knows how what is minute become manifested. Such a one, we may be sure, will enter into virtue. ③

本例中的"理"与例四相同，是纯粹的语词，并非概念术语。朱熹《中庸章句》注云："淡、简、温，䌹之袭于外也，不厌而文且理焉，锦之美在中也。"④当代学者一般解释为：温和而富有条理。理雅各根据朱子的注释确定"温而理"的字面意思为"平淡而特征明确"，将"理"对译为 Discriminating，意思是有辨别力的、有鉴别力的、形成区别的、特征显著的。译文稍显冗长，但意思准确详备。

例六：貉稽曰："稽大不理于口。"(《孟子·尽心章句下》)

理雅各译释为：Mo Ji said, "Greatly am I from anything to depend

①[英]理雅各译：《汉英四书》，刘重德、罗志野校注，湖南出版社，1991 年，第 57 页。
②朱杰人主编：《朱子全书》(第六册)，上海古籍出版社、安徽教育出版社，第 56 页。
③朱杰人主编：《朱子全书》(第六册)，上海古籍出版社、安徽教育出版社，第 59 页。
④朱杰人主编：《朱子全书》(第六册)，上海古籍出版社、安徽教育出版社，第 58 页。

upon from the mouths of men. ”[①]本例中的“理”也是一个纯粹的语词,非概念术语。朱子注云:“理,赖也。”理雅各将其对译为 depend upon/理会、顾及、依靠,十分合乎汉语文本“理”的原意。

例七:观于阴阳而立卦,发挥于刚柔而生爻,和顺于道德而理于义,穷理尽性以至于命。(《周易·说卦传》)

理雅各译释为:They contemplated the changes in the divided and undivided lines (by the process of manipulating the stalks), and formed the trigrams; from the movements that took place in the strong and weak lines, they produced(their teaching about)the separate lines. There ensued a harmonious conformity to the course (of duty) and to virtue, with a discrimination of what was right, and effected the complete development of (every) nature, till they arrived (in the YI) at what was appointed for it (by heaven). [②]

本例中两个“理”字。第一个是动词,“控制、掌握”的意思。第二个“理”是概念,“真理、本理”的意思。理雅各对第一个“理”字的翻译语焉不详,将第二个“理”译为 discrimination of what was right,凸显其辨别、鉴别对错之意。同样一句话,麦丽芝将第一个“理”译为 controlling,十分准确地译出了“管理”、“控制”的意思,将第二个作为概念的“理”译为 true principles(见前)。两相比较,优劣毋庸赘言。这种情况说明,理雅各的中国经典翻译虽然赢得普遍认同,但并非无可挑剔;麦丽芝的翻译虽然饱受诟病,但也有可借鉴之处。

例八:金声也者,始条理也;玉振之也者,终条理也。始条理者,智之事也;终条理者,圣之事也。(《孟子·万章章句下》)

理雅各译释为:The metal sound commences the blended harmony of all the instruments, and the winding up with the stone terminates that blended harmony. The commencing that harmony is the work of wisdom. The terminating it is the work of sageness. [③]

---

①[英]理雅各译:《汉英四书》,刘重德、罗志野校注、湖南出版社,1991 年,第 542 页。

②Translated by James Legge, *The Sacred Books of China . The Texts of Confucianism. Part II*, Oxford: at Clarendon Press, 1882, p. 421.

③[英]理雅各译:《汉英四书》,刘重德、罗志野校注,湖南出版社,1991 年,第 453 页。

本例中“理”的核心对译词是 harmony，指音乐的协调或和声。

理雅各《汉英四书》译名对照表中，标明“理”的对译词是 distinctive 和 principle，但实际上不管是在“四书”还是《易经》的翻译中，他的翻译与诠释都能根据具体语境做出调整，或译为 harmony，或为 discriminating，或为 discrimination，有时还译为 the principles of our nature。译“理义”为 nature and the determinations of righteousness。译“条理”为 the blended harmony of all the instruments。从上述译释范例可以看出其“理”概念英译的两个面相特征，一是采用 principle 作为核心词，加以限定后针对“理”的不同类型变通使用，如例一至例三；二是紧扣朱熹注释，作详尽冗长的译释，如例四、五、七、八。这种翻译方法，无论是作为经典外译研究还是外国人学习译释的教材，都已经得到学术界的认同。

总结上面的叙述，从马礼逊、米怜、麦都思、湛约翰、麦丽芝到理雅各，19 世纪英语学界关于“理”的英译，至少出现过 11 种不同的译法：(1)Principle，意即原理、原则，主义、政策；本质、本体、本能、本性。(2)reason，意谓理由、缘故，理性、道理、条理、推论。(3)harmony，调和、融洽、适应，[乐]协调、和声(学)，[宗]四福音对照书。(4)law，法律、法令、法典，法学，(事物或科学的)法则、规律、定律、定理，(生活或各种游戏的)惯性定律、规则，(宗教)戒律。(5)truth，真相、真理。(6)Providence，神意、天道、天命、神、上帝。(7)Fate，命运神、命运、宿命。以上均译为名词。还有译为名词兼动词、动词或形容词的，如(8)译为名词兼动词：order，作名词用时，意谓条理、次序、规则、礼法、[宗]仪式、祭礼；作动词用时，意谓整理、整顿、建立秩序。(9)译为动词：controlling，管理、监督。(10)译为形容词：distinctive，区别的、鉴别性的、独特的、有特色的。(11)译为形容词：discriminating，有辨别力的、有鉴别力的、有差别的、区别对待的、形成区别的。如此丰富的英文对译，既与“理”概念在中国思想体系中生成与演变的复杂性相对应，说明“理”含义的丰富与难译，也可以见出西方世界在接受中国理学文化时的心态以及曾经出现的分歧与争论，后者对于理学文化的西传无疑产生过推动作用。

第五章 “理”概念译释与理学西传的面相(下)

进入20世纪，随着英语世界一些大学开设中国哲学课程，有关中国哲学文献的翻译，特别是朱子学方面的译述，日益引起英语学界的重视，专门探讨中国哲学术语问题的著述相继出现。卜道成、卜德、陈荣捷、吴怡、柯雄文、成中英等著名学者的著作中，都或多或少涉及到“理”的翻译与诠释，从渊源上看，其英译的实践形式与基本的面相特征直承19世纪而演进。

第一节 汇通与就简：卜道成与卜德的共相

卜道成(J. Percy Bruce，1861—1934)，英国浸礼会牧师，汉学家，在中国的主要活动除传教以外，还热衷于兴办教育，从事汉学研究与著述。1908年，卜道成在济南老城区强购土地，为英国浸礼会和北美长老会合办的山东新教大学(Shantung Protestant University)筹建新址，学校1909年改名为山东基督教共合大学(Shantung Christian University)，1917年更名为基督教齐鲁大学，卜道成在1916—1920年间任校长。1925年起担任伦敦大学东方语言学院中文系教授，曾邀请老舍到该系任教，后又于1930年推荐老舍到齐鲁大学国学研究所任教授。老舍在伦敦大学教授汉语期间自制的精美教案至今留存，这是现代世界汉语教育史上的一段佳话。

卜道成早年研究过中国、日本、朝鲜的农业发展史。1922年编译出版《朱熹的人性论》(*The Philosophy of Human Nature by Chu Hsi*)，为了配合此书的著译，卜道成特别写作了《朱熹和他的前辈们：朱熹与宋代新儒学导论》(*Chu Hsi and His Masters: an introduction to Chu Hsi and the Sung School of Chinese Philosophy*)(1923)一书，这是西方世界第一部研究朱熹哲学的专著。

从源流上看，卜道成关于朱子哲学概念的翻译与诠释，主要沿用理雅各的译法，将“理”译为Principle或Law。但是，当“理”作为概念术语出现时，卜道成有时又沿袭马礼逊、米怜、麦都思等人的做法，直接采用汉语拼音 Li，并仿此将“性理”音译为 hsing-li，“空理”音译为 k'ung-li。这种做法在二十世纪后期赢得许多学者的认同，成为翻译概念术语时经常采用的一种方法。兹举四例，以见其概。

例一：气附属于理。

卜道成译为：Ch's subordinate to Li. ①

例二：作为天理的乾。

卜道成译为：Ch'ien, the heavenly principle. ②

例三：天与命，性与理，四者之别：天则就其自然者而言之，……理则就其事事物物各有其则者言之。……到得合言之，则天即理也，命即性也，性即理也，是如此否？

卜道成译为：In distinguishing between the four terms HEAVEN and the DECREE, the NATRUE and LAW, would it be correct to say that in the term Heaven the reference is to its attribute of self-existence, …… but that taking them together, HEAVEN is LAW, the DECREE is NATRUE, and the NATRUE is LAW?③

例四：儒家言理是性理，佛家则是空理。

卜道成译为：While the principle of the Confucianists realize is hsing-li(principle inherent in human nature), that understood by the Buddhists is k'ung-li(principle as Emptiness).

除了上述译例，卜道成在《导论》中还提及同时代其他学者关于“理”的一些译法，如翟理思(Giles, H. A. 1845—1935)译“天与理同一”为 Heaven identical with Li(Law)。奥利佛·洛奇爵士(Lodge, Sir Oliver)将“气附属于理”译为：Matter subordinate to Law④ 等，从中可以管窥他关于“理”概念译释的学术语境。

德克·卜德(Derk Bodde, 1909－2003)是美国汉学摆脱欧洲汉学影

---

①②[英]卜道成：《朱熹和他的前辈们：朱熹与宋代新儒学导论》，谢小东译，厦门大学出版社，2010年，第 193 页。

③J. Percy Bruce, *The Philosophy of Human Nature by ChuHsi*, M. A. Lond, PROBSTHAIN &CO., 41 Great Russell St., London, W. C. 1922, p. 3.

④[英]卜道成：《朱熹和他的前辈们：朱熹与宋代新儒学导论》，谢小东译，厦门大学出版社，2010年，第 203、210 页。

响、谋求独立发展时期出现的第一批著名汉学家之一。他除了翻译冯友兰的名著《中国哲学史》以外,还著有《中国思想,社会和科学:前近代中国科学技术的思想文化与社会背景》《中国物品西传考》《中国思想西传考》《中华帝国的法律》《北京日记——革命的一年》等著作和大量论文。这些著作和论文奠定了他在美国最优秀汉学家中的地位①。

具体到“理”概念的英译,卜德通常将“理”翻译成 principle,与 Ether(气)对举。将与“实理”相关的“理”译为 Principle,“文理”译为(wen li) The Patterned Principle;“条理”译为(tiao li) The Orderly Principle;“天理”(tian li)译为 Heavenly Principle。将“事物之理”译为 The Principles of Things②;译“名理”为(ming-li) Principles based on the analysis of names③。将抽象的“理”译为 Law,有时也将其直接音译成 Li。将“宇宙万物之性”译为 universal Law,将“个体之性”译为 individualized Law。兹举 7 例,以见其概。

例一:理与太极。

卜德译为:Principle and The Supreme Ultimate. ④

例二:一物有一物之理。宇宙万物,各有其理。

卜德译为:When a certain thing is made, there is in it a particular Principle (li). For all things created in the universe, there is in each a particular Principle. ⑤

例三:关于“理学”的翻译。

卜德译为:Rationalism (Li Hsiueh or Study of Principle),或者(School of the Study of Principle). ⑥

---

①关于德克·卜德其人及其汉学研究的基本情况,请参看笔者《德克·卜德研究三题》,硕士学位论文,华东师范大学,2005 年。

②Fung Yu-lan, *A Short History of Chinese Philosophy*, Ed. By Derk Bodde,赵复三汉译,天津社会科学院出版社,2007 年,第 273 页。

③Fung Yu-lan, *A Short History of Chinese Philosophy*, Ed. By Derk Bodde,赵复三汉译,天津社会科学院出版社,2007 年,第 466 页。

④Fung Yu-Lan, *A History of Chinese Philosophy* (Vol. II), Translated by Derk Bodde, Princeton University Press, 1953, p. 534.

⑤Fung Yu-Lan, *A History of Chinese Philosophy* (Vol. II), Translated by Derk Bodde, Princeton University Press, 1953, p. 535.

⑥Fung Yu-Lan, *A History of Chinese Philosophy* (Vol. II), Translated by Derk Bodde, Princeton University Press, 1953, p. 533.

例四:穷理尽性以近于命。

卜德译为:By the exhaustive study of Principle (li) and complete development of the nature,one attains to(Heavenly) Decree.[①]

这一句译文相比于麦丽芝和理雅各的译释精进许多。

例五:关于“宇宙万物之性”与“个体之性”的翻译。德克·卜德在《中国人关于灵魂不朽的观念:朱熹之论及其与佛教的关系》(*The Chinese view of Immortality: Its Expression by Chu Hsi and Its Relationship to Buddhist Thought*)一文中,将“宇宙万物之性”译为 universal Law. 译“个体之性”为 individualized Law[②]。

例六:关于“抽象之理”的翻译。也是在《中国人关于灵魂不朽的观念:朱熹之论及其与佛教的关系》一文中,卜德对朱熹宇宙观之双层含义及其“理”之复合含义做过这样的译释:

According to Chu Hsi, the universe is a dual one. On the one hand, there exists a physical world of concrete matter; on the other, a metaphysical world made up of abstract li(translated by me as Law). This li or Law is multiple……[③]

文中明确表示他主张将“抽象之理”译为 li or Law。

例七:关于“文理”与“条理”的翻译。普林斯顿大学 1953 年出版的德克·卜德译冯友兰《中国哲学史》中有一段关于“道”与“理”的论述,其中涉及到《中庸》之“文理”与《孟子》之“条理”的译释。原文如下:

What operates through Heaven and man alike is called Tao. As to li, this word appears very rarely in the sacred classics. The“patterned principle”(wen li 文理)of the Doctrine of the Mean (P. 326),and the “orderly principle”(tiao li 条理)of the Mencius(VIB. 1) both have reference to the fact of Tao has an orderly sequence, just as jade has its veins and

①Fung Yu-Lan,*A History of Chinese Philosophy* (Vol. II),Translated by Derk Bodde,Princeton University Press,1953,p. 650.

②③Derk Bodde,*The Chinese view of Immortality: Its Expression by Chu Hsi and Its Relationship to Buddhist Thought*,in *Essays on Chinese Civilization*,Edited by Charles Le Blanc and Dorthy Borothy,Princeton University Press,Princeton,New Jersey,1981,pp. 316—317.

markings, and the earth its dividing contours. ①

按照卜德的翻译,“道”贯天人,至于“理”,在中国经典中出现甚少,有《中庸》之“文理”,《孟子》之“条理”,其意义均指道有先后,如玉有其纹路,地球有其裂纹。

综观上述译例,卜德关于“理”的翻译和阐释,与卜道成的译法呈现出共同的面相特征。即作为法则、事理时,两人均译“理”为Law,与性、情相关联时,多译为Principle;与心相关时译为Law;与生相关时译为Principle。生就是性,所以性理学之“理”译为Principle。从上述译释情况看,卜道成和卜德对于汉语“理”之含义的理解已相当精微,尤其是卜德的译释切合了“理”的学术原意,准确把握了理学学术形态偏向于“性理”的事实。将“理”英译成Li,Principle,Law,分别考虑到了“道理”“事理”“条理”“名理”“性理”的不同情况。这一格局在此后形成常态,致力于中国哲学外推的学者如吴怡、陈荣捷、成中英、唐君毅、以及汉学家柯文雄(Antonio S. Cua)等人对于“理”的译释基本上循此路径展开。

第二节 “语义法”还是“官衔法”:卜德与卜弼德等的争议

关于“理”等中国哲学核心词汇的英译,卜德不仅有实践还有理论的交流、争辩与体系建构。争论因“理”这一具体概念而起,最终却引发了国际汉学界对中国哲学术语翻译框架的思考。参与的学者有加州伯克利著名语言学家和汉学家卜弼德(Peter A. Boodberg,1903—1972)、加州大学伯克利教授著名汉学家薛爱华(Edward H. Schafer, 1913—1991)、芮沃寿(Arthur F. Wright,1913—1976)、方志彤(Fang, Achilles 1910—1995)等举足轻重的汉学家或华裔学者。比如薛爱华,学界常有人将其学术兴趣、方法和成就与伟大的德裔美国汉学家、博物学家劳佛尔(Berthold Laufer, 1874—1934)先生相提并论,因为他们都继承了传统欧洲汉学的优良传统,并在美国汉学研究向中国学研究转型,且“汉学研究”(Sinology)将被“中

①Fung Yu-Lan, *A History of Chinese Philosophy*, Translated by Derk Bodde(Vol. II), Princeton University Press, 1953, p. 650.

国学研究”(China Studies)淹没时期坚守传统汉学研究地位、路径和风格。这场论争与前述19世纪湛约翰、麦丽芝等关于“理”译释的争论不同,突出表现为它已经从寻求单独概念的对译演进到中国哲学术语译介之整体框架的思考。兹按时间顺序,对争辩的主体、内容、焦点问题及其对儒学西传进路的影响略述如下。

事情的起因还得从德克·卜德翻译出版冯友兰的《中国哲学史》说起。1937年,德克·卜德翻译出版冯友兰的《中国哲学史》第一卷(*History of Chinese Philosophy* [Vol. I]),因为战争的影响,该书第二卷直到1953年才由普林斯顿大学出版。据卜德本人在《译者前言》中说,1948年,他还曾编辑冯友兰的 *Short History of Chinese Philosophy* 由 Macmillan 出版。冯友兰《中国哲学史》的英译是中国哲学西传的一件大事,西方学术界因此激起了一场关于中国哲学术语翻译问题的讨论。美国著名汉学家芮沃寿、薛爱华,西方文艺理论界的权威人物英国理论家艾·阿·瑞恰慈(I. A. Richard,1893—1979),美籍华裔汉学家方志彤,在美工作的俄裔汉学家卜弼德等人参与了这场讨论。讨论最初主要围绕中国哲学术语具体概念的译法展开,逐渐发展到对哲学术语翻译原则与方法论的思考。卜弼德、薛爱华、卜德等人各自阐述了自己的翻译思想。卜弼德提出运用“语义学”(Semasiology)方法翻译中国哲学术语的主张,薛爱华则主张运用“官衔翻译法”(Officer Penertralian)、“首席书记官的兴奋剂”(Protonotary Stimulant)等方式解决中国哲学术语西译问题。

卜德作为冯友兰《中国哲学史》的英译者,书中有关中国哲学术语的翻译案例常常成为被讨论、甚至被批评的对象。为回应卜弼德、薛爱华等人的批评,1955年,卜德专门撰写《论中国哲学术语的翻译》(*On Translating Chinese Philosophic Terms*)一文,系统阐述了他关于中国哲学术语翻译问题的思考。文章内容由前后两部分构成。前半部分逐一讨论了“有”与“无”、“形而上”与“形而下”、“体”与“用”、“仁”、“意”与“义”、“理”、“两仪”等七个(组)中国哲学术语的英译方式。每个术语均采用汉语拼音与汉字并列列目,同时用括号注明自己选择的翻译方式,如“Yi 意”(Idea)与“Yi 义”(Righteousness,or,very occasionally Concept),正文阐述自己如此翻译的理由,并列举证据,展开与批评者不同意见的讨论。如此编排,作者之主张一目了然。后半部分为“结论”,集中阐述自己关于哲学术语翻译的原则性意见,对卜弼德、薛爱华等人的翻译主张提出反驳。卜德认为,哲学术语的翻译必须考虑五个方面的因素,遵循三条原则或标准。五种因素分别为:(1)翻译的是什么类型的术语?(2)作为一个整体,该术语的翻译在整个翻译中的重要程度如何?(3)该术语是否依然作为鲜活的语言在使用,还是已成枯萎的陈词滥调?(4)被翻译的是哪种类型的文本?不同类型的文本风格不一样。(5)为谁而译?亦即译本的读者对象。不同的读者对象对译文的要求不一样。三条标准分别为:(1)译文必须可理解、简洁、自然(Stylistic intelligibility,simplicity and naturalness);(2)同一术语的翻译必须前后一致(Consistency),具有连贯性;(3)精确(Accuracy)。

具体到“理”概念的英译,卜德通常的做法是将“理”译为 principle 或直接注音为 Li。卜弼德赞成卜德的这一方式,但同时认为应该采用“语义学”翻译的原则,作更忠实于语义范畴的严格对译,并从辞源学的角度建议将“理”对译为 Ingrain 或(Archetypal)Venation。卜弼德还指责卜德在翻译“理”时没有做到一致,亦即书中有一处将“理”译为 truth,而其他各处皆译为 principle。面对卜弼德的批评,卜德坦承自己在“理”的翻译中没有做到完全一致有欠妥当,同时明确拒绝卜弼德将“理”对译为 Ingrain 或者(Archetypal)Venation 的建议,理由是他“不能确定 Ingrain 是否名词,而‘理’无疑必须用一个名词对译”[①]。针对卜弼德提出的“语义学”(Semasiology)的翻译原则,卜德回应说,从语义出发考察词源的译法,不仅让非专业的读者无法理解和接受,而且在大多数实际操作中不具有可行性。按照卜弼德的观点,“一种翻译只有在辞源上和原术语一致才是适当的”,然而,卜德在翻译实践中发现,“不幸的是,要在彼此区别甚远的汉语和英语中找到辞源上一致的对译,只有在偶尔某些时候才能成功,大多数实际操作中是不可行的”[②]。卜德于是建议将这种在辞源上追求与原术语一致的英汉对译方法主要用于脚注和扩展性解释中。他说:“我不是要说尝试发现中国辞源学的方法应该摒弃,而是说除非是在具有翻译和理解的可行性的前提下,

①Derk Bodde,*On Translating Chinese Philosophic Terms*(1955),in *Essays on Chinese Civilization*, Edited by Charles Le Blanc and Dorthy Borothy, Princeton University Press, Princeton, New Jersey, 1981, p. 402.

②Derk Bodde,*On Translating Chinese Philosophic Terms*(1955),in *Essays on Chinese Civilization*, Edited by Charles Le Blanc and Dorthy Borothy, Princeton University Press, Princeton, New Jersey, 1981, p. 403.

否则,这种方法应该限用于脚注或扩展注评中。"[①]平心而论,卜德的建议源自他丰富的汉语英译实践经验,具有客观合理性。此前,理雅各在翻译中国经典时即采用相同的方法。

对于薛爱华提出的采用官衔翻译(Official Penertralian)、(Auriporphyrian)、"首席书记官的兴奋剂"(Protonotary Stimulant)等方法解决中国哲学术语西译问题的主张,卜德认为这些方法有些怪异、死板,没有考虑到所译术语类型、术语在整个翻译中的地位、术语字面意思是否依然作为鲜活的现实存在还是已经变成枯萎的陈词滥调、被翻译文本的类型、译本对象等方面的因素,也不符合译文应该简洁自然、意义一致且必须准确的翻译原则。卜德认为,当一种翻译的结果需要被翻译才能让人明白,这种翻译方法就有问题。他说:"我们关注的哲学翻译问题的中心是,我们要面对的不是木棒、石头、官衔或者地名,而是蕴含高度情感和思想意义的观念和概念。为此采用的措辞表达相当于'特异的特质的增强术语'。当然,这在中西方哲学中同样适用。"[②]以"理"的译释处理为例,卜德的做法是英译兼注音,区别对待"理"作为一个语词、作为独立形态的概念、作为具体的"理"与总"理"之时的不同意义,采用不同的方式加以诠释。这样既充分考虑"理"这一哲学概念因来源的多元性和历史发展的持续性而造成的含义的复杂性,又看到了"理学"成为正统之后"理"概念含义的明确性,无疑是恰当的、富有智慧的。

较之 19 世纪湛约翰等人与麦丽芝因"译名之争"而寻找"理"与"上帝"的相通性、平行性或者差异性,进而讨论中国哲学是有神论或无神论的性质,以此论证西方文化是中国文化的本源等做法,卜德与卜弼德、薛爱华等人关于中国哲学术语翻译问题的商榷与争论,完全是从学术交流的可行性角度展开的,争论自始至终没有表现出文化的偏见,也没有局囿于西方文化中心的范围,更多地表现出一种化合中西文化的学术自觉。

卜德英译冯友兰《中国哲学简史》稍晚,英国汉学家修中诚(Hughes,

---

①Derk Bodde, *On Translating Chinese Philosophic Terms* (1955), in *Essays on Chinese Civilization*, Edited by Charles Le Blanc and Dorthy Borothy, Princeton University Press, Princeton, New Jersey, 1981, p. 404.

②Derk Bodde, *On Translating Chinese Philosophic Terms* (1955), in *Essays on Chinese Civilization*, Edited by Charles Le Blanc and Dorthy Borothy, Princeton University Press, Princeton, New Jersey, 1981, p. 407.

Ernest Richard,1883—1956)推出《古典时代中国的哲学》(*Chinese Philosophy in Classical Times*)(1941)一书,在哲学术语的译释上深受卜德影响,比如,译"仁"为 human-heartednesss 即是采纳卜德译法,而非选择韦利的 Godness 等其他译法,有学者研究认为原因在于"他认为古代中国哲学的两个突出特点是个体的自我意识和理性的自觉运用,这与西方认为中国哲学中缺乏个体性和理性的认识大异其趣"[①]。

第三节 无限接近"理"本体:20 世纪的译释

20 世纪后期有 3 部英语著述也是研究、外推中国哲学——尤其是其核心概念不可绕开的。一是台湾学者吴怡的手稿《中国哲学术语》(1984),二是陈荣捷主编的论文集《朱熹与新儒家》(*Chu Hsi and Neo-Confucianism*)(1985),三是柯雄文(Antonio S. Cua,1932—2007)主编的《中国哲学百科全书》(*Encyclopedia of Chinese Philosophy*)。三部著作均较多地涉及"理"概念的英译,总的情况是多用 Principle 对译,并趋向于使用 li 作音译。

吴怡曾在前加利福尼亚亚洲研究院(formerly California Institute of Asian Studies)工作,因为讲授中国哲学的需要,撰著《中国哲学术语》一书。承台湾"中研院"林庆璋先生馈赠,笔者有幸获得该书复印本。书中对中国传统哲学的核心术语进行英语的系统阐释,"理"字条内容相当丰富。总体上看,吴怡主张将"理"翻译为 Principle 或 Reason,而在阐释时,为了保持"理"的原意,通常又将它注音为 Li。吴怡认为,宋代新儒学形成以前,"理"作为 Reason,意思是遵循道或者践行德。宋代以后,新儒家们用"理"取代了"法"(Law),这个"法"具有了佛教 dharma 的意思。在佛教的定义中,"法"代表万物,其本体是空。在新儒学思想中,Principle 作为"理"的对译词,是一个至关重要的概念,也代表万物,但其本质是现实。较之"道"和"仁"等概念,"理(Principle)"在新儒学思想中的运用更为广泛。正是基于这种情况,吴怡没有简单地将"理"对译为 Law,而是采用简述概念史的方

---

① 胡翠娥:《"殊德之仁"与"全德之仁"——海外译"仁"及其对儒家思想的认识之发展》,《外国语》,2020 年第 1 期。

式展示“理”概念的演进过程。该书第 85 至 88 页“理”字条下罗列与“理”相关的概念术语凡十条，均用英语做出了相应的诠释，兹引证如下：

1.“理与义”，吴怡译为：Principle with righteousness。据吴怡统计，“理”在《孟子》中出现 7 次，其中 5 处含意简单，意为 orderly or reasonable，另两处则与“义 righteousness”相连，具有哲学意味。孟子以后，“理”与“义”并合，组成“义理”，意思相当于英语中的“principle，reason，or philosophy”。

2.“理与礼”，吴怡译为：Principle with propriety。根据《荀子·乐论》关于“礼”的论述，吴怡认为，汉语中与英语 propriety 对译的“礼”其实只是“理”的不同写法而已。

3.“理与名”，吴怡译为：Principle with name (ming)。魏晋时期，一些玄学家在讨论“名”这一概念时，将它与“理”相连，组成“名理 Ming-li”概念，吴怡将其英译为：nameprinciple。

4.“理与道”，吴怡译为：Principle with the Way。“理”没有出现在老子书中，因为老子将“道”用于指万物之理。而庄子说“道即理”。“道”和“理”都被赋予了同样的含义，都是 Principle or Reason 的意思。

5.“理与正常秩序”，吴怡译为：Principle with normal relationships。

6. 天理，吴怡译为：Principle with Heaven。这是新儒家采用的一个核心概念。

7. 性理，吴怡译为：Principle with human nature。

8. 心理，吴怡译为：Principle with mind。

9. 万物之理，吴怡译为：Principle with all things and all events。

10. 理与太极，吴怡译为：Principle with the Supreme Ultimate。

陈荣捷主编的《朱熹与新儒家》是一部英语论文集。书中汇集了他本人和徐复观、罗光、成中英等现当代著名学者关于“理”的译释，或以 Principle 为中心，或从 Neo-Confucianism 考虑，或直接音译为 Li。兹举数例：

1. 陈荣捷译“理学”为 The Learning or School of Principle，译法与卜德相似。译“理一分殊”为 the Principle is one but its manifestations are many. ①

① Wing-tsit Chan, *Chu Hsi and Neo-Confucianism*, University of Hawii Press, Honolulu, 1985, p. 2, p. 10.

2. 徐复观译“宋明理学”为 Sung-Ming Neo-Confucianism[①]。徐先生的这种译法纯粹从学派形成及其基本精神着眼，完全忽视了“理”本身的意义。

3. 罗光(Stanislaus Lokuang)将“理”翻译为 Principle，如，Chu Hsi takes principle as substance because first there is substance and then there is function[②]。

4. Chiu Hansheng 将“理学”翻译为 Doctrine of Principle。译“天理”为 Principle of Heaven[③]。

5. 成中英(Chung-Ying Cheng)在其 *Chu Hsi's Methodology and Theory of Understanding* 一文中将“理学”译为 the philosophy or learing of principle，同时又将朱子哲学中“理”的含义归纳为 6 类，逐类做了翻译和解释[④]。其一译为 ontological li of the Great Ultimate，意谓太极之实理。其二译为 objective li of things——order，structure，and laws of things，意谓客观之事理。其三译为 rational li of mind——the ordering and analytical-synthetic activities of mind，意谓心之条理。其四译为 latent li of mind-the ideas and concepts in mind，意谓心之潜理。其五译为 the technological li of mind and things——design of artifacts，意谓技能之理。其六译为 nomological li of mind-conduct-pattern of moral conduct and correct social behavior，意谓法则之理。而对于抽象意义上的“总理”之“理”，成中英又以汉语拼音直接对译作为 li，译“理一分殊”为：li is one and is distributed in different things。

柯雄文主编的《中国哲学百科全书》“理”字条，援用刘述先所撰《Li：Principle，pattern，Reason》一文简述“理”之演进与变化，重点引用了唐君毅、牟宗三等人关于理的阐释。唐君毅将“理”区分为文理、名理、空理、性

① Wing-tsit Chan, Chu Hsi and Neo-Confucianism, University of Hawii Press, Honolulu, 1985, p. 43.

② Wing-tsit Chan, Chu Hsi and Neo-Confucianism, University of Hawii Press, Honolulu, 1985, p. 63.

③ Wing-tsit Chan, Chu Hsi and Neo-Confucianism, University of Hawii Press, Honolulu, 1985, p. 116.

④ Wing-tsit Chan, Chu Hsi and Neo-Confucianism, University of Hawii Press, Honolulu, 1985, p. 170.

理、事理和物理等类，均直接以汉语拼音对译，再辅以 principle 为中心词逐一作出诠释。如译“文理”为 Wenli——principle in cultural activities；“名理”为 Mingli——principle in logical reasoning and philosophical speculation；“空理”为 Kongli——principle of sunyata(emptiness)；“性理”为 Xingli——principle of nature；“事理”为 Shili——principle of events or affairs；“物理”为 Wuli——principle of physics or empirical sciences①。这种直接采用汉语拼音对译概念本身，再辅以英语阐释的方法，其优点是最大限度地保证了概念本身“不走样”，至于对于概念的英语解释是否正确周全，读者可以根据自己的理解去判断。

上述卜德、吴怡、陈荣捷、成中英、唐君毅等人关于“理”的分类与演进的英语译释，较之理雅各等人更趋精细。至此，“理”无论是作为一个语词还是作为哲学概念，其意义在英语翻译中都得到了相当全面的揭示。这虽然只是个案问题，但对于中国思想的西传无疑具有推动作用。

译释与争辩的过程其实就是不断深化理解的过程。西方传教士与汉学家们关于“理”概念的翻译与诠释，一定程度上影响或者说引导了整个西方世界对中国“理学”的认识与接受。随着西方汉学的不断发展，中西方学者的交流互动日益深入，西方学者对中国哲学“理”概念的诠释无限度地接近“理”之本体，甚至在“理”的译释中获得新的意义生成。20 世纪末，葛瑞汉(A. C. Graham)对于“理”和理学的诠释以及对于“理”之英译问题的建议就证明这种理解的无限接近性、生长性与建设性。在《程朱人性论新在何处?》(*What was new in the Ch'eng-Chu Theory of Human Nature?*)一文中，葛瑞汉论及理学兴起之时称，儒学家们纠缠于一个从未达成一致的问题由来已久，这个问题就是人性是善还是恶。程颐为了捍卫性善论，抬出了“理”，这个概念将万物、人与宇宙相联，居于儒家哲学概念的中心，重新解释了作为“理”之侧面的“天”和“性”。朱熹基于孟子人性论的概念，继二程之后对“理”之性质做出进一步的阐释。随着朱子学的胜利，“理”最终获得正统的地位。葛瑞汉由此得出结论：“概念革命，可以转换、解决长期

①参阅：Antonio S. Cua, *Encyclopedia of Chinese Philosophy*, Routledge New York London, 2003, p. 364.

以来争持不下的问题。”[①]正是基于对“理”概念的深入研究，葛瑞汉发现用principle对译二程哲学之“li”不一定妥当，甚至存在诸多不足，因为Principle指的是为了作推论而在语词中有序地表达的真理或真相(truth)，而二程之“理”更多的是指贯穿事物的条理。正是基于这种考虑，近年来，不少学者在翻译“理”时开始使用更贴切的pattern一词来对译[②]。

《印中搜闻》《中国丛报》《中国评论》三种英文期刊中有关中国文化经典及其核心概念的译介成果相当丰富，本文仅选择其中有关“理”的英译案例，结合理雅各、麦丽芝、卜弼德以及卜德、陈荣捷、吴怡等人的相关著述，系统考察19世纪以来西方传教士、汉学家以及英语世界中著名华裔学者关于“理”的英译实践与理论争辩，目的是想通过考察“理”概念英译与阐释方式的变化透视中学西传的一段历史，管窥西方汉学从神学中心到哲学自觉的转型过程，并为儒学的当代国际推广寻得借鉴。这里的神学中心，指的是以“天主”为中心展开的关于中国文化的观照与讨论。这种汉学模式在利玛窦时代是西方汉学的主流。利玛窦所著《天主实义》对于中国文化的观照就是围绕“天主”概念展开的。而从马礼逊、米怜到麦丽芝，19世纪来华的新教传教士们之所以重视“理”的译释，其目的也是在努力寻找中国文化中与God的对译词，企图以此找到中西方文化思想理路上的对应与联系。由于东西方文明差异以及实力相差悬殊，这些传教士们几乎都站在“宣教者”或“拯救者”的立场看待中国文化。这种心态直到20世纪才开始明显地发生变化。卜德以及后来的葛瑞汉等人，在接受与传播中国文化时已经持比较客观的“传播者”与“诠释者”立场。与此相对应，西方汉学研究最终由神学中心转向一种纯粹的学术自觉。

具体到“理”之英译方式优劣的评估，从文中所归纳的15个英语对译词及相关阐释和译例不难看出，这些翻译方法的产生与选择，或取决于译

---

①参阅：Wing-tsit Chan, *Chu Hsi and Neo-Confucianism*, University of Hawii Press, Honolulu, 1985, pp. 138－139.

②Wing-tsit Chan, *Chu Hsi and Neo-Confucianism*, University of Hawii Press, Honolulu, 1985, p. 155: The use of “principle” for *li* in *Two Chinese Philosophers* has considerable disadvantages. “Principle” suggests a truth formulated in words in order to make deductions, while *li* suggests rather a pattern running through things, even sharing their three dimensions, and variously describable in words. In more recent translations, when having to choose an equivalent for *li* have preferred “pattern”.

者的宗教信仰，或与其学术立场相关，从中也可以看出译者对中国文化精神理解的深浅与偏差。每一种翻译方法在具体的历史与文本语境中，其实都有其意义生成的因缘与合理性，这并不是说这些译法在精准程度上没有差别。如将“理”译为 Principle，从“理”作为理学最核心的概念和原则，并具有不同的分殊性而言，这种译法最具有可操作性，它使得道理、玄理、性理、天理、心理、事理、情理等分殊概念的英译变得简明易行。但是，葛瑞汉在深入研究二程之“理”后发现，用 Principle 对译二程之“理”不一定妥当，因此提出译为 pattern 的建议。而同样是用 Principle 对译“理”，不同译者的理解也未必相同。譬如吴怡就认为，宋代以后新儒家们将“理”取代了“法”(Law)，在佛教的定义中“法”代表万物，本体是空。Principle 在新儒学思想中也代表万物，本质却是“现实”。又如译为 Law，最能体现出理学在当时作为“法”的地位和影响，而且从西方的理解来说，这种译法渊源很深。利玛窦肯定并赞扬儒学(尤其是孔子哲学)在理论上的根本原因，在于他相信这种哲学符合自然理性或自然法则，即儒学不是一种正式宗教，而是建立在自然法则基础上的哲学(学派)。其它如译为 Order 或 Reason，能兼顾“理”作为动词的功用。译为 pattern、harmony、distinctive、discriminating，在某些特殊的具体使用上精准传神。但 distinctive、discriminating 是形容词，不适合对译作为名词概念的“理”。麦丽芝将“理”译为 Fate，极容易引起人们对于宿命、灾难、灭亡的联想，显然既是对中文“理”与“命”的混淆，也是从西方之宿命论理解中国之伦理哲学而产生的误译。卜弼德从语义学的角度建议翻译成对应词 Ingrain 或(Archetypal) Venation，从概念史的严格对应上来说，无疑是严谨的，可是从可操作性和大众接受的层面来说又难以实践。作为别无选择的选择，当“理”作为独立概念出现时，不少学者直接以汉语拼音(Li)音译，辅以上述相应英文作为分殊词加以阐释，这种译法开始出现时，似乎只是一个音节而无意义，但是随着时间的流逝、习惯的养成，却有助于读者涵养、习得其最切合本体的意义。随着中国文化软实力的增强，汉语言的魅力和价值不断提升，加上传播媒体日益丰富，网络交流日益频繁，以汉语拼音直译一些具有所谓“不可译”性的诗词、哲学概念，或许是专业汉语名词术语翻译方法的一种发展趋势。

翻译是一门科学，随着不同国别、不同语言之间文化交流的不断深入，翻译的重要性日益突显。19 世纪的理雅各在翻译中国经典时，恪守忠实的原则,努力寻求英语与汉语意义的对应,特别是在翻译“理”之类的哲学概念时,常常不厌其烦地做详细的注释。理雅各的中国经典翻译为不同语言之间经典文献的译转树立了榜样。严复译《天演论》,提出信、达、雅的翻译原则。林语堂继承严复的翻译思想,又提出“忠实、通顺、美”的翻译观。20世纪30年代,梁实秋、赵景深等人与鲁迅就翻译问题展开论战。梁、赵二人反对“死译”、“硬译”,甚至提出译文“与其信而不顺,不如顺而不信”的主张。对此,鲁迅予以坚决的批评。鲁迅认为翻译就是要尽量忠于原文,并为此提出“直译”的主张。傅雷一生致力于翻译事业,提出“神似说”的翻译理论,努力追求“神似”与“形似”的和谐统一。钱锺书认为翻译的最高境界是臻于“化境”。所谓“化境”,就是“将一国文字转成另一国文字”时,既不因语文习惯的差异在表达上显得牵强生硬,又要尽最大努力保存原文本的风味特点。冯友兰认为“翻译就是一种解释和评注”。同样的争论也见于西方学界,如本文中提到的卜弼德的“语义学”原则,薛爱华的“首席书记官的兴奋剂”等翻译方法,以及卜德关于中国哲学术语翻译的主张等等,诸如此类关于翻译问题的讨论,仁者见仁,智者见智,足见翻译既是一项艰难的工作,也是一个具有永久魅力的学术议题。

卜德、吴怡、陈荣捷、成中英、唐君毅、葛瑞汉等人关于“理”的分类与英语译释,较之19世纪的马礼逊、米怜、麦都思、麦丽芝、湛约翰等人更趋精细,从中可以管见“理”概念英译的实践形式、基本面相以及西方汉学界理解与接受“理”概念之思想进路的基本特征。

其一,19世纪西方的传教士汉学家对于“理”的译释基本上是围绕着“译名之争”展开的,带有浓厚的宗教神学色彩。20世纪西方汉学界关于“理”概念的译释则已经演变为一种基于学术自觉和跨文化传播的纯哲学术语的讨论。前者如马礼逊译“理”为principle,译“性理”为the principle of Nature,比较多地看到“理”与nature(性)之间的联系。米怜将“天理”译为reason,将“定理”译为the fixed principle of reason,比较多地看到“理”与Providence(神)之间的关联。两人关于“理”的译释均围绕“译名之争”展开,目的都在于论证“理”是否适合作为基督教最高存在之God或Deity的汉语对译词。麦都思对于“理”的译释常常紧扣密切相关的“气”与“太极”两个概念展开,将“理”Li译为immaterial principle,与气k'i(译为primary matter)对举,但在解释“理”为“道”时,又将其译为reason,认为希腊词 Deity 与汉语“太极”概念很相似。湛约翰在将《性理大全》之《太极图》第八篇译成英文时，始终将“理”译为 Law，译“实理”为 positive Law。麦丽芝在将《朱子全书》第四十九章《理气》译为《儒家的天体演化论》(Confucian Cosmogony)时，将“理”统一英译为 Fate，与“气”Air 对举，而在《〈易经〉之译——附注与附录》(*A Translation of the Confucian* 易经 *or the* “*Classic of Change*”)中，又转而将其与 principle、nature 或 law 相关联。麦丽芝关于“理”的英译，在当时就遭到湛约翰等人的批评，并因此引发了一场争论。诸如此类的诠释，均表现出明显的基督教神学中心论的立场。后者如本文所述卜德、吴怡、陈荣捷、成中英、唐君毅、葛瑞汉等人关于“理”的英语译释，两相对照，世纪之间的差异显而易见。

其二，与西方汉学逐渐走出传教士汉学神学中心、转向学术自觉的整体进路相一致，西方学界对于以“理”为代表的中国哲学核心概念内涵的理解与把握亦逐渐深入，逐渐准确，且日益体系化。19 世纪的马礼逊、理雅各等人在翻译“理”概念时，已经注意到概念内涵的模糊性和多义性，并在翻译时根据不同的语境和语词做了不同的处理。譬如马礼逊在译“理”为 principle 的同时指出，中国人关于“理”的阐释含混不清，难以在西方哲学中找到完全精确匹配的概念。当“理”(Le)作“天地万物之理”(universal principle)使用时，类似于西方哲学的 PLASTIC NATURES，相当于“THE ETERNAL FITNESS OF THINGS”。而当“理”作为“道”的意义使用时，则类似于“永恒合理性”(ETERNAL REASON)，相当于西方人所说的“Logos”。进入 20 世纪，吴怡、成中英、唐君毅等人对于“理”概念内涵的把握更趋精微，如前文所述成中英将朱子哲学中“理”的含义归纳为 6 类，逐类进行翻译和解释，其层次感与体系化的程度更高了。至此，“理”无论是作为语词还是作为哲学概念，其意义在英语翻译中都得到了相当全面的揭示。这虽然只是个案问题，但对于中国思想的西传无疑具有推动作用。

20 世纪后期，不少学者尝试着跳出传统的翻译思维，寻求客观可行的翻译新方法。其中影响较大的如沈清松借鉴瓦尔纳“外推”(Verfremdung)理论提出的“相互外推”(mutual strangification)的翻译思想，就极具创新性。沈认为，跨文化哲学的“外推”可以分三步走。第一步是“语言的外推”，把我们自己的哲学与文化传统中的语言翻译成其他哲学与文化传统的语言,或其他传统能够了解的语言,看它是否能借此获得理解或因此反而变得荒谬。第二步是“实践的外推”,就是把某一种文化脉络中的哲学理念或文化价值及其表达方式从其原先的文化脉络或实践组织中抽出,放入另一种文化或组织脉络中,看是否仍然可以理解。第三步是“本体的外推”,经由实在本身的直接接触而进入。三步之中,最基本的是语言的外推,其核心是翻译问题[1]。在这里,“外推”一词已经从作为不同派别之间沟通、理解、达成共识的策略演变为跨文化哲学交流的一种方法论模式。

借美国传媒巨头鲁伯克·默克多的一句话结束本章:“谁掌握了传播的入口谁就掌握了整个世界。”[2]前面的爬梳及纵横联系比较说明,围绕“理”之类中国文化核心概念的翻译、诠释、交流甚至争辩,正是把中国文化外推变成现实的有效“入口”。

①沈清松:《关于跨文化哲学与中国哲学的一些思考》,载于姜新艳主编:《英语世界中的中国哲学》,中国人民大学出版社,2009 年,第 450—451 页。

②[英]詹姆斯·卡伦:《媒体与权力》,史安斌译,清华大学出版社,2006 年,译后记。

余论　中国文化国际传播的历史启示与新世纪实践

从19世纪英文期刊中的儒学刊文事实着手，展开其时中国文化西传的历史画卷，并据此“由内观外”“向前看”“向后看”，可以见出，在历史的长河中，中华文明在世界文明中的存在与影响从未中断，即使在19世纪中西格局大变动时期也依然“在场”，只是因为中国作为传播主体“缺席”，西人建构传达的中国文明形象沙泥俱下，与我们的认知存在一定冲突。检视其时的“在场”及“因何”在场，有助于思考当今的“如何”在场。

第一节　客体在场与主体缺席：19世纪儒学西传的历史遗憾

从明清之际传教士入华，特别是耶稣会士利玛窦确立“援儒”政策以来，通信或著书译介、研究与阐释儒学既是他们布道的方式，也是他们向中国朝廷进贡上书与士大夫论道，进呈教皇、与传教同道交流的主要话题。因中西“礼仪之争”而系统西传的以儒学为核心的中国文化为17—18世纪欧洲启蒙运动提供了有益的思想资源，19世纪传教士、汉学家在书信、讲座、专著和报刊等各种媒介中都给予了儒学持续的关注。可以说，中国儒学在西方一直是一个开放性的话题，是中国文化西传中一直在场的客体。现结合本书前述研究内容总结描述其在19世纪英文期刊中“在场”的基本样貌，并简要分析其“因何”在场。

中国儒学作为《印中搜闻》中的传播客体，具体呈现的主题有二：一是关于原始儒学，该主题或论儒家信仰、或儒耶对比、或评西方对儒家典籍的翻译或介绍儒家经典、原始儒家人物。二是关于“理”和朱子的译介，经笔者考证是朱子学在英语世界的最早译介、研究与公众传播。形式上以“中国书目”“新书介绍”和“译文”出现。《中国丛报》内容涵盖儒家典籍、各阶段儒学体系、儒家人物和核心概念的译介与研究，具有主题集中、观点鲜明、路径丰富多样、译介主体的学术自觉意识明显等特点。《中国评论》刊出的儒学主题比前述二刊更加丰富，其文本形态特征：一是“书”“刊”互动，书评、选译与注解类篇目皆如此；二是注意趣味性与阅读便利性，撰文者常就儒学话题“谈论点崭新的东西，以避免乏味”。较之前述刊物，该刊的最大特色是关于儒学核心概念的争辩在不断丰富的过程中逐步贴近其在中国体系中的本义。这些刊物的议题设置意识都很明显，以《印中搜闻》看，前述所引米怜言：“我们听过许多关于三万万中国人的事情，……但没有人努力研究中国的知识，没有学习中文的人。如果有人讲述关于中国的有趣故事，人们会听，但既没有赞助人，也没有学生，会制定什么计划、采取任何行动。而这却恰恰是了解关于人类这个非常庞大部分之情形的先导。”《中国丛报》创办前夕美部会对裨治文的指示：“在你的工作和环境允许的情况下，向我们报告这个民族的性格、习俗、礼仪。”而《中国评论》则致力于在学术上着力建设一种严肃的研究规范，并对汉学研究中的一些方法问题作了较为深入的探讨。《教务杂志》作为传教士“机关报”，一直致力于传递全体教士的消息，发表有关中国的文章，讨论中西共通的问题，在全球期刊传播的网络上，由边缘地域向中心地域不断靠拢，逐步实现边缘地域的自我中心化。该刊儒学议题设置贯穿于 1870 年到 1935 年刊物刊行的全过程，于中可以清晰见出从儒耶对立到走向儒耶融合的过程。《皇家亚洲文会北华支会会刊》在刊出内容选取上强调传播客体的实用性和大众可读性。在儒学议题设置上表现为从儒学命题出发阐释与引导西方读者理解中国政治的运作。诸如此类明显的议程设置倾向，加上 19 世纪英文期刊中中国儒学的传播主体具有传教士、汉学家、报刊经营人等多重身份叠加的主体特征，报刊载体催生了释疑、书评、读者来信、新书通告、专文等新的文体形式的载体因素，再加上刊物面向公众的发行与阅读机制拓展了受众范围等接受上的客观效果，这些使得撰文者的个人观点得以在公共舆论空间不断被激发，并在不断汲取新资源中整合为公众观点，主体与受众的群体化效果凸显。这是以儒学为核心的中国文化得以“在场”的主体、载体基础和发行机制保障。作为在 19 世纪英文期刊中的传播客体，中国儒学或用为传教的媒介，或作为探讨中国与近代文明失之交臂的话题，或视为未来人类的出路，或当作解析中国精神与社会运作的密码。

其实，西人作为传播主体对于传播客体之中国文化的议程设置由来已久，以儒学议题的设置而言，如本书第一章所论证的，耶稣会士一方面将中国信史的开端不断后移,一方面又对中国儒经圣王的科学艺术创制故事中越是古老的描述得越详尽,并不厌其烦地标明中西纪年对照,写作中既建构情节,也为读者寻找伏羲、尧等在《圣经》人物谱系中的定位提供年谱工具,以达到"证古"护教、调和中西差异与投合便利公众阅读的平衡。

限于中西各自交流机制差异和中西格局的变化,16—18 世纪国人对于西人笔下的中国形象或浑然不知或不屑探知,19 世纪以来则因为无暇顾及或实际参与却受时代局限只能成为隐形"秉笔华士",使得国人成为自身文化在国际传播中缺席的主体,西人传达的形象与我们的认知冲突在所难免,儒学的形象犹然。而这不仅关乎西人如何看待中国这一问题本身,更是认识自我和向世界传播中国形象的"异域之眼"。具体而言,16—18 世纪西方构建传播中国上古文明可信、可证并与西方汇通的形象,是在证明中国文明非常古老且被视为欧洲新的思想和历史资源的视域下展开,面向公众的传播拥有从高向低发散的优势。19 世纪以来呈现信疑兼具的面相,则是在审视中国近代文明为什么落后的视域下,在中国作为传播主体缺席的语境中,在宗教、商业与大众混杂的地带生成的,呈现书刊并轨、大众与专业并轨的公众传播特征。此时"异域之眼"中的儒学形象以及中国文明的整体形象,泇泥并存。比如,花之安《儒学汇纂》中关于儒学缺陷的评论,认为孔子"只是一个普通的、无知的、自私的、思想没有深度的人"。欧德理认为"对于大多数人来说,不能理解的是,中国思想不是用来定义作为单独实体的物质和精神,中国哲学家们非理性地思考物质与形式"。诸如此类西方传教士汉学家对于中西文化优劣的简单判定与机械对比,我们从中西文化的特色来作辩证分析,这其实是中国文化思考方式的关系性特质而非单体性特质,属于文化彼此的差异,而非西方文化优先于中国文化的表现。在当今世界秩序发生根本性变化,中国作为主体在场的时代,中国学人正在建立与世界平等对话交流自信的时代,尤其需要重新审视这一段主体缺席的历史,以探索正面、有效的国际传播主体与载体建设的内涵与路径,回应中国文化的当代国际传播这一宏大话题。

第二节 以孔子学院为中心的 21 世纪中国文化新型国际传播实践

孔子是被世界认知最早最广也最深的中国文化符号,孔子学院的快速发展堪称中西交流史、世界语言教育和文化传播史上的奇迹。近几年来，受国际环境复杂化的影响，孔子学院作为新型的中国文化国际传播平台的发展压力增大，出现了个别关停的现象。因此，在总数量上出现了下降趋势，发展在一定程度上进入了瓶颈期，且面临着转型发展和提质增效的新形势[①]。所以，透过这扇窗口，人们不难看到中国文化的软实力在不断增强，并正在向全世界辐射。传播学的视域下，19 世纪英文期刊作为我国文化国际传播载体的时代，与现在孔子学院作为文化外推重要平台的时代，其受众和媒介生态都有巨大的差异，但是不难启发我们通过回顾以孔子学院为中心的 21 世纪中国文化新型国际传播实践，思考当今主体如何在场。

2004 年，第一所孔子学院"首尔孔子学院"在韩国成立。此后，孔子学院（课堂）在世界范围内发展迅速，影响力日益增强，逐渐成为"全球最大、最多样化的国际语言教育共同体"。至 2020 年 10 月 29 日，全球已有 162 个国家（地区）设立了 541 所孔子学院和 1170 个孔子课堂[②]。其发展速度远远超过德国的歌德学院、西班牙的塞万提斯学院等国外语言国际推广机构。具体地说，歌德学院始建于 1951 年，历经 70 余年发展，在全球 82 个国家有 134 所歌德学院和 200 多个考试和语言中心，平均每三年增加不到一所。塞万提斯学院始建于 1991 年，至今只有 30 余所，在四大洲的 30 多个非西语国家设有机构。法语联盟是世界上最大的语言国际推广机构，创建时间超过一百余年，目前有海外分支机构 1140 余个，分布于 136 个国家和地区，学员约为 4 万名。横向比较，孔子学院的发展速度确实快得惊人，以至于相关负责人接受媒体采访时也表示"感觉太快了"，"我们自己也没有想到""门板挡不住""门一下子推开了"[③]。

相应地，世界各国的大学纷纷设置汉语系或中国文化科。仅 2006 年一年里，全球就有一百多个国家 3000 多所高校开设了汉语课程或专业。英国、韩国、泰国、越南、印度尼西亚和马来西亚等国家把汉语纳入了国民教育体系[④]。从韩国的情况来看，20 世纪 60 年代，全韩国只有两三所大学

---

①张东辉、郑佳：《孔子学院海内外镜像之比较——基于 2015—2020 年间的孔子学院中英文文献述评》，《中国人民大学教育学刊》，2021 年第 1 期。

②数据来源：https://www.cief.org.cn/qq。

③《汉办主任许琳回应建孔子学院"太快"》，中国新闻网，2009 年 3 月 12 日。

④参见《国家汉办年度报告》，2006 年，第 4 页。

开设中文系，每年只有四五十名中文毕业生。到2006年，韩国大约有120所大学设立了中文系，毕业生人数每年达到3000人[①]。高中学校也对此需求做出了快速反应：以韩国全罗南道为例，全罗南道共有151所高中学校，到2007年2月，有40所开设了汉语课程。其中光州广域市61所学校，已有23所学校开设了汉语课程[②]。整个韩国普通高中学生二外选修汉语的人数近年来亦急剧增加。据中国驻韩国大使馆教育处统计，2000年，韩国普通高中学生二外选修汉语的只有1765个班级，计80,606人；2007年则达到5613班级，共计163,422人[③]。再以美国为例，国家汉办和美国大学理事会(College Board)自2006年开展AP项目(Advanced Placement)，即中文预科项目，中文教育正式进入美国的主流教育体系。截至2010年，美国已有近万高中生参加该项目。全美学习汉语的大中小学生已超过14万人，成人进修人数约5万人，两项相加近20万人[④]。就英国而言，自2005年由伦敦大学亚非学院与北京外国语大学合作成立英国第一家孔子学院以后，经过十多年发展，孔院已经成为英国汉语教学发展的重要推动力量。截至2017年10月，全英共有孔子学院29所，孔子课堂148所，居欧洲各国之首[⑤]。

为了实现孔子学院的可持续发展，相关部门出台了《孔子学院章程》《孔子学院总部资金管理办法》《国际汉语教师标准》《国际汉语能力标准》《国际汉语教学通用大纲》《海外汉语考试考点管理办法》《海外汉语考试收费管理办法》《孔子学院教师任职条件》和《孔子学院自我评估办法》等一系列管理制度和汉语国际教育考评指标体系，对孔子学院的办学模式、教师资质、教学内容等加以规范和指导。在派出中方院长、教师及志愿人员的培训方面，也采取了许多有效的措施，使之在不断提高素质的同时更具有

①引自中国驻韩国大使馆王东福领事2006年9月26日在韩国湖南大学的演讲：《中韩关系的明天会更美好》。

②本数据来源于2007年2—3月笔者在韩国湖南大学孔子学院工作期间做的调查。调查得到光州市教育厅和各个学校的协助，得到当时在韩国湖南大学工作的韩国教师李炳顺先生的协助。

③本数据采自《汉语教学在韩国》，中华人民共和国驻美国大使馆教育处网站 http://www.cscse.edu.cn/publish/portal24/tab1093/info9804.html。

④本数据采自中华人民共和国驻美国大使馆教育处网站 http://www.sino-education.org/chinese/APchinse.html。

⑤本数据采自中华人民共和国驻大不列颠及北爱尔兰联合王国大使馆教育处网站 http://england.lxgz.org.cn/england/hytg/kzxy/index.html。

普遍适应性和国别化教学的针对性。基于优化师资队伍结构的考虑，相关部门逐步推动了聘用海外教师和志愿者计划，从 2008 年开始，政策支持各国孔子学院充分发掘本地资源，聘用具有一定资质且精通当地语言文化习俗的中国留学生和华人作为海外志愿者，承担部分教学和管理工作。2009 年又开始在国内外集中培训小语种对外汉语师资，以此弥补小语种汉语教师的空缺。2010 年孔子学院专兼职教师达到 4000 人，中外双方各占一半。仅在这一年里，汉办就组织了 2500 名外国中小学教师来华接受教材培训，尝试着培养海外本土汉语教师。教材建设方面的成绩亦斐然可观。各国孔子学院成立之初基本上依靠国家汉办提供教材，或单纯依赖中国版教材的翻译本。2007 年孔子学院建设成果展中只有几家孔子学院展出了自编的对外汉语教材，其中主要还是未公开出版的内部使用版，而在 2008 年的世界孔子学院大会上，正式出版的教材明显增多。也正是在这两次大会上，与会中外方院长和教师提出了编写国别化对外汉语教材的建议，并达成共识，开始大力推动本土化对外汉语教材的编写。到 2019 年底，共编写出版了 45 个语种的 9 套汉语教材和工具书，还有 126 个国家（地区）488 所孔子学院研制了 3993 册适应当地教学大纲和考试标准的本土教学资源和各类研究成果①。极大地缓解了对外汉语教材匮乏的压力，推动了教材的建设与研究。在孔子学院的建设中，全球各地孔子学院因地制宜，充分利用自身优势开展了内容丰富和形式多样的文化活动。包括文艺演出活动、文化赛事活动、中华文化展览活动、中华文化体验活动、电影展映活动、专题讲座活动、研讨会活动和其他活动 8 种类型②。2018 年，全球孔子学院文化活动受众达 1300 万人。此外，各地孔院还有意识、有计划地开展成规模的常规交流活动，目前已形成海外校长、汉语教师、中文学员访华团，与各国共庆“汉语年”，中国文化才艺巡演，对外汉语教材巡展等品牌活动。已设立“外国汉语教师奖学金”、“孔子学院奖学金”两个常规奖项，分别用于培养外国本土教师和延揽优秀海外学子到中国留学。

2020 年 7 月，孔子学院品牌由“中国国际中文教育基金会”全面负责运行。虽然运作机构和模式发生了变化，但中外方合作机构都承诺将提供

---

①梁宇：《孔子学院教学资源发展研究》，《教育学术月刊》，2021 年第 5 期。

②谷甲斌：《孔子学院文化活动现状及问题与对策》，《云南师范大学学报》，2022 年第 1 期。

更有力、更多元、更优化的支持和服务。基金会也将充分发挥筹资渠道广泛的优势，吸引和凝聚中外企业、社会组织、各级政府及社会各界人士积极参与建设和发展。

第三节　孔子学院建设与中国文化国际传播的主体在场路径

孔子学院是对外文化传播的海外组织机构，与国内传统的以“引进来”为主的对外平台相比较而言，具有两个鲜明的特点。其一是主体与载体“走出去”，走出国境，走出汉语背景；其二是受众非学历化，孔子学院的汉语文化教育以非学历形式为主，学员包括少年儿童、大中学生和成年人，学习时间从几个月到二至三年不等，具有满足大众需求的实用性和灵活变通性，受众明显比传统“引进来”时期更多元化。

要实现这一国际传播主体与载体的可持续发展，或者说持续在场，必须有针对性地开展其主体与载体的内涵建设。

一、从提升国家软实力的战略高度赋能海外文化传播平台建设

提升国家文化软实力是我们的既定国策。《国家十二五规划》和中共中央十七届五中全会明确提出要推动文化大发展大繁荣。胡锦涛同志在庆祝中国共产党成立 90 周年大会讲话中也强调要着眼于推动中华文化走向世界，形成与我国国际地位相对称的文化软实力，提高中华文化的国际影响力。由中央宣传部组织编写的《习近平新时代中国特色社会主义思想学习纲要》对坚定文化自信、提高国家文化软实力进行了深入阐述，鲜明提出“建设具有强大感召力和影响力的中华文化软实力”的重大论断。“文化兴国运兴，文化强民族强。”党的十九届五中全会提出了到 2035 年建成文化强国的战略目标。习近平总书记在第 70 届联合国大会一般性辩论时强调指出：“我们要促进和而不同、兼收并蓄的文明交流。人类文明多样性赋予这个世界姹紫嫣红的色彩，多样带来交流，交流孕育融合，融合产生进步。文明相处需要和而不同的精神。”各国文化的相互交流，才能超越文化的相互隔阂；各国文明的相互借鉴，才能超越文明的相互冲突；各国文化和文明的共存，才能超越某种文化、文明的独自优越，最终助力建设取长补

短、共同进步、开放包容的世界，使人类命运共同体理念深入人心[①]。可以说，软实力不仅仅是外交策略和国际战略的手段，也是综合国力的重要组成部分。

提升国家文化软实力，是增强我国综合国力之必须，是树立中国良好国际形象之必须，是实现中华民族伟大复兴之必须。孔子学院作为我国借鉴国外有关机构语言国际推广的经验，为了满足汉语文化学习需要，在海外设立的以教授汉语和传播中华民族文化为宗旨的非营利性的公益机构，已然成为了“中国文化软实力的最亮品牌”和当代中国走出去的“符号”[②]，是提升中国文化软实力的重要平台和载体。要实现其可持续发展，需要从提升国家文化软实力的战略高度去探索具体的途径。

二、探寻平台可持续发展的驱动力因素，建立并维持有效的驱动力关系

汉语言文化国际推广是我国的基本国策，孔子学院是当今汉语文化国际推广实践最重要的平台，这个平台的建设与发展是中外合力推动的结果。就平台建设的方式而言，目前主要存在着四种模式，其一是中外高等学校合作模式；其二是中外高校联合跨国公司合作模式；其三是外国政府与中国高校合作模式；其四是外国社团机构与中国高校合作模式[③]。从资金来源上看，孔子学院的经营模式又大致可分为原汉办资助或孔子学院总部项目资助型（现中国国际中文教育基金会项目型）、基金捐助型和产业经营型等，其中产业经营型应成为未来孔子学院的基本发展模式[④]。不管采用哪种办学模式，都必须处理好中外合作办学单位、孔子学院与所在地区之间的关系，在各承办方之间建立并维持一种有效的驱动力机制，只有这样才能充分调动他们的积极性，实现这个平台和谐稳定地向前发展。为此，有必要分析清楚合作各方的驱动力所在。

无论是以前的汉办和孔子学院总部，还是现在的中国国际中文教育基金会，其推动孔子学院平台建设的驱动力都源于国家的文化战略，即立足提升国家文化软实力的战略高度，最大限度地满足海外汉语文化需求，并

①杨希燕：《构建人类命运共同体与中华文化对外交流传播》，《红旗文稿》，2021 年第 7 期。

②张西平：《简论孔子学院的软实力功能》，《世界汉语教学》，2007 年第 3 期。

③参见周志刚、乔章凤：《海外孔子学院合作办学模式探析》，《江苏高教》，2008 年第 5 期。

④参见吴应辉：《孔子学院经营模式类型与可持续发展》，《中国高教研究》，2010 年第 2 期。

进一步推动这种需求。相关部门制定的《孔子学院和国际汉语教育与推广工作十年规划》，推动实现汉语国际教育向中国文化国际推广的"六大转变"，即从对外汉语教学向全方位汉语国际推广的转变；从"请进来"学汉语向同时加大汉语"走出去"力度的转变；从专业汉语教学向大众化、普及型、应用型教学的转变；从主要靠教育系统推广向系统内外共同推广的转变；从政府行政主导为主向政府推动、加强市场运作的转变；从纸质教材面授为主向发展多媒体网络等多样化教学的转变。可见工作目标之一斑。

国内高校（及其他共建单位）申办孔子学院平台的主要动因有二：一是响应国家推动汉语言文化国际传播的战略号召，为扩大中国文化的海外影响作力所能及的贡献，这既包括提供海外平台的现实人力支持，也包括设立汉语国际教育硕士、博士点，培育未来传播主体资源；二是为了扩大自身的国际学生规模，提高学校的国际知名度和办学的国际化水平。

国外合作单位申办孔子学院或孔子课堂平台的动机比较复杂多样。不可否认，绝大多数国家是基于加强和扩大与中国交流的需要，但是也不能排除一些合作单位申办之初有跟风、从众、攀比方面的考虑。事实上有的申办单位自身为赢利机构，运营中商业化倾向过于严重；有的过分依赖中方资源，单纯地把目光定在中方的资金投入上，甚至仅仅将孔子学院当作免费的汉语言文化教学资源。诸如此类，不一而论。

就目前情况而言，中外高校合作是创建和推动孔子学院平台发展最常见模式。双方在平等合作基础上建立有效的驱动力关系，形成相生互动的国际化教育资源网络，彼此扩大了知名度，实现了双赢。中国合作高校在实践中不断体会到，作为深化国际学术交流、传播中国文化和推介当代中国的海外平台，孔子学院的建设应当是中国高校提升国际化程度的依托和契机；而中国高校自身的国际化水平也将带动孔子学院的进一步发展，并且从根本上保证孔子学院的办学质量、丰富孔子学院的办学成果①。

由于是合作创建，那么一方的驱动力因素很可能会随着时间发生变化，从而影响到其中一方或双方的积极性。因此，要实现这一合作共建平台的可持续发展，就必须不断创造和利用新的驱动力因素，只有这样，才能

---

①纪宝成：《孔子学院可持续发展与中国高校的自身建设》，2010 年 12 月 8 日人民大学新闻，http://news1.ruc.edu.cn/102731/72783.html。

在合作双方间长期维持一种有效的驱动力关系。

新的驱动力因素，包括的范围很广。

就政策层面而言，相关部门根据新的情况出台的所有关于孔子学院平台建设与发展的支持政策，诸如汉语志愿者工程、汉语国际教育硕士项目、扩大教育开放与国际交流的规划及其他一切有关汉语国际推广的法律法规制度等，皆可视为推动其可持续发展的新驱动力因素。用好、用活、用足这些政策具有十分重要的意义。举例来说，志愿者工程从 2003 年开始在菲律宾试点，2004 年正式推广。近年来，每年派出的志愿者人数均为 5000 余人。这已成为解决孔子学院传播主体之师资不足的重要措施，其成熟、常规化运行对于国内年轻人的成长和培养起到了重要的作用，得到各高等院校、学生团体及千万个家庭的支持，这是一种巨大的驱动，将为高校人才培养模式提供新思路。而汉语国际教育硕士项目的实施，既为孔子学院培养了大批专业优质教师，又直接为所在学校创造了研究生培养与就业的新增长点，开辟了中国学生作为传播主体生力军走向国际的直接、快速通道。

就市场运作层面而言，新的驱动力因素，还包括不断创新办学模式、不断拓展筹措资金、整合资源的渠道，鼓励社会力量参与办学等一切有利发展的实际措施。创办初期，主要靠总部拨款和项目经费开展教学活动和文化推广工作。随着办学规模的不断扩大，从长远来看，单纯依靠拨款已不可能保证运转。2007 年以来，韩国、日本等出现汉语言文化热的国家，美国、加拿大以及欧洲一些发达国家的孔子学院平台逐渐形成市场竞争意识，树立产业经营的理念，开始开展收费教学活动，得到社会捐赠支持的项目逐渐增多。综合分析相关会议交流材料不难发现，争取社会各界资金支持已逐渐列入大多数孔子学院的规划，其中很多在开办之初即注册为公益性机构也正是出于延揽社会各界资金的考虑。实践证明，只有树立市场经营理念，不断完善企业投入和社会捐赠机制，采取多种方式在各合作方之间建立并维持一种有效的驱动力关系，才能激发社会力量参与的积极性，实现这一设置海外的合作共建平台的可持续发展。

新驱动力因素还包括谋求孔子学院办学和建设在国际及各国法律、法规条款的保障。因为是全新的合作共建模式，"孔子学院"这一平台曾被称为是没有法律保证、没有校舍、没有教师的"三无学院"。所谓"没有法律保证"是指其没有国家间条约或协议的保证。其实在国外建这种新型平台也有协议，只是签约的一方（中方）要么是“国家汉办”这个事业单位，要么是某个大学（甚至是某大学的某学院），要么是国际中文教育基金会；签约的另一方（外方），要么是某大学的中文系（或类似院系），要么是“华美协进社”这样的民间社团。这就造成合作所建平台实际上无法得到真正的保障。由此看来，“在国内，谋求汉语国际推广法律法规制度保障体系方面的成果。在国际上，提升汉语在国际社会的地位和影响力，不断推动汉语进入其他国家国民教育体系所取得的成果，借助国际机构的规约制造汉语需求的成果，利用其他国家有关文化协议和外语教育的规约等，都是新的驱动力因素”[①]。

三、以“和”为特征的中国思想文化为根脉，以本土化、交叉化和国际化为视野，建设传播主体与受体

孔子学院以“孔子”命名，既表明了孔子在中国人心中的地位，孔子对世界的影响，以及世界对孔子的理解与接受，也直观地传达了这一平台创办的理念，那就是要向世界传播以孔子为代表的中国文化。许嘉璐曾对此命名解释说：孔子是中国人心目中永恒的导师，以孔子为代表的儒家学说，其核心理念是以人为本、和为贵、和而不同。中国人至今仍以这一学说为社会思想的基础，与世界各国人民友好相处。

纵观中西文化交流的历史，孔子及其儒家学说既是世界了解中国文化的窗口，又是中国文化被世界了解和接受的最重要内容。这从《论语》译本的丰富性可见一斑。《论语》是迄今为止被翻译成最多语种、拥有最多译本的中国典籍之一。早期的《论语》译介者当中，既有博学的天主教学者和神父，也有虔诚的新教传教士。在西方世界，《论语》被当作近似基督教伦理箴言的文本为人们阅读。直到现在，全世界研究孔子及其学说的汉学家队伍阵容依然庞大，其中既有职业的汉学家，也有普通的中国文化爱好者，还有著名企业家，比如日本涩泽荣一畅销书《左手论语右手算盘》，就记述了他一生学习《论语》的体会，并以此集中表达儒家的经营理念和儒商的处事之道。现代西方管理学中更是常常借鉴“中庸”的观念，从复杂变化的情势中寻求合理的解决办法。就学界而言，长期以来，西方关于孔子及儒家思

①《汉语国际推广战略研究报告》，汉语国际推广研究所，2009 年，第 200—206 页。

想的观点与方法的争论贯穿在其对中国整体的观察、思考与理解之中。所以说，用孔子的名字命名汉语言文化海外传播机构，对于世界各国各个领域人士来说，都具有最深切的亲近感和认同感。

孔子学院的命名中蕴含着传播以"和"为核心的中华文化精神的理念。意味着这种文化输出绝不同于文化征服，其目的不过是要在全球化的过程中力求较多地融进中国文化的元素，以此促进世界文化的一体化进程。作为世界公认的伟大的教育家和思想家，孔子早在两千多年前就提出了"和为贵"的思想，当今时代，国家、民族乃至人与人之间仍然要以团结互助、友好相处、求同存异、共同发展为最高境界。经过数千年的熏陶和锤炼，这种和谐理念已深深根植于中国的历史文化传统之中，体现了中国文化的核心精神，也是中国文化区别于其他国家文化的显著标志，完全可以发展成为具有世界价值意义的思想体系。

"和为贵"，语出《论语·学而》篇，原文如下："礼之用，和为贵。先王之道，斯为美；小大由之。有所不行，知和而和，不以礼节之，亦不可行也。"从文本语境看，这里的"和为贵"是对"礼之用"的规约。孔子重周礼，周礼的特点是贵贱有等，长幼有差。孔子的意思是说在礼的施行过程中，人们应该各安其位，和谐相处。这里的"和"，有和谐、协调的意思，但绝不意味着苟同。先秦儒家强调的是"和而不同"，认为"和实生物，同则不继"。"和"意味着开放，强调的是包容，允许求同存异，因而蕴含着发展变化的内在可能与因素，而"同"则是单一的叠加，意味着单调和枯燥，与事物的多样性背道而驰。"和"的开放性与包容性是今天建设和谐世界的重要思想资源。除此以外，"和"还有恰到好处的意思。《中庸》说："喜怒哀乐之未发，谓之中；发而皆中节，谓之和。中也者，天下之大本也；和也者，天下之达道也。致中和，天地位焉，万物育焉。"儒家以中和为美，但他们的"致中和"绝不是没有原则和对错的折中主义和调和主义，而是强调处理矛盾问题时应该"执两用中"，尽可能达成一种动态的和谐。这种"中庸"观对于当今人类处理人与自然的矛盾与冲突，人与人之间、社群之间、民族之间的矛盾与冲突，个人身心之间的矛盾与冲突，仍然具有重要的启发意义。

以传播"和"为特征的中国文化作为自己的价值立场和传播客体的核心，具备赢得世界各国理解和认同的基础。不少孔子学院在工作总结中都谈到，孔子学院平台的工作重点应该是传播中国的传统文化，不宜过多介入政治、经济，而外方也担心如果官方太积极介入的话，会影响平台的独立性。以“中和”为价值核心的中国传统文化，正适应了目前世界急剧变化和变革的需要，具有普遍的现代价值和巨大的文化吸引力。

无论从办学理念还是现实需要及可行性来说，传播以“和”为核心的中国传统文化应该成为孔子学院传播客体的核心。同样地，以中华文化“和”的特性作为建设传播主体文化自觉的核心，也将为孔子学院的可持续发展提供恒久的动力。有学者认为，对外传播主体的文化自觉，是保障对外传播处于理性、平等、开放的首要主观因素。具体包含以下几方面：一是自觉认识，即对民族文化全面深刻的认识；二是自觉素养，即在情感上的强烈认同和行为上的践行；三是自觉意识，对自身在对外传播过程中的重要性、决定性有所了解；四是自觉规律，站在科学的高度，对文化发展和文化传播的规律进行科学把握；五是自觉实践，将理论认知自觉落实在一系列文化传播的具体工作之中；六是自觉责任，做一个拥有强烈爱国情怀、民族责任感的对外传播主体，以中华民族伟大复兴为己任①。

孔子学院走向世界，这是向世界展示、传播并宣扬中华文化的重要过程②。但，这同时也意味着我们必须面对世界对于中华文化的认同、审视、接受或排拒。孔子学院教师和运营者作为这个平台最重要的传播主体，坚持立足“和”理念，胸怀对本民族文化的认同感、自信心和责任担当，以独立的精神、自由的思想、包容的心态和宽容的情怀进行跨文化传播，是达成各民族文化“各美其美，美人之美，美美与共”之理想“在场”境界的主要因素。因此，中国语言文化的国际传播主体与客体建设，应从中国文化深处汲取智慧，既有中国学术主体性又有世界元素和全球视野。

关于儒学在西方译介与传播的研究，长期以来，国内学术界习惯于从汉学家或汉学专著出发，而忽略了更具大众化面相的报刊资料。近年来，19 世纪与中国相关的主要英文期刊如《印中搜闻》《中国丛报》《中国评论》《教务杂志》和《皇家亚洲文会北华支会会刊》等已引起学界颇多关注，其整体情况是：提及或片段引用儒学刊文的资料多；在中国典籍英译的反研究，大框架论中西文化史、报业发展史方面积累了不少成果；针对单个刊物作

①李彬、黄卫星：《我国对外传播主体的文化自觉》，《对外传播》，2011 年第 8 期。

②吴易霏：《从文化传播的角度看孔子学院的价值》，《传播力研究》，2018 年第 8 期。

汉学主题的反研究逐步出现；探讨其儒学观的研究已初露端倪，但对前述期刊儒学议题的研究还存在比较大的推进空间，而就儒学西传、中西文化交流史的整体历程而言，缺少基于19世纪英文报刊儒学主题文献的研究，将注定是不完整的。

“他山之石，可以攻玉”，“异域之眼，当为己镜”，在当今世界秩序发生根本性变化，中国逐步走向世界舞台中心的时代，倘若只停留于对这些“他山之石”和“异域之眼”对中国文化相关议题本身的梳理与研讨，而缺乏基于结合中华文化国际传播现状的思考，无疑将使“攻玉”和“对镜”之效大打折扣。有鉴于此，本书余论部分既简单回顾16—19世纪中国文化在西方作为客体“因何”“在场”，分析其时国人作为传播主体“为何”“缺席”，又探讨当今我们该“如何”“在场”。以揭明本书之写作宗旨——弥补已见儒学西传研究之重要时间与材料缺环，并据此关照和回应当今中国文化国际传播的宏大话题。

附录一 《印中搜闻》儒学主题刊文

各条各项依次为刊文年份、卷期/页码,英文题名,中文题名,作者[①]

1. 1820,2/11(500—502),The Worship of Confucius,孔子崇拜,Amicus(推断为罗伯特·马礼逊)
2. 1820,2/11(511—515),State of Education Amony the Chinese Settlers in Malacca,马六甲华人教育状况, LUCIUS(卢修斯)
3. 1820,2/11(517—525),Bibliotheca Sinica,"汉学书目"之《论语》
4. 1820,2/13(635—647),Bibliotheca Sinica,"汉学书目"之《中庸》
5. 1820,2/12(583—584),Remarks on Mr. Remusat's Translation of The 中庸,评雷慕沙译《中庸》,Aliquis(推断为 Amicus,罗伯特·马礼逊)
6. 1820,2/14(711—716),Bibliotheca Sinica,"汉学书目"之《大学》
7. 1821,3/16(826—838),Bibliotheca Sinica,"汉学书目"之《孟子》
8. 1819,2/9,(390—400),Chinese Metaphysics,中国的形而上学
9. 1820,2/11,(477—478),Formosa Yellow River,黄河泛洪
10. 1821,3/17,(894—911),Bibliotheca Sinica,"汉学书目"之《功过格》介绍

①有部分刊文作者姓名不可考,故略去。

附录二 《中国丛报》儒学主题刊文

各条各项依次为刊文年份、卷/页码、英文篇名、中文篇名

1. 1832,1/6,Introduction,创刊辞
2. 1932,1/69,Miscellanies,杂记,从概念上阐释"基督徒""友谊""和平""偶像崇拜"和"婆罗门教徒"等名词
3. 1832,1/80,Literary Notices,文艺通告,马典娘娘(Miss Martin)著《训女三字经》
4. 1832,1/109,Religious Intelligence,宗教消息
5. 1832,1/116,Journal of Occurrences,时事报道
6. 1832,1/146,Miscellanies,杂记,(2)宗教的影响;(3)为了维护道德而采取的暴行
7. 1832,1/239, Miscellanies,杂记
8. 1832,1/249,Literary Notices,文艺通告,《三字歌》注解,1816 年出版
9. 1832,1/254,Review:Memoirs amd Remark on China,书评:《中国现势续录》
10. 1832,1/285,Miscellanies,杂记,(2)对"愤怒""义愤""憎""报仇"——不祥字眼的见解
11. 1832,1/302,Review: The Sacred Edict,书评:米怜(William Milin)翻译之《圣谕》
12. 1833,1/413,Miscellanies,杂记,(1)对各种异教的批判
13. 1833,1/457,Miscellanies,杂记,(6)科举考试的一道题
14. 1833,1/478,Review:History of China,书评:《中国通史》
15. 1833,1/493,Miscellanies,杂记,(6)康熙在礼仪之争中对祭祖的解释和中国人的习俗;(7)孔子崇拜
16. 1833,1/515,Journal of Occurrences,时事报道,(5)中国官方文件中的套语

17. 1833,2/15,Review:Ta-Tsing Leuh-le,书评:大清律例

18. 1833,2/46,Religious Intelligence,宗教消息

19. 1833,2/52,Journal of Occurrences,时事报道

20. 1833,2/66,Review :Ta-Tsing Leuh-le,书评:大清律例(续)

21. 1833,2/79,Miscellanies,杂记

22. 1833,2/102,Review:Ta-Tsing Leuh-le,书评:大清律例(续)

23. 1833,2/116,Miscellanies,杂记

24. 1833,2/152,Description of the city of Canton,广州介绍

25. 1833,2/220,Miscellanies,杂记

26. 1833,2/242,Literary Notices,文艺通告

27. 1833,2/249,Description of the city of Canton,广州介绍

28. 1833,2/273,Miscellanies,杂记,(1)1520 年的一份儒佛教比较的文章;(4)中国人的道德日益下降

29. 1833,2/317,Miscellanies,杂记(2)中国的古典哲学

30. 1833,2/343,Journal of Occurrences,时事报道,(1)一名中国官员因失礼行为而被降职

31. 1833,2/358,Miscellanies,杂记,(3)中国人的叩头与下跪

32. 1833,2/391,Journal of Occurrences,时事报道,(7)中国官员的渎职

33. 1834,2/435,Literary Notices,文艺通告,(1)中国畅销书《丹桂集》

34. 1834,2/490,Description of the city of Peking,北京介绍(续)

35. 1834,2/564,Miscellanies,杂记,(3)关于中国人改变信仰的评论

36. 1834,3/60,The State Religion of China,中国的宗教

37. 1834,3/60,Remark on Chinese History,中国历史著作的特点

38. 1834,3/109,The Chinese Classics,中国经典,分四书和五经两部分进行评介

39. 1834,3/130,Profession of Letters in China,中国的读书人,读书的动机;大量的落第者;一名落第者的故事

41. 1834,3/197,Literary Notices,文艺通告,反对偶像崇拜

42. 1834,3/247,Journal of Occurrences,时事报道

43. 1834,3/297,Journal of Occurrences,时事报道,科举考试进行得不尽人意;中英之间的公文和文件

43. 1834,3/315,Our Country,我们的国家

44. 1835,3/418,British Relations with China,论中英关系,1834 年于伦敦出版

45. 1835,3/249,Promulgation of the Gospel in China,在华传播基督教福音

46. 1835,3/549,Small Feet of the Chinese Females,中国妇女的小脚

47. 1835,3/555,Woo Tsihteen:Empress of China,中国女皇武则天

48. 1835,3/588,Journal of Occurrences,时事报道,(7)科举考试

49. 1835,4/6,Education among the Chinese,中国教育

50. 1835,4/16,Chinese Government and Constitution,中国的政府和政体

51. 1835,4/44,Literary Notices,文艺通告

52. 1835,4/51,Journal of Occurrences,时事报道

53. 1835,4/64,Notices of Modern China,当代中国介绍(续)

54. 1835,4/110,Santsze King,《三字经》,一本与初等教育目的不协调的书

55. 1835,4/123,Notices of Modern China,当代中国介绍(续)

56. 1835,4/140,Structure of the Chinese Government,中国政府的组织结构

57. 1835,4/158,Pih Kea Sing Kaou Leo,百家姓考录

58. 1835,4/234,Tseen Tsze Wan,千字文

59. 1835,4/292,Odes for Children,押韵幼儿诗集

60. 1835,4/300,Journal of Occurrences,时事报道

61. 1835,4/350,Filial Duty,孝经

62. 1836,4/534,List of Persons Holding Office in China,中国官府文武官员名单

63. 1836,4/529,Singapore Institution,新加坡书院,(2)中国人的文学和伦理

64. 1836,5/87,Primary Lessons,小学,中国幼童的启蒙教材之一

65. 1836,5/115,Remarks on Education,汉语教育

66. 1836,5/199,Historical and Descriptive Account of China,中国及其历史

67. 1836,5/244,Journal of Occurrences,时事报道

68. 1826,5/311,Primary Lessons,小学(续)
69. 1837,5/513,Society for the Diffusion of Useful Knowledge,在华实用知识传播会
70. 1837,5/577,Admonitory Pictures,规劝图
71. 1837,6/102,Education for the Chinese,教育中国人
72. 1837,6/136,Examples of Filial Duty,二十四孝故事 ,对中国《二十四孝故事》的介绍和英译
73. 1837,6/191,Primary Lessons,小学(续),《小学》中关于君臣关系的第2部分第2章的译文
74. 1837,6/235,Morrison Education Society,马礼逊教育会
75. 1837,6/259,Practical Lessons in Sacrificial Rites,祭祀礼仪布政司邀请了北京礼部的两位专员在广州明伦堂讲授祭祀和典礼的礼仪
76. 1837,6/340, Society for the Diffusion of Useful Knowledge,在华实用知识传播会
77. 1837,6/358,Journal of Occurrences,时事报道
78. 1837,6/399,Primary Lessons,小学(续)
79. 1838,6/451,Tsze Puh Yu,子不语
80. 1838,6/502,Journal of Occurrences,时事报道
81. 1838,6/557,Journal of Occurrences,时事报道
82. 1838,6/568,Primary Lessons,小学(续)
83. 1838,7/6,Intellectual Character of the Chinese,中国人的智慧特征
84. 1838,7/117,Journal of Occurrences,时事报道
85. 1838,7/198,Means of Doing Good in China,与中国人为善的方法
86. 1838,7/238,Notice of San Kwo Che,《三国志》评介
87. 1838,7/306,Morrison Education Society,马礼逊教育会
88. 1838,7/319,Chinese Terms to Express the Deity,"Deity"中文对译
89. 1838,7/358,Life of Hungwoo,朱元璋的一生
90. 1838,7/396,Sin Pun Keen Yang Yen,新编劝烟言
91. 1838,7/404,Diffusion of Useful Knowledge in China, 在华实用知识传播
92. 1839,7/510,Review of the Shin Seen Tung Keen,书评:神仙通卷

93. 1839,7/553,Education,教育

94. 1839,7/558,Review of the Shin Seen Tung Keen,书评:神仙通卷

95. 1839,8/61,Notice of a Chinese Tale,介绍中国传说,黄婉娘百年长恨集

96. 1839,8/91,China Opened,开放的中国:中华帝国概述

97. 1839,8/352,Revenging of a Father's death,孝女复仇记

98. 1839,8/392,The Shoo King,书经

99. 1840,(8/646),Illustrations of Scripture,《圣经》解读

100. 1840,9/52,Pih Jin Ko,《百忍歌》的英译及解释

101. 1840,9/63,Chingtih hwang Yew Keangnan,正德皇帝游江南

102. 1840,9/149,Ma Twanlin, the Chinese Historian,中国史学家马端临

103. 1840,9/216,Biographical Notices of Szema Tan,司马谈传记,译自雷慕沙的法文原作

104. 1840,9/264,Festivals Given to Old Men,尊老

105. 1840,9/280,Biographical Notices of Szema Kwang,司马光传记,译自雷慕沙的法文原作

106. 1840,9/290,Notices of China,No. Ⅰ,中国介绍之一

107. 1840,9/327,Debate on Chinese Affair,对中国事态的争论

108. 1840,9/395,Notice of Tae Tsoo,明太祖传记,译自雷慕沙的法文原作

109. 1840,9/543,The Female Instructor,1730 年版《女学》

110. 1840,9/579,Astronomy of the Shoo King,《书经》中的天文学,对《书经》3 至 8 章的选译和注解

111. 1840,9/623,Notices of China, No. IV,中国介绍之四:丧葬仪式

112. 1841,10/7,Chinese History,中国历史《纲鉴易知录》

113. 1841,10/55,Illustrations of Men and Things in China,中国风土人情录(续)

114. 1841,10/71,Notices of China, No. V,中国介绍之五:中国的指腹为婚、订婚、媒婆、婚约、婚礼

115. 1841,10/104,The Rebellion of the Yellow Caps,黄巾起义

116. 1841,10/127,Chronology of the Chinese,中国的纪年法

117. 1841,10/228,Examination of Four Chinese Characters,对孟子及其门徒的著作中最常用的 4 个汉字的注释,1830 年于巴黎出版
118. 1841,10/237,San Hwang Ke,三皇纪,中国早期的神话历史
119. 1841,10/311, Sketch of Yuhwang Shangte,"玉皇大帝"的故事
120. 1841,10/326,Biographical Notice of Mencius,中国哲学家孟子传记,译自雷慕沙的法文原作
121. 1841,10/557, Poo Nang Che Tsang Sin,补囊智全集
122. 1841,10/600,Sacred Instructions of the Ta Tsing Emperors,大清皇帝圣训
123. 1841,10/620,Illustrations of Men and Things in China,中国风土人情录(续)
124. 1841,10/648,A New History of China,中国新史
125. 1841,10/669,Illustrations of Men and Things in China, 中国风土人情录(续)
126. 1842,11/52,Portrait of Pwanku,the First Man,始祖盘古画像及简介
127. 1842,11/116,Portrait of the Three Sovereigns,三个远古祖先的画像
128. 1842,11/138,Notices of the Works of Su Tungpo,苏东坡全集
129. 1842,11/179,Portrait of Fuhi,伏羲氏的画像
130. 1842,11/182,Report of Chinese Schools,中国学校报告
131. 1842,11/208,Liao Chai I Chi,聊斋志异
132. 1842,11/237,Chinese Seminary,Batavia,巴达维亚中国子弟学校
133. 1842,11/272,Dreams in the Red Chamber,红楼梦
134. 1842,11/329,Portrait of Shinnung,神农氏的画像
135. 1842,11/392,Portrait of Wang Ti,轩辕氏的画像及简介
136. 1842,11/417,Sketch of the Life of Confucius,中国道德家孔子的生活简述
137. 1842,11/440, Illustrations of Men and Things in China, 中国风土人情录(续)
138. 1842,11/458,Portrait of Sháuháu,少皓氏的画像
139. 1842,11/535,History of the Southern Sung Dynasty,南宋史
140. 1842,11/598,History of the Ming Dynasty,明史

141. 1843,12/25,List of Officers at Peking,北京政府官员名单

142. 1843,12/80,Portrait of the Emperor Ku Káusin,对帝喾高辛氏的描述

143. 1843,12/131,Notices of Kungming, a Chinese Hero,对《三国志》中的英雄孔明的描述

144. 1843,12/566, Ten Thousand Things Relating to China and the Chinese,中国拾遗

145. 1844,13/541,Description of a Longevity Screen,"寿屏"介绍

146. 1844,13/558,Philosophical Opinions of Chú Futsz' 朱夫子哲学,朱夫子关于唯心论和原始物质的哲学观点(待续)

147. 1844,13/615,Philosophical Opinions of Chú Futsz',朱夫子哲学(续),关于"太极"的哲学观点

148. 1844,13/662,Journal of Occurrences,时事报道

149. 1845,14/151,Remarks on the Words God, Spirit and Angel,对"God""Spirit""Angel"等词中译问题的讨论

150. 1845,14/107,Chinese Words "God",for "God" and "Spirit","God""Spirit"的中译及《圣经》中专有名词的中译

151. 1845,14/503,Morrison Education Society,马礼逊教育会

152. 1845,14/549,Journal of Occurrences,时事报道

153. 1846,15/75,Notices of J. A. Goncalves,公神甫传略

154. 1846,15/114,versions of the Holy Scriptures,《圣经》中译本

155. 1846,15/167,Revision of the Chinese Version of the Bible,《圣经》中译本的修订

156. 1846,15/317,Chinese Terms for Deity,"Deity"的中译

157. 1846,15/335,The Character Jin,论"仁"字之真义,仁至难言

158. 1846,15/383,A Confucian Tract,一本劝人常存天理良心的儒学小册子

159. 1846,15/470,Terms for the Deity,"Deity"中译法

160. 1847,16/38,Remarks on Shángti and Shin,"上帝"与"神"

161. 1847,16/103,Chinese Terms to Denote the Deity,"Deity"的中译问题(待续)

162. 1847,16/125,Chinese Terms to Denote the Deity,"Deity"中译问题(续)

163. 1847,16/410,Bibliotheca Sinica,中国图书丛刊第一期:明心宝鉴

164. 1847,16/421,Hai Kwoh Tu Chi,海国图志

165. 1847,16/452, Bibliotheca Sinica,中国图书丛刊

166. 1847,16/458,Readings in Chinese Poetry,中国诗选《关雎》《卷耳》

167. 1847,16/504,Bibliotheca Sinica,中国图书丛刊第三期:圣谕广训

168. 1848,17/103,Chinese Sacrifices,中国人的祭品,从《尚书》的记载看中国人的祭品

169. 1848,17/111,Chinese Term for Deity,"Deity"的中译研究

170. 1848,17/271,Chinese Term for Deity,"Deity"的中译研究(续)

171. 1848,17/361,The Character of Chinese Officers,中国官员的特性

172. 1848,17/420,A Dissertation on the Theology of the Chinese,中国神学论,麦都思著,1848年上海墨海书局出版

173. 1848,17/439, Chinese Lexicography,中国词典学

174. 1848,17/465,Remarks on the Notes of Z. Z.,评Z. Z. 给本报编辑的一封信,讨论"上帝"一词如何译成中文。

175. 1848,17/543,Illustrations of Scripture,《圣经》解释,利用中国人的风俗习惯来解释《圣经》(参见第8卷第12期篇5)

176. 1848,17/592,Reading the Sacred Edict,阅读圣谕

177. 1848,17/597,Illustrations of Men and Things in China,中国风土人情录(续)

178. 1848,17/652,Anecdotes to Inculcate a Moral,道德教育小故事

179. 1849,18/49,Remarks on the Philosophy of the Chinese,论中国哲学

180. 1849,18/63,History of Instruction in Chinese,中国大众教育及文学团体

181. 1849,18/106,Letter upon the Terms Shin and Shángti,关于"神"与"上帝"二词用法的信

182. 1849,18/108,Account of Hiuen-tien Shangti,"玄天上帝"的记载

183. 1849,18/162,Notices of a Sabbath in the Yih King,《易经》中的安息日

184. 1849,18/165,Anecdotes to Inculcate a Moral,道德教育小故事(续)
185. 1849,18/175,The Urh Ya,尔雅
186. 1849,18/193,Life and Writings of Chu,朱熹的生平及著作
187. 1849,18/343,Life and Times of Confucius,孔子的生平及时代,孔子出生的时间、地点、环境及其族谱
188. 1849,18/348,Notices of Chinese Cosmogony,中国的宇宙起源论
189. 1849,18/369,The Worship of Ancestors,祖先崇拜,介绍《家礼帖式集成》
190. 1849,18/399,Chronology and Geography of the Chun Tsiu,春秋时代的编年史
191. 1849,18/491,Ancient Intercourse with China through Central Asia,古代经中亚通中国之路
192. 1849,18/509,Journal of Occurrences,时事报道
193. 1849,18/615,Journal of Occurrences,时事报道
194. 1850,19/191,The Shwoh Wan, or Etymologicon,说文解字徐氏系传四十卷
195. 1850,19/191,Term for Elohim and Theos,对"Elohim"及"Theos"二词翻译的意见
196. 1850,19/286,Letter from a Looker-on,一位旁观者的来信,关于"God"一词的中译问题
197. 1850,19/318,Mythological Notices,译自《搜神记》的神话故事
198. 1850,19/451,Tract upon Nourishing the Spirit,《养神》,麦都思来信附中文短文《养神》的译文
199. 1850,19/484,Medhurst's Inquiry,麦都思著《〈圣经〉汉译中"Ruach"和"Pneuma"二词的确切译法研究》,1850 年上海墨海书馆出版
200. 1850,19/530,Letter to the Editor,致编者信,关于理雅各(J. Legge)对"God"一词中译见解的争论
201. 1851,20/100,Historical and Fabulous Personages,历史和神话人物
202. 1851,20/119,Historical Fabulous Personages,历史和神话人物(续)
203. 1851,20/200,Historical Fabulous Personages,历史和神话人物(续)
204. 1851,20/231,The Mowtans,or Tree Peonies,中国故事与小说

205. 1851,20/287,Literary Notices,文艺通告

206. 1851,20/305,Stanzas from the Chinese,中文诗作节译

207. 1851,20/346,Complete Collection of the Garden of Banians,榕园全集

208. 1851,20/439,Stanzas from the Chinese,中文诗作节译

209. 1851,20/496,Bibliographical Notice,图书介绍

附录三 《中国评论》儒学主题刊文

各条各项依次为刊文年份、卷期/页码、英文篇名、中文篇名、作者[①]

1. 1872,1:1 /2—12,Shih King-a Review of the 4th volume of Dr. Legge's "Chinese Classics" (E. J. EITEL),评理雅各博士《中国经典》(卷四)之《诗经》(欧德理)
2. 1872,1:1 /32—37,Su Tung-p'o (E. C. BOWRA),苏东坡(包腊)
3. 1872,1:1 /50,Rhymes from the Chinese (J. CHALMERS),中国诗歌的押韵(杜甫的诗)(湛约翰)
4. 1872, 1:2 /114, Mr. Julien's "syntaxe de la langue chinoise" (A. FALCONER),于连的"汉语句法"
5. 1872,1:2 /137,The National Monuments at Yai-shan (E. C. BOWRA),崖山的国家纪念碑(包腊)
6. 1872,1:3 /151—163,The Symbols of the Yih-king (T. MCCLATCHIE),《易经》中的象征(麦丽芝)
7. 1872,1:3 /203,Notes and Queries,1. Beating the Ox (J. CHALMERS),释疑,1. 击牛(湛约翰)
8. 1873,1:4 /209—220,Tauism (J. CHALMERS),道教(湛约翰)
9. 1873,1:4 /260—266,Confucianism (E. J. EITEL),儒家思想(欧德理)
10. 1873,1:5 /275—283,Han Wan-kung (J. CHALMERS),韩文公(湛约翰)
11. 1873,1:5 /301,Yan Kwo;Yuk Lik (T. G. SELBY),《因果》与《玉历》
12. 1873,1:5 /324—328,The Chinese Theory of Music (E. FABER),中国音乐理论(花之安)
13. 1873,1:6 /394,Short Notices of New Books, A Translation of Three

---

①有部分刊文作者姓名不可考,故略去。

Character and Thousand Character Essay，学界消息，《三字经》和《千字文》的翻译

14. 1873，1：6 /339—347，Han Wan-kung(Continued) (J. CHALMERS)，韩文公(湛约翰)

15. 1873，2：1 /1—8，Amateur Sinology (E. J. EITEL)，业余汉学家(欧德理)

16. 1873，2：1 /29—33，Wang An Shih，the Innovator (H. KOPSCH)，改革家——王安石(葛显礼)

17. 1873，2：2 /74—80，Wang An Shih，the Innovator(Continued) (H. KOPSCH)，改革家——王安石(葛显礼)

18. 1873，2：3 /169—173，Is Sinology A Science? (J. C.)，汉学是一门学科吗?(湛约翰)

19. 1873，2：3/175—181，A Chinese Webster (J. NACKEN)，中国的"韦伯斯特"

20. 1873，2：3 /182—185，A Thousand Character Essay(H. A. GILES)，千字文(翟理斯)

21. 1873，2：3 /191—195，Notes and Queries，1. Chinese and Hindoo Mythology，释疑，1. 中国与印度神话比较

22. 1874，2：4 /215—222，A Chinese Webster (Article Ⅱ.) (J. NACKEN)，中国的"韦伯斯特"(湛约翰)

23. 1874，2：4 /225，On the Origin and History of the Hakkas (C. PITON)，客家的起源与历史(毕安)

24. 1874，2：4/231，The Administration of Chinese Law (LEX)，中国法律的行政管理

25. 1874，2：5 /293—309，The Table of Yu (C. T. GARDEN)，大禹碑(嘉托玛)

26. 1874，2：5 /309—314，A Translation of Examination Papers Given at Wu Ch'ang (E. L. O.)，一份武昌考试试卷的翻译

27. 1874，2：6 /335—341，Kanghi's Dictionaries，康熙字典

28. 1874，2：6 /354—363，A Chinese Webster (Concluded) (J. NACKEN)，中国的"韦伯斯特"

29. 1874,3:3 /129—137,Chinese Proverbs and Their Lessons (A. LISTER),中国谚语及教训(里斯特)
30. 1874,3:3/178,Dr. Williams' Syllabic Dictionary (M.),威廉姆斯博士所著的音位词典
31. 1875,3:4 /233—235,Dr. Williams' Dictionary (W. P. GROENEVELDT),威廉姆斯词典
32. 1875,3:5 /259—269,The Last of Chinese (E. C. BOWRA & A. LISTER),过去的中国(包腊,里斯特)
33. 1875,3:5/273,The Folklore of China (N. B. Dennys),中国民俗学研究(丹尼斯)
34. 1875,3:6/342—353,Confucian Cosmogony (J. CHALMERS),儒家的宇宙起源说(湛约翰)
35. 1875,4:1/10—13,Cosmogony and Religion (S.),宇宙起源与宗教
36. 1875,4:1/13—18,Some Notes on the Yu-kung,or Tribute of Yu (T. W. KINGSMILL),禹贡相关注释(金斯密)
37. 1875,4:1/58,Short Notices of New Books and Literary Intelligence, Confucian Copy-book,学界消息,儒学习字帖
38. 1875,4:2 /84—95,Confucian Cosmogony (T. MCCLATCHIE),儒家的宇宙起源说(麦丽芝)
39. 1875,4:3 /139,The Folk-lore of China (Continued from page 84) (N. B. Dennys),中国民俗研究(丹尼斯)
40. 1875,4:3/194,An Introduction to A Retrospect of Forty Years of Foreign Intercourse with China (G. NYE),中外四十年交流回顾导读
41. 1875,4:4 /234、235、236,An Introduction to A Retrospect of Forty Years of Foreign Intercourse with China(Continued from page 152) (G. NYE),中外四十年交流回顾导读(续 152 页)
42. 1876,4:4 /243—246,One Page from Choo Foo-tsze (J. CHALMERS),节选自朱夫子中的一页(湛约翰)
43. 1876,4:4 /257—261,Phallic Worship (T. MCCLATCHIE),阳物崇拜 (麦丽芝)
44. 1876,4:5 /271—278,Essays on the Chinese Language (Continued

from page 212) (T. WATTERS),研究中国语言的文章(续 212 页)(瓦特斯)

45. 1876,4:6 /335—339,Essays on the Chinese Language (Continued from page 278) (T. WATTERS),研究中国语言的文章(续 278 页)(瓦特斯)

46. 1876,5:1/1—8,Dr. Legge's Metrical Shi-King (A. LISTER),理雅各博士的韵律《诗经》(里斯特)

47. 1876,5:1/9—15,Essays on the Chinese Language (Continued from page 343) (T. WATTERS),研究中国语言的文章(续 343 页)(瓦特斯)

48. 1876,5:1/47,The Captive Maiden (G. C. STENT)被俘的少女(司登德)

49. 1876,5:1 /60—64,Short Notices of New Books and Literary Intelligence,The Chinese Recorder and Missionary Journal,Confucian Cosmogony;Thai-kih-thu,学界消息,教务杂志,儒家的宇宙起源说;太极图说

50. 1876,5:2 /83,The folk-lore of China (concluded) (N. B. DENNYS),中国民俗学研究(终稿)(丹尼斯)

51. 1876,5:2/133—135,Short Notices of New Books and Literary Intelligence,A Translation of the Confucian,易经,学界消息,儒家经典《易经》的翻译

52. 1876,5:2 /143,Notes and Queries,4. Japanese Codex of the Shoo King (E. E.),释疑,4. 日本的《书经》法典

53. 1876,v. 5:3 (148),Essays on the Chinese Language (Continued from page 83) (T. WATTERS),研究中国语言的文章(续 83 页)(瓦特斯)

54. 1876,5:4 /228,Chinese Intercourse with the Countries of Central and Western Asia during the Fifteenth Century,Part Ⅱ (Continued from oage 182) (E. BRETSXHNEIDER),公元五世纪中国与中亚、西亚的交流(续 182 页)(贝勒)

55. 1876,5:4/243—248,A Chinese Hornbook (L. C. P.) 一部中国人学习的入门读物

56. 1877,5:5/271—281,Chinese Natural Theology (J. CHALMERS),中

国自然神学史(湛约翰)

57. 1877,5:5 /303—310,Chinese Etymology, with a List of Primitives and Key to Shwoh-Wan (J. CHALMERS),汉语的语源学(《说文解字》解读)(湛约翰)

58. 1877,5:5 /311—319,Brief Sketches from the Life of K'ung-ming (G. C. STENT),孔明生平简介(司登德)

59. 1877,5:5/ 319—323,On the Twenty-eight Constellations (J. EDKINS),二十八星宿(艾约瑟)

60. 1877,5:6/ 362—367,Brief Sketches from the Life of K'ung-ming (Continued from page 319) (G. C. STENT),孔明生平简介(续 319 页)(司登德)

61. 1877,5:6/398—400,Short Notices of New Books and Literary Intelligence. Confucian in relation to Christianity,学界消息,儒教与基督教

62. 1877,6:1/ 57—59,Short Notices of New Books and Literary Intelligence. Geschichitlich uber maass,(德语)学界消息,涉及《易经》与音乐之间的关系

63. 1877,6:2/76—82,The Rhymes of the Shi-King (J. CHALMERS),《诗经》中的押韵(湛约翰)

64. 1877,6:2/83—89,Brief Sketches from the Life of K'ung-Ming (Continued from Vol. V, page 367) (G. C. STENT),孔明生平简介(续 367 页)(司登德)

65. 1877,6:2/120—124,Translations of Chinese School-books,《幼学琼林·卷一·天文》翻译

66. 1877,6:2/144,Notes and Queries, 10. Were Yao and Shun Historical Person? (A C. READER),释疑,10. 尧舜是历史人物吗?

67. 1877,6:3/147—158,Imperial Confucianism (J. LEGGE),帝国儒学,(理雅各)

68. 1877,6:3/166—172,The Rhymes of the Shi-King (Continued from page 82) (J. CHALMERS),《诗经》中的押韵(续 82 页)(湛约翰)

69. 1877,6:3/173—180,Brief Sketches from the Life of K'ung-Ming (Continued from page 89) (G. C. STENT),孔明生平简介(续 89 页)

（司登德）

70. 1877，6：3/195—199，Translations of Chinese School-books（Continued from page 124），《幼学琼林·卷一·地舆》翻译（续124页）

71. 1877，6：3/199—201，Short Notices of New Books and Literary Intelligence，The Doctrines of the Chinese Philosopher Mencius，学界消息，中国哲学家孟子的学说，从研究方法、特征、主体方面评论Mr. Faber的书，涉及孟子及孟子学说

72. 1878，6：4/223—235，Imperial Confucianism（J. LEGGE），帝国儒学（理雅各）

73. 1878，6：4/236—242，Brief Sketches from the Life of K'ung-Ming（Continued from，page 180）（G. C. STENT），孔明生平简介（续180页）（司登德）

74. 1878，6：4/235—258，Translations of Chinese School-books（Continued from page 124），《幼学琼林·卷一·岁时》翻译（续199页）

75. 1878，6：5/299—310，Imperial Confucianism（Continued from page 235）（J. LEGGE），帝国儒学（续235页）（理雅各）

76. 1878，6：5/323—328，Chinese Moral Sayings Compared with Those of the Greek Tragedians，（R. H. GRAVES），中国道德格言与希腊悲剧家道德格言比较（纪好弼）

77. 1878，6：5/328—330，Translations of Chinese School-books（Continued from page，259），《幼学琼林·卷一·朝廷》翻译（续259页）

78. 1878，6：5/336，Short Notices of New Books and Literary Intelligence，Die Grundgedanken des alten chinesischen Socialismus oder，（德语）略有涉及墨子对儒家的评论

79. 1878，6：6/363—374，Imperial Confucianism（Continued from page 310）（J. LEGGE），帝国儒学（续310页）（理雅各）

80. 1878，6：6/374—380，Brief Sketches from the Life of K'ung-Ming（Continued from，page 242）（G. C. STENT），孔明生平简介（续242页）（司登德）

81. 1878，6：6/404—408，Ti Tsz Kwei 弟子规 Rules for Sons and Younger Brothers，《弟子规》翻译

82. 1878,6:6/416—418,Notes and Queries. 2. Were Yau and Shun Historical Persons? (J. EDKINS),释疑,2. 尧舜是历史人物吗?(艾约瑟)
83. 1878,7:1/11—21,Jottings from the Book of Rites (J. MACINTYRE),《礼记》之心得(马钦泰)
84. 1878,7:1/33—38,Brief Sketches from the Life of K'ung-Ming (Continued from, page 380) (G. C. STENT),孔明生平简介(续 380 页)(司登德)
85. 1878,7:1/39—46,The Critical Disquisitions of Wang Ch'ung (A. B. HUTCHINSON),王充《论衡》(赫真信)
86. 1878,7:1/51—52,The Ballads of Shi-King(V. W. X.),《诗经》中的歌谣
87. 1878,7:1/53—58,Translations of Chinese School-books (Continued from page 330),《幼学琼林·卷一·文臣》翻译(续 330 页)
88. 1878,7:1/72—73,Notes and Queries,2. The Griaffe and the Ki-lin (D. G.),释疑,2. 长颈鹿与麒麟,涉及一些儒家著作
89. 1878,7:2/85—91,The Critical Disquisitions of Wang Ch'ung(Continued from page 46)(A. B. HUTCHINSON),王充《论衡·问孔篇》(续 46 页)(赫真信)
90. 1878,7:2/111—114,Translations of Chinese School-books (Continued from page 58),《幼学琼林·卷一·武职》翻译(续 58 页)
91. 1878,7:2/115—117,The Ballads of Shi-King(Continued from page 52) (V. W. X.),《诗经》中的歌谣(续 52 页)
92. 1878,7:3/143—149,Jottings from the Book of Rites (Continued from page 128)(J. MACINTYRE),《礼记》之心得 (续 128 页)(马钦泰)
93. 1878,7:3/167—175,The Critical Disquisitions of Wang Ch'ung(Continued from page 91)(A. B. HUTCHINSON),王充《论衡·问孔篇》(续 91 页)(赫真信)
94. 1878,7:3/176—177,The Ballads of Shi-King (Continued from page 117)(V. W. X.),《诗经》中的歌谣 (续 117 页)
95. 1878,v. 7:3(178—182),Translations of Chinese School-books (Continued from page114),《幼学琼林·卷二·朋友宾主》翻译(续 114 页)

96. 1879,7:4/211—219,Jottings from the Book of Rites (Continued from page 149)(J. MACINTYRE),《礼记》之心得 (续 149 页)(马钦泰)

97. 1879,7:4/219—228,Brief Sketches from the Life of K'ung-Ming (Continued from page 84) (G. C. STENT),孔明生平简介(续 84 页)(司登德)

98. 1879,7:4/229—232,The Ballads of Shi-King (Continued from page 177)(V. W. X.)《诗经》中的歌谣 (续 177 页)

99. 1879,v. 7:4(232—242),Translations of Chinese School-books (Continued from page 182).《幼学琼林 · 卷二 · 祖孙父子》翻译(续 182 页)

100. 1879,7:4/234—242,The Critical Disquisitions of Wang Ch'ung (Continued from page 175)(A. B. HUTCHINSON),王充《论衡 · 刺孟篇》(续 175 页)(赫真信)

101. 1879,7:5/290—301,Jottings from the Book of Rites (Continued from page 219)(J. MACINTYRE),《礼记》之心得 (续 219 页)(马钦泰)

102. 1879,7:5/305—308,The Critical Disquisitions of Wang Ch'ung (Continued from page 242)(A. B. HUTCHINSON),王充《论衡 · 刺孟篇》(续 242 页)(赫真信)

103. 1879,7:5/330—336,Mr. Kingsmill and Shi King (V. W. X.),金思密先生与《诗经》

104. 1879,7:5/337—338,Short Notices of New Books and Literary Intelligence,The Chinese Recorder and Missionary Journal,《教务杂志》涉及 Mr. Faber,儒家思想与基督教对比

105. 1879,7:5/347—349,Notes and Queries. 3. On Some of the Constellations in the Shi-King(T. W. KINGSMILL),《诗经》中的星座(金思密)

106. 1879,7:6/355—364,Jottings from the Book of Rites (Continued from page 301)(J. MACINTYRE),《礼记》之心得 (续 301 页)(马钦泰)

107. 1879,7:6/364—367,Translations of Chinese School-books (Contin-

ued from page 237),《幼学琼林·卷二·兄弟》翻译(续 237 页)

108. 1879,7:6/367—370,The Ballads of Shi-King (Continued from page 232)(V. W. X.),《诗经》中的歌谣 (续 232 页)

109. 1879, 7:6/373—377, The Critical Disquisitions of Wang Ch'ung (Continued from page 308)(A. B. HUTCHINSON),王充《论衡·自纪篇》(续 308 页)(赫真信)

110. 1879,7:6/377—381,Brief Sketches from the Life of K'ung-Ming (Continued from page 228) (G. C. STENT),孔明生平简介(续 228 页)(司登德)

111. 1879,7:6/388—392,Chinese Philosophy before Confucius (E. J. EITEL),孔子之前的中国哲学(欧德理)

112. 1879,8:1/23—27,Translations of Chinese School-books (Continued from page 367),《幼学琼林·卷二·夫妇》翻译(续 367 页)

113. 1879, 8: 1/27—31, The Ballads of Shi-King (Continued from page370)(V. W. X.),《诗经》中的歌谣 (续 370 页)

114. 1879,8:1/39—47,The Critical Disquisitions of Wang Ch'ung(Continued from page 377)(A. B. HUTCHINSON),王充《论衡·自纪篇》(续 377 页)(赫真信)

115. 1879,8:1/47—51,Brief Sketches from the Life of K'ung-Ming (Continued from page 381) (G. C. STENT),孔明生平简介(续 381 页)(司登德)

116. 1879,8:1/58—56,Short Notices of New Books and Literary Intelligence. The Sacred books of China. The Texts of Confucian. Translated by James Legge,学界消息,《中国圣书》,詹姆斯·理雅各译,涉及《书经》《诗经》

117. 1879, 8: 2/67—107, Comparative Chinese Family Law. (E. H. PARKER),比较中国家庭法(庄延龄)

118. 1879,8:2/117—122,Brief Sketches from the Life of K'ung-Ming (Continued from page 51) (G. C. STENT),孔明生平简介(续 51 页)(司登德)

119. 1879, 8: 3/143—146, The Ballads of Shi-King (Continued from

page31)(V. W. X.),《诗经》中的歌谣 (续 31 页)

120. 1879,8:3/146—149,Translations of Chinese School-books (Continued from page 27),《幼学琼林·卷三·叔侄》翻译(续 27 页)

121. 1879,8:3/149—157,Notes on the Corean Language (J. MACHNTYRE),朝鲜语的注释(马钦泰)

122. 1879, 8:3/177—179,Short Notices of New Books and Literary Intelligence. A Guide to the Tablets in a temple of Confucius,学界消息,关于孔庙中的牌位的导读

123. 1880, 8:4/193—205,Translations from the Lu-li,or General Code of Laws of the Chinese Empire (Continued from page 27) (G. JAMIESON),《大清律例》翻译(宗法)(哲美森)

124. 1880, 8:4/230—234, Notes on the Corean Language (Continued from page 156) (J. MACHNTYRE),朝鲜语的注释(续 156 页)(马钦泰)

125. 1880, 8:5/301—308,Translations of Chinese School-books (Continued from page 147),《幼学琼林·卷四·释道鬼神》翻译(续 147 页)

126. 1880, 8:6/352—356,Essay of a Provincial Graduate,with Translation(F. S. A. BOURNE),举人科考试卷翻译(伯恩)

127. 1880, 8:6/392, Notes and Queries. 5. The Rights of Woman (A. VARUS),释疑,女人的权利(瓦鲁斯)

128. 1880,9:1/23,Inscriptions on Red Paper,Pictures Etc. On Chinese Street-door (J. J. M. DEGROOT),中国人临街大门红纸、图片等上面的题字,引自《礼记》(格鲁特)

129. 1880, 9:1/33—36,Modern Biography in China. -The Grand Secretary Li (F. B.),当今中国人物传记——大国务卿(《李鸿章传》翻译)

130. 1880, 9:1/42—45,Short Notices of New Books and Literary Intelligence. The Religion of China,学界消息,中国宗教,涉及儒教与道教比较

131. 1880, 9:2/89—95,Notes on the Corean Language (Continued from page 33) (J. MACHNTYRE),朝鲜语的注释(续 33 页)(马钦泰)

132. 1880,9:2/109—115,Short Notices of New Books and Literary Intel-

ligence. Handlin Paper. Essays on the Intellectual Life of the Chinese,学界消息,翰林院试卷,关于中国知识分子生活的文章,略有涉及儒家思想

133. 1880, 9:2/126,Undiscovered? Historical Proofs (PEAK),历史证据尚未发现?伏羲是否为历史人物

134. 1880,9:3/136—161,The Rhymes of Shi-king (Continued from Vol. IV. Page 172) (J. CHALMERS),《诗经》中的音律(续172页)(湛约翰)

135. 1880,9:3/161,Notes and Queries. 2. The Interminable Question (J. CHALMERS),释疑. 2. 无止境的问题(湛约翰)

136. 1881,v. 9:4/195—212),Scraps from Chinese Mythology (J. DYER BALL),中国神话的节选(巴勒)

137. 1881,9:4/219—223,Notes on the Corean Language (Continued from page 95) (J. MACHNTYRE),朝鲜语的注释(续95页)(马钦泰)

138. 1881,9:4/243—245,Short Notices of New Books and Literary Intelligence. Cursus Literature Sinice, Neo-missinariis Accommodatus,总结传教士的汉学研究,在"中文学习课程"项目涉及较多的儒家经典

139. 1881,9:4/254—255,Notes and Queries . Tales from Chinese History (HISTORICUS),释疑,中国历史中的故事(《左传·隐公元年、一年》翻译)

140. 1881, 9:5/281—297,The Principle of Nature (F. H. BALFOUR),《淮南子·原道训》翻译(巴尔富)

141. 1881, 9:5/297—301,The Rhymes of Shi-king (J. CHALMERS),《诗经》中的音律(湛约翰)

142. 1881, 9:5/310—311,Short Notices of New Books and Literary Intelligence. Cursus Literature Sinice, Neo-missinariis Accommodatus,学界消息,传教士在传授汉语时,略有涉及对中国经书的评价

143. 1881, 9:5/323,A Chinese Ode Paraphrased (SENEX),《诗经·卫风·淇奥》的意译

144. 1881, 10:1/73,Notes and Queries, 18. The Chinese Confederated

States of the 春秋，释疑，18.《春秋》

145. 1881，10:2/77—99，Translations from the General Code of Laws of the Chinese Empire-With a Diagram.（Continued from Vol. IX，page 350）（G. JAMIESON），《大清律例》翻译（附有图表）（续 350 页）（哲美森）

146. 1881，10:3/218—212，Notes and Queries，1. On Chinese Oaths in Western Borneo and Java，释疑，1. 西婆罗洲和爪哇岛中国人的誓言。中国人在法庭上的发誓，涉及中国人的宗教观，天与地

147. 1882，10:6/398—400，Chinese Bibliography（O. F. VON MOLLENDORFF），评高第《西人论中国书目》

148. 1882，10:6/400—407，The End of the Chow 周 Dynasty（C. PITON），周王朝的结束（毕安）

149. 1882，10:6/407、410、412、416，Short Notices of New Books and Literary Intelligence. The Mind of Mencius，or Political Economy founded upon Moral Philosophy，学界消息，孟子思想，或基于道德哲学的政治经济学，涉及一些孟子的思想

150. 1882，11:2/82—83，Scraps from Chinese Mythology（with woodcut）（J. DYER BALL），中国神话的节选，略涉及孔老比较（波乃耶）

151. 1882，11:2/86—92，The Sacred Books of China（T. W. KINGSMILL），中国圣书（金斯密）

152. 1882，11:2/93—97，The K'uen Shi Wan，劝世文；Or，the Practical Theology of the Chinese（E. R. EICHLER），《劝世文》翻译

153. 1882，11:3/146—161，The K'uen Shi Wan，劝世文；Or，the Practical Theology of the Chinese（E. R. EICHLER），《劝世文》翻译

154. 1882，11:3/162—171，Shang-ti，The El-eljon of Genesis（MARTIN SCHAUB），上帝，起源的 El-eljon（韶泼）

155. 1883，11:6/397—398，Short Notices of New Books and Literary Intelligence，千字文学界消息，千字文

156. 1883，12:1/31—41，Su Tung-P'o in Hainan（J. N. JORDAN），海南时期的苏东坡（朱尔典）

157. 1883，12:2/77—78，The Yi King，with Notes on the 64 Kwa（ED-

KINS),《易经》与 64 卦的注释(艾约瑟)

158. 1884,12:4/314—319,The Mother of Mencius (C. ARENDT),《列女传》翻译(啊恩德)

159. 1883, 12:5/412—432,The Yi King, with Notes on the 64 Kwa (EDKINS),《易经》与 64 卦的注释(艾约瑟)

160. 1884, 13:1/10—19,The Tau Te Ching (J. EDKINS),道德经(艾约瑟)

161. 1884, 13:2/102、108—110,The Six great Chancellors of Ts'in (C. PITON),秦朝六大丞相(商鞅)(毕安)

162. 1885, 13:4/231—247,The Historical Characteristics of Taoism (E. FABER),道教的历史特征(花之安)

163. 1885, 13:4/289—290,Short Notices of New Books and Literary Intelligence. The Life of Confucius, the great philosopher and moralist,学界消息,孔子的一生——伟大的哲学家与道德家

164. 1885,13:5/301—305,M. Terrien De La Couperie as a Sinologist (E. H. PARKER),汉学家 M. Terrien De La Couperie(评 M. 版《易经》)(庄延龄)

165. 1885,13:5/332,The Chinese Ch'ih Measure (J. C.),中国度量衡

166. 1885,13:6/406—418,Chinese Early Mythology (J. EDKINS),早期的中国神话(艾约瑟)

167. 1885,13:6/419—422,Short Notices of New Books and Literary Intelligence. The Yi King of the Chinese, As a Book of Divination and Philosophy,学界消息,中国人的《易经》,占卜与哲学之书

168. 1885, 13: 6/429, Notes and Queries, 1 Taoist Infatuation (E. H. P.),释疑,1. 道教的迷恋

169. 1885,14:1/17—21,The Structure of the Yu Kung (H. W. KINGSMILL),《禹贡》的结构(金斯密)

170. 1885,14:1/25—28,P'an Ku (H. J. ALLEN),盘古(啊查理)

171. 1885,14:1/33—36,Chinese Mythology (J. CHALMERS),中国神话(湛约翰),引用孔子、儒家的思想论证中国的神话

172. 1885, 14:1/49, Notes and Queries, 1. Indirect proofs of Genuine-

ness of Shu King,释疑,1.《书经》真实性的间接证据

173. 1885, 14:2/106—107,Notes and Queries,3. Mencius and the Shi Ki,释疑,3. 孟子与《史记》

174. 1885,14:2/107,Notes and Queries, 4. Solid Foundations (J. EDKINS),释疑,4. 可靠的基础,(艾约瑟),略涉及尧、舜和《书经》

175. 1886,14:4/199—208,Adoption (N. G. MITCHELL-INNES),收养

176. 1886,14:4/208,Notices of New Books . Journal of the China Branch of the R. A. Society. Vol. XX,New Series. No. 4. 1885. Whether filial piety is productive of good or evil,新书通告,皇家亚洲文会北华支会会刊,孝心是善是恶

177. 1886,14:5/231,The Remains of Lao Tzu (H. A. GILES),《老子》的遗迹(湛约翰),用孔孟论证老子其人其书

178. 1886, 14: 5/296, Notes and queries, 6. The Character 井 (J. CHALMERS),释疑,6. 汉字“井”(湛约翰)

179. 1886, 14: 6/303—322, The Yi King and its Appendices (J. EDKINS),《易经》及其附录(欧德理)

180. 1886,14:6/345—351,Astrology in Ancient China (J. EDKINS),古代中国的占星学(艾约瑟)

181. 1886,14:6/360,Notices of New Books and Literary Intelligence. Sacred Books of the East,学界消息,评理雅各《东方圣书》

182. 1886,15:1/1—11,The Sacred Books of the East (J. CHALMERS),东方圣书(湛约翰)

183. 1886,15:1/12—23,The Life of Tsze-Ch'an 子产(E. R. EICHLER),子产生平

184. 1886,15:1/60,Short Notices of New Books and Literary Intelligence. The Chinese Recorder and Missionary Journal. New Testament parallels in the Four Books,学界消息,《教务杂志》,评《新约》与“四书”的相似之处

185. 1886,15:2/65—78,The Life of Tsze-Ch'an 子产(E. R. EICHLER),子产生平

186. 1886,15:2/90—95,The History of Chinese Literature, Illustrated

by Literal Translations from Chinese Texts. (E. J. EITEL),《汉书·楚元王传(刘歆)》译文(欧德理)

187. 1886,15:2(126—128),Notes and Queries,1. The Introduction of Astrology into China(J. EDKINS),释疑,1. 引入到中国占星术的简介(艾约瑟)

188. 1886,15:2/134—135,Notices of New Books, La Poesie Chinoise du XIVeme au XIXeme siecle,新书通告,中国诗歌,提出关于《诗经》与《书经》的猜想

189. 1886,15:2/135—136,Notices of New Books, The Chinese Recorder and Missionary Journal,The ethics of Christianity and of Confucianism compared,学界消息,教务杂志,评"基督教与儒教伦理观之比较"

190. 1886,15:3/156—158,Early Chinese History (H. J. ALLEN),中国早期历史(啊查理)

191. 1886,15:3/165—167,The Hall of Light(J. EDKINS),明堂(天宫)(艾约瑟)

192. 1886,15:3/179—180,Notes and Queries,10. The Style of the Li Ki. (J. EDKINS),释疑,10.《礼记》的行文风格

193. 1887,15:4/233—239,Place of Hwang Ti in Early Tauism (J. EDKINS),早期道教中黄帝的地位(艾约瑟)

194. 1887,15:5/304,Notes and Queries,3. Spiritualism in Formosa (MO SIH CHIU),释疑,3. 台湾人的灵魂说,涉及孔子关于神鬼的观点

195. 1887,15:5/314,Notices of New Books, Journal,China Branch,R. A. S. whether"Confucian is a myth",学界消息,皇家亚洲文会北华支会会刊,孔子是否是虚构的

196. 1887,15:5/338—345,Fragmentary Studies in Ancient Chinese Philosophy(E. J. EITEL),古代中国哲学的零星研究(欧德理)

197. 1887,15:5/369—370,Notes and Queries,2. Yau-tien and Shun-tien (J. EDKINS),《尧典》与《舜典》

198. 1887,15:5/376,Notes and Queries,13. Duke Confucius (E. H. PARKER),释疑,13. 孔子公爵(庄延龄)

199. 1887,15:5/382,Notices of New Books,儒释道三教. 新书通告,儒释

道三教

200. 1887,16:1/47—48,Notes and Queries,4,On D. R. Edkin's View of the Shu King(J. CHALMERS),释疑:4,评艾约瑟博士有关《书经》之观点(湛约翰)

201. 1887,16:1/53—54,Notes and Queries,6,Notes on Words(J. EDKINS),释疑,6,一些汉字的注释(艾约瑟)

202. 1887,16:2/99—103,Chinese Matrimony in Poetry (W. JENNINGS),《诗经》中的中国人的婚姻生活

203. 1887,16:2/129,Notes and Queries,25. Dr. Chalmer's view of the Early Shoo (J. EDKINS),释疑,25. 湛约翰博士对早期《书经》的观点(艾约瑟)

204. 1888,16:4/225,Deus ex Machina. One Phase of Chinese Superstition (G. M. H. PLAYFAIR). Deus ex Machina,一个中国迷信阶段,略有涉及对儒家的评论

205. 1888,16:4/259,260,Notes and Queries,5. The Land Question in China (E. H. PARKER),释疑,5. 中国的土地问题,引用《易经》(庄延龄)

206. 1888,16:5/306,Notes and Queries,5. Old Legends of Shun (J. EDKINS),释疑,5. 关于舜的古老传说(艾约瑟)

207. 1888,17:1/26—35,Fragmentary Studies in Ancient Chinese Philosophy (Continued from Vol. XV,page 344) (E. J. E.),古代中国哲学的零星研究(续卷 15,344 页)(欧德理)

208. 1888,17:2/61—82,Confucius and his Teaching (GEORG VON DER GABELENTZ),孔子及其教学

209. 1888,17:2/121—122,Notices of New Books,Learning to Read in South China (GOHN. G. GIBSON),学界消息,在中国南部的学习

210. 1888,17:3/125—131,Metrical Translation from the Shi King. The "Man Wong" Decade of Shi King(Part III) (W. JENNINGS),对《诗经》一些诗的韵律翻译

211. 1889,17:4/216—222,Metrical Translation from the Shi King. The "Man Wong" Decade of Shi King(Part III) (W. JENNINGS),对《诗

经》一些诗的韵律翻译

212. 1889,17:4/223—240,Muh-Tien-Tsze Chuen (E. J. EITEL),穆天子传(欧德理)

213. 1889,17:4/242—243,Notices of New Books,The Famous Men in China,学界消息,中国名人,涉及孔子及儒学内容

214. 1889,17:5/249—258,Muh-Tien-Tsze Chuen,or Narrative of the Son of Heaven (E. J. EITEL),穆天子传,或天子的记述(欧德理)

215. 1889,17:5/265—272,Metrical Translations from Shi King. The first seven Odes of the 'Tang' Decade of Part III Odes VIII,IX,X and XI (W. JENNINGS),对《诗经》中一些诗的韵律翻译

216. 1889,18:2/124—125,Notes and Queries,1. Worship of the God of Fire (J. EDKINS),释疑,1. 火神崇拜。引用《礼记》

217. 1889,18:3/166—171,The Preaching of the Gospel in China(E. H. PARKER),基督教在中国的传播(庄延龄)

218. 1889,18:3/196,Notes and Queries,3. Glass in China(E. H. PARKER),释疑,3. 中国的玻璃(庄延龄)。引用《礼记》和《诗经》

219. 1889,18:3/201,Notices of New Books,Chinese Recorder and Missionary Journal,The Chief Errors of Confucianism,学界消息,教务杂志,儒学思想的主要错误

220. 1890,18:4/265—266,Notices of New Books,Die Schu-King Finsterniss,学界消息,研究《尚书》中的某一天文现象

221. 1890,18:5/299—301,The Doctrine of the Chi (CHALONER ALABASTER),教义 Chi

222. 1890,18:5/365—374,Robber Tschik, a Satirical Chapter from Tschuang-tsi (G. VON DER GABELENTZ),强盗 Tschik——来自《庄子》中的讽刺章节(甲柏连孜)

223. 1891,19:4/225—233,The Philosophy,Ethics,and Religion of Taoism, chiefly as developed by Chwang-tsze. (A Comparative Sketch) (W. P. MEARS),庄子——道家的哲学、伦理学及宗教的集大成者

224. 1891,19:5/281—284,Ethnographical Sketches (J. J. M. DE GROOT),人种学概述

225. 1892,20:1/35—41,Chinese School-Books (E. J. EITEL),中文课本(欧德理)

226. 1893,20:6/392—393,Shun Ti's Version, or a Presage of the Approaching Dawn. Translated from the Chronicles of "Heroes and Heroines" (C. ALABASTER),舜帝的预感,或黎明前的预兆(译自《男女英雄》编年史)

227. 1895,21:4/272—275,Notes and Queries,2. The Construction of Yih King (T. W. KINGSMILL),释疑,2.《易经》的解释(金斯密)

228. 1896,22:1/489—490,Notices of New Books and Literary Inte I ligence. ,Varietes Sinologiques. No. 6. Le Philosophe Tehou Hi,学界消息,朱熹的哲学及影响

229. 1896, 22:2/544—547,Some Moot Points in the Giles-Lockhart Controversy (E. H. FRASER), Giles-Lockhart 的论战中未下定论的几点

230. 1897,22:4/626—639,The Ancient Coinage of China(NUMISMA),中国古钱币

231. 1897,22:6/745—748,世本 Shi Pen.-The Book of Genealogies. (J. EDKINS),宋衷《世本》

232. 1897,22:6/758,Chinese Customs and Superstitions; or, What they do in Amoy (J. SALER),中国习俗及迷信,或厦门人的生活

233. 1897,22:6/789,Confucian Criticisms (J. EDKINS),儒学批评(欧德理)

234. 1990,24:4/177,The Present Dynasty and Heaven's Decree (A. H. SMITH),当今朝代与天命(史密斯)

235. 1990,25:1/50,Notes and Queries,6. The Yih King (T. W. KINGSMILL),释疑,6.《易经》(金斯密)

236. 1990,25:3/103—109,Han Wu Ti, and the Aboriginal Tribes on the South-Western Frontier of China (THO. W. KINGSMILL),汉武帝及中国西南边陲的原始居民(金斯密)

237. 1901,25:6/304,COLLECTANEA BIBLLOGRAPHICA. 书目辑录,幼学格致要论

238. 1901,25:6/304—305,COLLECTANEA BIBLLOGRAPHICA. 书目辑录,绘图妇孺新读本

附录四 《教务杂志》儒学主题刊文

各条各项依次为刊文年份、卷期/页码、英文篇名、中文篇名、作者[①]

1. 1870,3/282—285,A moral Problem solved by Confucianism (William Ashmore),儒教解决的一个道德问题(耶士谟)

2. 1870,9/89—92, 10(129—132),The ideal man of Confucius(WM. Ashmore),孔子的理想人格(耶士谟)

3. 1872,5/309—312,Birth place of Chu-Hi,(R. S. Maclay D. D),朱熹的出生地(麦克莱)

4. 1872,5/329,Do the philosophers of the Sung dynasty differ from Confucius(C. A),宋代诸子与孔子有区别吗

5. 1875,3—4/157—158,A Systematical Digest of the Doctrines of Confucius,孔子学说的系统文摘

6. 1877,7—8/351—359,Confucianism in Relation to Christianity(R. Nelson),儒学与基督教的关系(尼尔森)

7. 1877,9—10/399—411,God(Thos,MaClatchie,M. A.),神(托马斯·麦丽芝)

8. 1877,9—10/411—426,Is the Shangti of the Chinese classics the same being as Jehovah of the sacred scriptures,中国经典中的上帝与圣经中的耶和华是同一个存在吗?

9. 1878,1—2/11—23,Discussion of the Confucian doctrine concerning man's nature at birth(D. Z. Sheffield),论儒家关于生而为人的学说(谢菲尔德)

10. 1878,1—2/49—62,The classical literature of the Chinese(R. H. Ma-

---

①有部分刊文作者姓名不可考,故略去。

clay A. M.),中国古典文学(麦克雷)

11. 1878,5/329—343,A critique of the Chinese notions and practice of filialpiety(Ernest Faber),对中国孝道观念与实践的批判(花之安)

12. 1878,6/401—418,A critique of the Chinese notions and practice of filialpiety(Ernest Faber),对中国孝道观念与实践的批判(花之安)

13. 1879,1/1—16,A critique of the Chinese notions and practice of filialpiety(Ernest Faber),对中国孝道观念与实践的批判(花之安)

14. 1879,2/83—95,A critique of the Chinese notions and practice of filialpiety(Ernest Faber),对中国孝道观念与实践的批判(花之安)

15. 1879,3/163—174,A critique of the Chinese notions and practice of filialpiety(Ernest Faber),对中国孝道观念与实践的批判(花之安)

16. 1879, 4/243—253,A critique of the Chinese notions and practice of filialpiety(Ernest Faber),对中国孝道观念与实践的批判(花之安)

17. 1879,5/323—329,A critique of the Chinese notions and practice of filialpiety(Ernest Faber),对中国孝道观念与实践的批判(花之安)

18. 1879,6/416—423,A critique of the Chinese notions and practice of filialpiety(Ernest Faber),对中国孝道观念与实践的批判(花之安)

19. 1880,1/1—12,A critique of the Chinese notions and practice of filialpiety(Ernest Faber),对中国孝道观念与实践的批判(花之安)

20. 1878,6/445—453,The family sayings of Confucius(A. B. Hutchinson),孔子家语(赫真信)

21. 1879,1/17—23,The family sayings of Confucius(A. B. Hutchinson),孔子家语(赫真信)

22. 1879,2/96—104,The family sayings of Confucius(A. B. Hutchinson),孔子家语(赫真信)

23. 1879,3/175—179,The family sayings of Confucius(A. B. Hutchinson),孔子家语(赫真信)

24. 1879,4/253—261,The family sayings of Confucius(A. B. Hutchinson),孔子家语(赫真信)

25. 1879,5/329—337,The family sayings of Confucius(A. B. Hutchinson),孔子家语(赫真信)

26. 1879，6/423—432，The family sayings of Confucius（A. B. Hutchinson），孔子家语（赫真信）
27. 1880，1/13—23，The family sayings of Confucius（A. B. Hutchinson），孔子家语（赫真信）
28. 1895，8/368—377，Ti Tzu Kuei，or rules of behavior for children（Isaac Taylor Headland），弟子规（何德兰）
29. 1895，12/554—560，The Nu Erh Ching，or classic for girls（Isaac Taylor Headland），女儿经（何德兰）
30. 1880，5—6/161—186，A letter to Professor F. Max Muller on the sacred books of China，Part Ⅰ（Inquier），给缪勒教授的一封关于中国圣书的信，第一部分（问询者）
31. 1881，1/35—53，A letter to Professor F. Max Muller（James Legge），给缪勒教授的一封信（理雅各）
32. 1881，3/149—192，The state religion of China（Inquier），中国的国教（问询者）
33. 1881，3/218—224，Confucianism in Its practical bearings upon the spread of Christianity in China（M. C. P），儒教：它与基督教在华的实际关系
34. 1883，5/289—301，Filial piety among the Chineses，its character and influence（E. C. Lord D. D），中国人的孝道：其特点和影响（罗尔梯）
35. 1886，8/285—294，9（329—337），New testament parallels in the four books（George Owen），新约与四书比较（文书田）
36. 1886，10/365—379，The ethics of Christianity and of Confucianism compared（D. Z. Sheffield），基督教和儒教伦理比较（谢卫楼）
37. 1887，1/1—11，Our attitude towards Confucian（John Ross），我们对儒教的态度（罗约翰）
38. 1887，9/356，Confucius，孔子
39. 1890，1/13—17，The chief errors of Confucianism（T. H. Young），儒学的主要错误
40. 1890，2/84—88，The religious of China（George Owen），中国的宗教（文书田）

41. 1894,7/311—314,A day with Confucius(J. H. laughlin),与孔子的一天(良约翰)

42. 1895,5/201—210,6(260—270)God and man in the Chinese classics (J. C. Hoare),中国经典中的神与人(霍约瑟)

43. 1896,4/157—169,5/22—231,The three religions and their bearing on Chinese Civilization(J. Lamnert Rees,B. SC),三大宗教及其对中国文明的承担(李思论)

44. 1896,5/248—249,Confucianism from a Christianity standpoint (J. F.),从基督教的角度看儒学

45. 1896,8/387—391,9/546—550,China in the light of history(Ernst Faber,Dr. Theol),历史中的中国(花之安)

46. 1897,10/481—487,The theism of China,(D. Huberty James),中国的一神论(秀耀春)

47. 1898, 3/123—130, 4/169—174Mencius on Human Nature (John Macintyre),孟子论人性(约翰·麦金太尔)

48. 1898,6/273—282、7/341—345、8/380—388、9/440—445,Some of Professor J. Legge's Criticism on Confucianism(gathered by Pastor P. Kranz),理雅各教授对儒教批评(安保罗整理)

49. 1898,7/345—349,The important of Ethical Teaching in the New Learning of China (D. Z. Sheffield[President,North-China College]),伦理教学在中国新学中的重要性(谢菲尔德)

50. 1899,3/141—142,Christianity and Confucianism(H. P. Perkins),基督教与儒教(帕金斯)

51. 1902,4/159—175,Confucianism (D. Faber),儒教(花之安)

52. 1902,6/271—276,Notes on Taoism and Confucianism,道儒注

53. 1902,7/334—343,Religion in China (Stanly Smith),中国的宗教(司米德)

54. 1903,2/92—93,The Worship of Confucius,Is it Idolastry? (W. A. P. M.),孔子崇拜是偶像崇拜吗?(丁韪良)

55. 1903,7/329—340,Confucianism Weighed in English Balances (D. Mac Gillivbay),儒学在英语天平中的分量(麦克吉利夫贝)

56. 1907, 9/467—475, The Religious Writings of Liang Chi-tsao(D. T. Huntington),梁启超的宗教著作(李廷顿)

57. 1913, 11/687—692, Translation of Protest against the movement in favor of making Confucianism a State(trans. by J. Leighton Stuart),抗议支持儒家立国运动的翻译(司徒雷登翻译)

58. 1915,8/484—492、10/600—606、12/764—774,The sacrifice to Heaven (L. Hodous),献给天国(霍多思)

59. 1915, 10/606—613, President Yuan Shi-kai at the Altar of Heaven, (Frederick Moore),袁世凯总统祭拜天坛(弗莱得利克·穆尔)

60. 1916,2/112—117,The imperial worship at the Altar of Heaven (S. E. Meech),天坛上的朝拜(宓治文)

61. 1917, 5/296—313, Our attitude towards Chinese religions (Arthur Sowerby),我们对中国宗教的态度(苏道味)

62. 1919,5/294—306,The Confucian God-Idea(Y. Y. TSU),儒家神观

63. 1919, 7/461—468、8/545—552、9/613—621, Some Chinese ideas of God(Frank Bawlinson),一些中国人对上帝的看法(弗兰克·鲍林森)

64. 1919,8/536—541,From Confucius to Christ(L. T. Hwang),从孔子到基督

65. 1919, 12/825—823, Futher observations on the Confucian God-Idea (WM. S. A. Pott),对儒家神观的进一步观察(波特)

66. 1923,1/14—21,The basic philosophy of Confucius and its later development(R. Y. LO),孔子的基本哲学及其后来的发展

67. 1923—1924(10/575—583、11/ 648—656、12/721—728、1/16—24、2/95—103/160—167 、4/230—233, The Confucian theory of moral and religious education its bearing on the future civilization of China (Z. K. ZIA),儒家德教理论与中国未来文明的关系(谢颂羔)

68. 1926,4/247—253、5/333—340,Confucianism and Superstition(Homer H. Dubs),儒教和迷信(德效骞)

69. 1927,8/498—505,The Confucian attitude to the worship of ancestors (Homer H. Dubs),儒家对于祖先崇拜的态度(德效骞)

70. 1928,2/73—88,Will Confucianism be a force to be reckoned with in

the coming days in China (David Willard Lyon),儒教会成为未来促进中国觉醒的一种力量吗?(来会理)

71. 1930,3/164—168,Confucius(Z. K. Zia),孔子(谢颂羔)

72. 1931,1/21—29,Christianity in the light of Confucian thought(trans. by Z. A. Zia),儒家思想下的基督教

73. 1931,7/407—414,Confucianist Sacrifice and religious education(E. R. Hughes),儒教徒的牺牲和宗教教育(修中诚)

74. 1934,11/683—689,Confucius and the modern society(Wang Ching-Wei),孔子与现代社会(汪精卫)

75. 1935,3/153—158,On observing the birthday of Confucius(Hu Shih),孔子诞辰日(胡适)

参考文献

英文期刊

［英］Robert Morrison，［英］William Milne，*Indo—Chinese Gleaner*，《印中搜闻》，国家图书出版社，2009。

［美］Elijah Coleman Bridgman，［美］S. W. Williams，*Chinese Repository*，张西平主编《中国丛报》，广西师范大学出版社，2008。

［英］James Mathson，*Canton Register*，［美］伍德马地臣、马礼逊等编辑，上海图书馆徐家汇藏书楼藏本。

［英］Henry Shearman，*North China Herald*；*North China Daily News*，《北华捷报》华东师范大学图书馆藏本。

The Friend of China，《中国之友》，上海图书馆徐家汇藏书楼藏本。

China Mail（1845—1974），《德臣报》，上海图书馆徐家汇藏书楼藏本。

The Asiatic Journal（1816—1845）.《亚洲杂志》，澳大利亚国立大学图书馆藏本。

Blackwood's Magazine（1817—1980）.《布莱克伍德杂志》，澳大利亚国立大学图书馆藏本。

The China Review，or Notes and Querieson the Far East（1872—1901）.《中国评论》，华东师范大学图书馆藏本。

Quarterly Review，《评论季刊》，上海图书馆徐家汇藏书楼藏本。

The Chinese Recorder（1867—1941），《教务杂志》电子版。

Journal of The North China-Branch of The Royal Asiatic Society（1858—1948），《皇家亚洲文会北华支会会刊》，上海科学技术文献出版社，2013年影印出版。

西文著述

吴怡:《中国哲学术语》(手稿)。

Wing-tsit Chan(Tr.)*A Source Book in Chinese Philosophy*. Princeton, New Jersey,Princeton University Press,1973.

De BaryWm. Theodore. *Neo-Confucian Orthodoxy and the Learning of the Mind-and-Heart*. New York:Columbia University Press,1981.

Irene Bloom, Wing-tsit Chan, Wm. Theodore de Bary. *Neo-Confucian Studies*. New York:Columbia University Press, 1981.

Wing-tsit Chan (Edited). *Chu Hsi and Newo-Confuciansm*. Honolulu: Univsity of Hawaii Press,1982.

Gardner,Daniel K. *Chu Hsi and the Ta-hsueh: Neo-Confucian Reflection on the Confucian*. Cambridge,MA:Harvard University Press,1986.

Donald J. Munro. *Images of Human Nature:A Sung Portait*. Princeton: Princeton University Press,1988.

De Bary,Wm. Theodore. *The Message of the Mind in Neo-Confucianism*. New York:Columbia University Press,1989.

Gardner,Daniel K. *Learning to be a Sage:Selection from the Conversation of Master Chu, Arranged Topically*. University of California Press,1990.

Ebrey,Patricia Buckley. *Chu Hsi's Family Ritual; A Twelfth-Century Chinese Mannual for the Performance of Cappines, Weddings, Funerais, and Ancestral Rites*. Princeton:Princeton University Press,1991.

Berthrong,John H. *Concerning Creativity:A Comparison of Chu Hsi, Whitehead, and Neville*. Albany: State University of the New York Press,1998.

Gardner,Daniel K. *Zhu Xi's Reading of the Analaects:Canon, Commentary, and the Classical a Tradition*, New York: Columbia University Press,2003.

ANTONIO S. CUA. *ENCYCLOPEDIA OF CHINESE PHILOSO-*

PHY. Routledge New York London, 2003.

Johon Makeham. *Lost Soul "Confucianism" in Contemporary Chinese Academic Discourse*. Harvard University Press Cambridge(Massachusetts) and London, 2008.

ElizabethL. Malcolm. *The Chinese Repository and Western Literature on China* 1800—1850 [J], Mordern Asian Studies, 1973(7. 2).

Roswell Sessoms Britton. *The Chinese Periodical Press* (1800—1912). New York : Columbia University, 1933.

Kenneth Scott Latourette. *The History of Early Relations between the United States and China* :(1784—1844). New Haven : Yale University Press, 1917.

Suzanne Barnett, Fairbank John King. *Christianity in China: early Protestant missionary writtings*. Cambridge: Cambridge Unversity Press, 1885.

Eliz. Bridgeman. *The Life and Labors of Elijah Coleman Bridgeman*. New York: ADF Randolph, 1864.

Magalhaes, Gabriel de, *A new History of the Empire of China*. London: 1689.

Martini Martinii, *Sinica Historie decas Prima*. Amsterdam: Joannes Blaev, 1659.

Du Halade, *The General History of China*. London: 1741.

Le Comte, Louis-Daniel, *A Complete History of The Empire of China*. London: 1739.

中文著作

费赖之:《入华耶稣会士列传》,商务印书馆,1938 年。

[德]利奇温:《十八世纪中国与欧洲文化的接触》,朱杰勤译,商务印书馆,1962 年。

陈荣捷:《欧美之朱子学》,《华学月刊》第 31 卷,1974 年。

张星烺:《中西交通史料汇编》,中华书局,1977 年重印本。

严绍璗:《日本的中国学家》,中国社会科学出版社,1981 年。
方汉奇:《中国近代报刊史》,山西教育出版社,1981 年。
汪雁秋编:《海外汉学资源调查录》,汉学研究服务中心,1982 年。
朱熹:《四书章句集注》,中华书局,1983 年。
沈福伟:《中西文化交流史》,上海人民出版社,1985 年。
顾长声:《从马礼逊到司徒雷登——来华新教传教士评传》,上海人民出版社,1985 年。
莫东寅:《汉学发达史》,上海书店,1989 年。
徐宗泽:《明清间耶稣会士译著提要》,中华书局,1989 年重印本。
顾长声:《传教士与近代中国》,上海人民出版社,1991 年。
林在勇:《怪异:神乎其神的智慧》,浙江人民出版,1991 年。
迈克尔·罗洛夫:《人际传播——社会交换论》,王江龙译,上海译文出版社,1991 年。
方汉奇:《中国新闻事业通史》(第一卷),中国人民大学出版社,1992 年。
张弘:《中国文学在英国》,花城出版社,1992 年。
张国良主编:《传播学原理》,复旦大学出版社,1995 年。
李学勤主编:《国际汉学著作提要》(上、下),江西教育出版社,1996 年。
陈荣捷:《宋明理学之概念与历史》,"中研院",1996 年。
胡正荣:《传播学总论》,中国传媒大学出版社,1997 年。
马祖毅:《汉籍外译史》,湖北教育出版社,1997 年。
陈辛仁主编:《现代中外文化交流史略》,中国书籍出版社,1997 年。
林水檺主编:《中华文化:发展与变迁》,马来西亚中华大会堂联合会出版,1997 年。
楼宇烈、张西平:《中外哲学交流史》,湖南教育出版社,1998 年。
李天纲:《中国礼仪之争　历史·文献和意义》,上海古籍出版社,1998 年。
陶文钊、陈永祥:《中美文化交流论集》,中国社会科学出版社,1999 年。
朱谦之:《中国哲学对欧洲的影响》,河北人民出版社,1999 年。
[美]C.C 吉利思俾:《〈创世纪〉与地质学》,杨静一译,江西教育出版社,1999 年。
[法]安田朴:《中国文化西传欧洲史》,商务印书馆,2000 年。
朱汉民:《宋明理学通论——一种文化学的诠释》,湖南教育出版社,

2000 年。

吴义雄:《在宗教与世俗之间——基督教新教传教士在华南沿海的早期活动研究》,广东教育出版社,2000 年。

[加]马歇尔·麦克卢汉:《理解媒介:论人的延伸》,何道宽译,商务印书馆,2000 年。

沈定平:《明清之际中西文化交流史》,商务印书馆,2001 年。

张国刚:《明清传教士与欧洲汉学》,中国社会科学出版社,2001 年。

钱穆:《宋明理学概述》,兰台出版社,2001 年。

孟华主编:《比较文学形象学》,北京大学出版社,2001 年。

何寅、许光华:《国外汉学史》,上海外语教育出版社,2002 年。

朱杰人、严佐之主编:《朱子全书》,上海古籍出版社,2002 年。

[英]汤森:《马礼逊——在华传教士的先驱》,吴相译,大象出版社,2002 年。

[美]约书亚·梅罗维茨:《消失的地域:电子媒介对社会行为的影响》,肖志军译,清华大学出版社,2002 年。

[美]彼得斯:《交流的无奈:传播思想史》,何道宽译,华夏出版社,2003 年。

葛桂录:《他者的眼光——中英文学关系论稿》,宁夏人民出版社,2003 年。

陈君静:《大洋彼岸的回声:美国中国史研究历史考察》,中国社会科学出版社,2003 年。

张国刚:《从中西初识到礼仪之争——明清传教士与中西文化交流》,人民出版社,2003 年。

余英时:《中国思想传统及其现代变迁》,余英时文集第二卷,广西师范大学出版社,2004 年。

陈卫星:《传播的观念》,人民出版社,2004 年。

[美]卫斐列:《卫三畏生平及书信》,顾钧、江莉译,广西师范大学出版社,2004 年。

黄俊杰:《东亚儒学史的新视野》,台湾大学出版中心,2004 年。

周庆山:《传播学概论》,北京大学出版社,2004 年。

吴展良:《朱子研究书目新编:1900——2002》,台湾大学出版中心,2004 年。

[英]马礼逊夫人:《马礼逊回忆录》,顾长声译,广西师大出版社,2004 年。

[美]顾立雅:《孔子与中国之道》,广西师范大学出版社,2004 年。

黄长著,孙越生、王祖望主编:《欧洲中国学》,社会科学文献出版社,2005 年。

李申:《儒教与道教》,四川大学出版社,2005年。

吴莉苇:《当诺亚方舟遭遇伏羲神农——启蒙时代欧洲的中国上古史论争》,中国人民大学出版社,2005年。

冯天瑜:《中国原典文化十六讲》,郑州大学出版社,2006年。

段怀清、周俐玲编著:《〈中国评论〉与晚清中英文学交流》,广东人民出版社,2006年。

陈才智:《西文汉学研究期刊一览》(未刊稿)。

张西平:《欧美汉学研究的历史与现状》,大象出版社,2006年。

余英时:《现代学人与学术》,余英时文集第五卷,广西师范大学出版社,2006年。

张国刚、吴莉苇:《启蒙时代欧洲的中国观》,上海古籍出版社,2006年。

朱杰人:《朱子全集》,华东师范大学出版社,2006年。

熊文华:《英国汉学史》,学苑出版社,2007年。

丹尼尔·麦奎尔:《麦奎尔大众传播理论》,崔保国、李琨译,清华大学出版社,2006年。

高令印:《朱子学通论》,厦门大学出版社,2007年。

陈荣捷:《朱学论集》,华东师范大学出版社,2007年。

庞景仁:《马勒伯朗士的"神"的观念与朱熹的"理"的观念》,冯俊译,商务印书馆,2008年。

束景南:《朱熹研究》,人民出版社,2008年。

[美]雷孜智:《千禧年的感召——美国第一位来华传教士裨治文传》,尹文涓译,广西师范大学出版社,2008年。

张西平主编,顾钧、杨慧玲整理:《〈中国丛报〉篇名目录及分类索引》,广西师范大学出版社,2008年。

[美]赖德烈:《基督教在华传教史》,雷立柏等译,道风书社,2009年。

吴瑛:《文化对外传播:理论与实践》,上海交通大学出版社,2009年。

顾均:《卫三畏与美国早期汉学》,外语教育与研究出版社,2009年。

龚道运:《近世基督教和儒教在十九世纪的接触》,上海人民出版社,2009年。

吴震主编:《宋代新儒学的精神世界——以朱子学为中心》,华东师范大学出版社,2009年。

张成权、詹向红:《1500—1840 儒学在欧洲》,北京师范大学出版集团,2010 年。

姜广辉:《中国经学思想史》(第四卷上、下),中国社会科学出版社,2010 年。

张施娟:《裨治文与早期中美文化交流》,浙江大学出版社,2010 年。

[加]秦家懿:《朱熹的宗教思想》,曹剑波译,厦门大学出版社,2010 年。

[英]卜道成:《朱熹和他的前辈们:朱熹与宋代新儒学导论》,谢晓译,厦门大学出版社,2010 年。

[美]丁韪良:《汉学菁华:中国人的精神世界及其影响力》,沈弘译,世界图书出版公司,2010 年。

胡河宁:《组织传播学》,北京大学出版社,2010 年。

胡全章:《清末民初白话报刊研究》,中国社会科学文献出版社,2011 年。

张天星:《报刊与晚清文学现代化的发生》,凤凰出版社,2011 年。

林在勇:《见仁见智——〈论语〉一日一语》,浙江文艺出版社,2011 年。

朱汉民:《玄学与理学的学术思想理路研究》,中国社会科学文献出版社,2012 年。

(丹麦)克劳斯·布鲁恩·延森:《媒介融和:网络传播、大众传播和人际传播的三重维度》,刘君译,复旦大学出版社,2012 年。

李申:《儒教简史》,广西师范大学出版社,2013 年。

[美]田浩:《朱熹研究在美国:以陈荣捷、余英时与田浩的研究为中心》,复旦大学文史研究院网站,访问于 2013 年。

上海图书馆编:《〈皇家亚洲文会北华支会会刊〉(1858—1948)》导论·索引·附录,上海科学技术出版社,2013 年。

[意]利玛窦:《天主实义今注》,[法]梅谦立注、谭杰校勘,商务印书馆,2014 年。

[法]蓝莉:《请中国作证:杜赫德的〈中华帝国全志〉》,许明龙译,商务印书馆,2015 年。

张西平:《儒学西传欧洲研究导论——16—18 世纪中学西传的轨迹与影响》,北京大学出版社,2016 年。

学位论文

Kathryn Rose Lynass:《关于东亚的重要英国期刊》(*Leading British Periodical son EastAsia*:1870—1911),亚利桑那州立大学博士论文,2002年。

王绍祥:《西方汉学界的公敌——英国汉学家翟理斯(1845—1935)研究》,福建师范大学博士学位论文,2004年。

王国强:《〈中国评论〉(1872—1901)与西方汉学》,复旦大学博士学位论文,2007年。

詹燕超:《〈遐迩贯珍〉研究》,苏州大学硕士学位论文,2008年。

许俊琳:《十字架下的中国圣人:新教传教士眼中的儒道学说——以〈教务杂志〉为中心(1867—1911)》,上海大学硕士学位论文,2009年。

赵圣健:《麦都思跨文化传播研究》,辽宁大学硕士学位论文,2012年。

曹飞霞:《鸦片战争前后美国对华认识——以1832—1851的〈中国丛报〉为研究中心》,四川师范大学硕士学位论文,2013年。

杨玉秋:《基督教新教传教士与鸦片战争——以Chinese Repository资料为中心》,暨南大学硕士学位论文,2013年。

刘静:《新教华文教会学校的编译活动研究——以洋务运动前的教会学校为中心》,硕士学位论文,北京印刷学院,2011年。

杨静:《美国20世纪的儒学典籍英译史论》,河南大学博士学位论文,2014年。

李晶:《新教传教士对中国儒学的译介——基于〈教务杂志〉(1867—1941)的阐释与研究》,西南交通大学硕士学位论文,2014年。

薛维华:《边缘风景:〈教务杂志〉与传教士汉学知识传播》,北京外国语大学博士学位论文,2015年。

江莉:《十九世纪下半叶来华西方人的汉语研究——以〈中国评论〉为中心》,北京外国语大学博士学位论文,2015年。

王蓝:《英国在近代华西考察初探——以〈皇家亚洲文会北华支会会刊〉中的四川研究为例》,北京外国语大学硕士学位论文,2017年。

后　记

本书系笔者在博士学位论文《19世纪英文期刊儒学译介与研究述评》的基础上修改而成。学位论文从收集、翻译文献到写成、答辩长达八年之久，这次修订付梓又经两年多。写作之初，本书的具体内容未知、结论未知、难度未知，所遇见的问题，以及所得出的结论，均由文献资料决定。导师朱汉民先生说，文献的内容决定研究的内容，文献的难度决定论文的难度，这是个难做的笨工作，但是学界需要这样的笨功夫。老师所言既是对学生的关爱与信任，也是对于学术研究动态的敏锐判断。老师之所以鼓励我继续硕士期间的国际汉学研究，一是充分考虑了我的学术背景和知识积淀，二是深感优秀中华文化外推是必然趋势，基于国际汉学研究的文化传播研究将成为持续的热点。目前，中国文化外推战略和实践研究已然在国家层面取得丰硕成果。本书在前贤研究的基础上，致力于弥补已见中国儒学西传研究成果在时间上重"两端"而轻"中段"，在资料选取上详"书籍"而略"报刊"，在视域上多"译介"而少"传播"的缺环，并结合现实回应当今中国文化国际传播的宏大话题。

博士学位论文和本书稿《19世纪英文期刊儒学译介与传播研究》得以完成，离不开众多师友的智慧加持。从开题、预答辩到正式答辩，复旦大学何俊教授、浙江大学朱人求教授、华东师范大学朱杰人教授、中南大学吕锡琛教授、湖南师范大学徐仪明教授，岳麓书院邓洪波教授、肖永明教授、李清良教授、章启辉教授、杨代春教授和钱永生教授都给予了悉心指导。十多年前各位老师对此选题的惊喜、担忧和各种优化建议，犹在耳畔，写作中时时铭记，时常求教于学界前辈与同人。此间，"中研院"林庆彰教授对此选题给予热情鼓励并馈寄相关资料；中国传媒大学颜浩、刘起林教授伉俪根据书稿内容精心优化了框架设计；岳麓书院蒋鹏翔、张科、谢一峰、向明文、邓国军等诸位青年才俊慷慨提出了不少话语表述方面的建议。本书写作中参考引用了大量海外文献，很多我指导过的国内国际学生都参与了资料的收集，我的弟子兼同门马兆仁先生为我借用澳大利亚国立图书馆的资料；美国学生雷瀚杰先生从大洋彼岸淘到诸多二手书籍带来中国赠予我；意大利的陶薇雅博士和德国的宝娜小伙伴为拉丁文和德语的资料核准提供过帮助；国内的研究生王欢、李瑛、龙花、雷颖、陈贺、夏依依、吴艳华、彭璐、曾小丽、胡玲等，曾经陪我翻检整理浩如烟海的资料堆，本书付梓之际，这群小伙伴已经在教育、管理、文化外推等各个领域笃定前行。

就本人而言，自 2002 年开始，我将主要学术研究与实践方向定在中国传统文化的海外传播领域，陆续刊出了系列论文和报告，得到师友与学界同行的诸多认可与期待。特别感谢中国社会科学院新闻与传播研究所朱鸿军先生和张满丽女士团队的支持，感谢《新闻与传播研究》一直未能谋面的匿名外审专家给予的高度肯定、精心把关与不吝赐教；感谢《中国哲学史》编辑部李存山先生、赵金刚先生的辛勤努力。

本书是我主持的 2022 年度国家社科基金后期资助项目“缺席与在场：19 世纪英文期刊儒学译介与传播研究”（项目批准号：22FXWB030）的结题成果，也获得岳麓书院大成基金部分资助。拙稿能如愿成功申请国家社科基金后期资助并顺利付梓，离不开中华书局罗华彤先生团队的集体论证和推荐。

在修订完善出版书稿的过程中，立项专家的肯定性评价，诸如：文献基础扎实、学术视野宏阔、内容与观点富有创建性、现实意义强，选题、写作和立意上的时间之“纵向”、空间之“横向”以及历史与现实结合之“竖向”都值得肯定等等，都是热情的鼓励。而诸如：需要进一步优化结构安排，突出传播学科特色等建议，则无疑有益于书稿最后阶段的完善和润色。责编陈乔女士的敬业和优异的编辑素质让我十分感动和钦佩。

最感谢也最难以言谢的是我的家人，写作期间面对突如其来的困难，是家人的呵护，让我重拾信心，坚守初心，终于守得云开见月明。

最后需要说明的是，本书采用了大量自译文献，其中的不足、甚至错误与纰漏肯定不少，在此预先对专家、同行的包容与批评表达谢忱，并敬祈方家指正。

蔡慧清
2023 年 3 月于湘江之畔曙光泊岸寓所